ürich
Feldkirch
Rhein
16
15
Innsbruck
Landeck
17
14
Schwyz
25
Inn
Chur
Davos
Toblach
21
18
Meran
:7
Andermatt
26
24
22
10
Spondinig
11
Cortina d'Ampezzo
Bozen
20
19
Salurn
23
Lugano
Como
Garda See
Mailand
Verona
Venedig
Po
Genua
Florenz

Ringier

Dieter Maier

Die schönsten Pässe und Höhenstraßen der Alpen

Umschlagfotos: Dieter Maier
Umschlaggestaltung: Andreas Dorn

3 4 5 4 3 2 1

Sämtliche Höhenangaben und Bezeichnungen wurden - soweit dies möglich war - nach offiziellen Unterlagen zusammengestellt. Diesen entspricht auch die z.T. unterschiedliche Schreibweise der Pässe und Höhenstraßen. Für die einzelnen Länder wurden folgende Karten verwendet:

Für Österreich: Die Österreichische Karte, herausgegeben vom Bundesamt für Eich- und Vermessungswesen (Landesaufnahme) in Wien. Ergänzend dazu wurde die Österreichische Generalkarte 1:200 000 herangezogen.

Für Deutschland: Die Topographische Karte, herausgegeben vom Bayerischen Landesvermessungsamt München.

Für Italien: Die Carta d'Italia, herausgegeben vom Istituto Geografico in Florenz, und ergänzend dazu die Generalkarten Oberitalienische Seen, Garda See und Südtirol im Maßstab 1:200 000.

Für die Schweiz: Die Landeskarte der Schweiz, herausgegeben von der Eidgenössischen Landestopographie in Wabern bei Bern.

Für Frankreich: Die Carte de France, herausgegeben vom Institut Géographique Nationale in Paris.

Leider weichen die Angaben in anderen Karten von diesen amtlichen Unterlagen häufig ab. Es ist das jedoch kein Beweis, daß diese Abweichungen auch wirklich der Richtigkeit entsprechen.

Inhalt

Mittag
Das ist der Rom weg von meylen zu meylen mit puncten verzeychnet von eyner stat zu der andern durch deutsche lant
Das lampartisch mer
Das venedisch mer
Das pomerisch mer
Das groß deutsch mer
Schotlant
Denmarck
Schon Denmarck
Der Compast
Mitternacht

Der Paß der Räter

Die Post über den Julier im Jahre 1900.

Gute Verkehrsverbindungen sind uns heute – auch in den Alpen – eine absolute Selbstverständlichkeit. Wo noch vor kaum 100 Jahren Postillione und Kutschenpassagiere jeweils auf ihre Art zu kämpfen oder zu leiden hatten, rollen wir heute über die Autobahn, durch Basistunnels oder genießen – wie etwa am Großglockner – sogar vom Wagen aus Gipfelsicht. Natürlich gehen wir auch genauso selbstverständlich davon aus, daß wir aus jedem Tal möglichst direkt in das nächste, ja völlig problemlos von der einen Seite der Alpen auf die andere fahren können – und das möglichst überall und ohne Umwege.

Die «Romweg-Karte», von Erhard Etzlaub um 1500 geschaffen, zeigt als wichtigsten Alpenübergang neben dem Brenner den Paß der Räter.

Kaum einer der modernen Paßfahrer wird sich auch je fragen, wie es den Reisenden vergangener Jahrhunderte wohl zumute gewesen sein mag, wenn die Wege schmaler und steiler, die Temperatur immer tiefer, die Abgründe immer furchterregender und die ganze Umwelt immer feindlicher wurden. Schließlich existieren fast nirgends richtige Straßen. Fand sich ein Saumpfad, war das ein großes Glück. Dafür gab es schwindelerregende Abbrüche, schwankende «Brücken» und die ständige Bedrohung durch Steinschlag, Lawinen und Wildwasser. Kein Wunder, daß bis gegen Ende des 18. Jahrhunderts die Berge nur als etwas unendlich Bedrohliches und Mühseliges verstanden wurden, deren Herausforderung man sich nur stellte, wenn es sich gar nicht mehr vermeiden ließ.

Dennoch war schon zu allen Zeiten «Verkehr» in den Alpen und über die Pässe. Es war das aber zunächst ein lokaler Verkehr, der ausschließlich den örtlichen Bedürfnissen entsprach und lediglich dem Nachschub für vorgeschobene Siedlungen diente. Wohl hat die Geschichte der Pässe keinen Anfang, denn ab wann aus einem Trampelpfad ein «Weg» wird, ist nicht definierbar. Dennoch konnten die Historiker immerhin zwei Verkehrswege aus vorrömischer Zeit belegen.

Zum einen konnte nachgewiesen werden, daß die Kelten schon lange vor den Römern eine uralte Völkerstraße benutzten. Sie folgte den natürlichen Senken zwischen der mittleren Rhône bei Chambéry und Aosta, nutzte das Tal der oberen Isère und querte den Kleinen St. Bernhard. Über diese Route sind wohl die meisten keltischen Stämme nach Italien gezogen. Auch Hannibal, dessen genaue Marschroute bis heute nicht nachgewiesen werden konnte, scheint diesen Weg benutzt zu haben.

Zum anderen bewies der Fund einer prähistorischen Quellfassung aus Lärchenstämmen an der Heilquelle von St. Moritz im Oberengadin, daß das immerhin 1800 m hoch gelegene und von vier Seiten aus zugängliche Tal schon in der Bronzezeit besiedelt war. Illyrer, Kelten und Etrusker machten hier ihre Einflüsse geltend, den Römern stellten sie sich später als Räter in den Weg. Vor nahezu 4000 Jahren gab es hier bereits einen Bäderverkehr, denn aus anderen Belegen geht hervor, daß die Heilwirkung dieser Eisenquelle wiederum weit bekannt war. – Ein Paßverkehr aus Gesundheitsgründen also! Aber doch auch mehr: Von welcher Seite der Reisende auch kam, er war hier oben praktisch auf der Paßhöhe. Er mußte lediglich talwärts weiterreisen, um die andere Seite der Alpen zu erreichen.

Aus dem Bäderverkehr entwickelte sich bereits 1500 Jahre v. Chr. ein reger Durchgangsverkehr auf der kürzesten Nord-Süd-Verbindung über die Bündner Alpen und damit vom Rhein nach Oberitalien. Die Römer machten daraus eine ihrer wichtigsten Nachschublinien und nannten sie den «Paß der Räter». Sie überstand als eine der ganz wenigen Paßstraßen der Römer den allgemeinen mittelalterlichen Verfall – ja, wurde als eine der ersten neu ausgebaut. Zusammen mit den modernen Kunststraßen ist so am Paß der Räter 4000jährige Paßgeschichte ablesbar.

Die Post über den Julier im Jahre 1929 (Bild nächste Doppelseite).

St Moritz Julier
Tiefencastel Chur

Die ältesten Zeugnisse für einen Alpenübergang unter Einbeziehung des Engadins und damit für den ältesten Übergang im Bereich der Zentralalpen (die Route über den Kleinen St. Bernhard ist eine Ost-West-Verbindung) stammen aus der Hallstatt- und Latène-Zeit und wurden im nordseitigen Tal zwischen Tiefencastel und Bivio entdeckt. Fibeln und Keramik aus der Bronze- und Eisenzeit etwa fanden sich am südlichen Dorfrand von Savognin (datiert etwa 1500 v. Chr.), die Reste eines bronzezeitlichen Tempels wurden auf Caschlins, einer Terrasse oberhalb von Cunter gefunden. In St. Moritz schließlich holte man aus dem Schlamm bei der Heilquelle Schwerter, einen Dolch und eine Keulenkopfnadel aus Bronze – alles Gegenstände, die dort nicht hergestellt worden sein konnten.

Daraus darf nun allerdings nicht geschlossen werden, daß die Räter eine auch nur einigermaßen ausgebaute Straße gehabt hatten. Die erste Kunststraße der gesamten Alpen nämlich entstand unter den Römern als Folge der Unterwerfung Galliens durch Cäsar. Um Herr im eigenen Hause zu werden, wurden ab 25 v. Chr. 20 000 Salasser aus dem Tal von Aosta ausgesiedelt, die Kolonie Augusta Praetoria eingerichtet und die Nachschublinie über den Kleinen St. Bernhard (Alpes Graiae) so ausgebaut, daß sie zumindest für zweirädrige Karren befahrbar wurde.

Nächster Schritt im strategischen Konzept von Kaiser Augustus war die Sicherung des direkten Zuganges nach Norden, eine Aufgabe, die Silius Nerva mit der Unterwerfung der Vennonetes im oberen Rheintal abschließend löste (16 v. Chr.). Noch im selben Jahr entstand eine direkte Straße als Verbindung zwischen den Legionen in Oberitalien und denen im Rheintal. Sie führte von Como über den Septimer oder Julier nach Chur und vorbei am Walen- und Zürichsee nach Basel. Im späteren Ausbau wurde aus ihr die römische Variante am Paß der Räter.

Schon im folgenden Jahr wurde der Zweck der Wegsicherung nur zu offensichtlich. Unter dem Oberbefehl der beiden Stiefsöhne von Augustus, Drusus und Tiberius, stießen zwei Heere nach Norden vor. Tiberius nutzte dabei die Straße der Räter, sein Bruder Drusus die Brennerlücke. Im Voralpenland trafen sie sich und sicherten so die römische Herrschaft über die Zentralalpen und das nördliche Vorland bis hinaus zur Donau.

Um 1830 konnte die Post bereits die Via Mala befahren. Kolorierte Aquatinta.

Die darauf folgende Konsolidierungsphase brachte einen konsequenten Ausbau der Straßen in Rätien (der Ausbau der Brennerstrecke erfolgte erst beinahe 200 Jahre später). Auf dem Septimer entstand ein Hospiz, auf dem Julier weisen die Reste eines Paßheiligtums darauf hin, daß hier ein geregelter Verkehr stattgefunden haben muß. Der Hauptverkehr aber wurde über den kürzeren und für einfacher gehaltenen Septimer abgewickelt, wie das Itinerarium Antonini, das römische Kursbuch der Militär- und Poststraßen, beweist. In ihm sind allein die Hauptstationen der Septimerroute namentlich genannt.

Dennoch gab es auch in der Nachbarschaft römischen Verkehr, und zwar sowohl über den San Bernardino wie über den Splügen. Das lange nicht lokalisierbare Lapidaria scheint sogar in Zillis gewesen zu sein. Eine befahrbare Straße aber gab es zumindest in der frühen Römerzeit weder über den einen noch den anderen der westlichen Bündner Pässe. Zu richtiger Bedeutung kam dieser Teil der rätischen Übergänge erst in der Neuzeit mit dem Bau der «Unteren Straße» (im Gegensatz zur «Obe-

Postauto von 1928 in der Via Mala.

HOTEL FRAVI
BAINS

Pferdewechsel um 1900 in Andeer an der Straße zum Splügen und San Bernardino.

ren Straße», die etwa gleichzeitig über den Julier entstand).

Für die gesamte römische Zeit und das frühe Mittelalter deuten alle Quellen darauf hin, daß die Septimerroute weiterhin die begangenste war, zumindest verfiel sie nicht annähernd so wie die drei anderen rätischen Routen. Verläßliche Nachrichten aber gibt es erst wieder im 10. Jahrhundert. Im Jahre 962 nämlich erhält der Bischof von Chur von Otto dem Großen sämtliche Rechte und Pflichten am Septimer. Da er gleichzeitig Landesherr im Bergell und in Chiavenna wurde, konnte er neben Septimer und Julier auch noch die Route über den Splügen kontrollieren. Über mehrere Jahrhunderte wuchsen in der Folge der Reichtum und der Einfluß des Bistums Chur mit der Bedeutung des Passes durch Rätien.

Einen ersten Rückschlag für die bischöfliche Straße gab es in der zweiten Hälfte des 13. Jahrhunderts, als mit dem Bau der «Stiebenden Brücke» (an der Felswand über der Reuss hängender Holzsteg) und der «Teufelsbrücke» (Brücke über die Reussklamm) ein Saumweg über den Gotthard eröffnet wurde. Jetzt begann ein über hundert Jahre dauernder Konkurrenzkampf um die Vorherrschaft (und um die Zolleinnahmen). Der bischöfliche Einfluß reichte dabei so weit, daß ein kaiserliches Schutzedikt erlassen wurde: Im Jahre 1359 ging ein Befehl von Kaiser Karl IV. an alle Reichsstädte, ausschließlich die Churbischöfliche Straße zu benutzen. Damit verbunden war ein Verbot an alle weltlichen Herren im Bistum Chur, selber Straßen zu bauen und Zölle zu erheben.

Entschieden aber wurde der Konkurrenzkampf nicht durch Verbote, sondern durch konstruktive Maßnahmen: 1387 erhielt Jakob von Castelmur vom Churer Bischof Johann von Singen den Auftrag, von Tinzen bis Plurs «ainen weg ze machen und buwen, also dass man mit wegen wol und sicher darüber gewaren und gewndeln mag und soll och ain wagen hin inwert über den perg und uff der strass sechs und drissig Rub swer wol getragen und heruss wert die grossen vardel och wol damit gevertiget werdent».

Drei Jahre später schon hatte Rudolf von Montfort den Auftrag ausgeführt und damit im Mittelalter die erste mit richtigen Wagen befahrbare Straße der Alpen über den Septimer geschaffen. Da ein Rub ca. 10 kg bedeutete, ging er von einer möglichen Nutzlast von immerhin 360 kg oder 7 Zentnern aus. Eine solche Straße – trotz der extremen Bedingungen am Berg – in nur drei Sommern zu schaffen, ging natürlich nur, weil er nicht erst eine eigene Trasse anlegen mußte, sondern die der Römer verwenden konnte. Wahrscheinlich bedeutete sogar sein «Neubau» auf weiten Strecken nichts anderes als eine Sanierung der vorhandenen Römerstraße. Leider war es bis heute nicht möglich, auf der in weiten Teilen noch hervorragend erhaltenen alten Straße den römischen Rest und die Zutaten von Montfort zu unterscheiden. Sicher ist nur, daß der Räter die gleiche Technik wie die Römer nutzte (senkrecht eingebaute Steine), die Breite beibehielt (2,70 m) und auch weitgehend der alten Trasse folgte.

Der wachsenden Bedeutung dieser ersten richtigen Handelsstraße der Zentralalpen entsprechend entstand auch eine neue Transitverkehrsordnung, die auf genossenschaftlicher Basis arbeitete. Zwischen Chur und Chiavenna bildeten sich vier Fuhrmannszünfte. Ihre Zentren hatten sie in Vicosoprano, Bivio, Tinzen und Lenz. Sie nannten sich Porten und besaßen das Beförderungsmonopol für sämtliche Kaufmannswaren. Am Sitz der Porten gab es Susten genannte Herbergen und Lagerräume. Die Transporttarife richteten sich nach der Art der Ware und der gewünschten Beförderungsgeschwindigkeit (zwischen 3 und 8 Tagen). Zum Fahrlohn wurde eine Fuhrleite als Entschädigung für die Benützung der Straße berechnet. Hingegen waren die Porten verpflichtet, die Straße zu unterhalten. Schon vor 600 Jahren also gab es eine regelrechte Wegegebühr oder Maut.

Knapp ein Jahrhundert später, im Jahre 1473, erwuchs der bischöflichen Straße neuerlich Konkurrenz. Nach dem Vorbild der Porten auf der Septimerroute bildeten sich auch in Thusis, Cazis und Masein ebenfalls Transportzünfte. Damals nämlich schufen diese Porten einen ebenfalls fahrbaren Weg durch die Via Mala, von dem allerdings in der Folgezeit nichts mehr zu hören war. Nur in einem einzigen Bericht von 1498 wird sie erwähnt. Dort wird sogar behauptet, die Straße sei nachts mit Eilwagen befahren worden. Erst 1738 tauchen wieder Berichte über die «Untere Straße» und einen neuen Durchbruch durch die Via Mala (eine «neüwe durchgebrochene Strass») auf. Eine wirkliche Konkurrenz war das alles aber immer noch nicht.

Das aber sollte sich ganz schnell ändern, als folgendes passierte: Zum einen gab Napoleon mit dem Bau der ersten leistungsfähigen Kunststraße über die Alpen (1800–1805 in 7–8 m Breite über den Simplon) das Signal für eine neue Epoche im alpinen Straßenbau. Zum anderen sorgte eine große Lebensmittelnot im Winter 1816/17 dafür, daß die Notwendigkeit guter Paßstraßen auch vom letzten Gegner eingesehen werden mußte (weil man die Saumtiere aufgegessen hatte und der Septimer in denkbar schlechtem Zustand war, kam das Getreide aus Italien nur ganz sporadisch und sehr verzögert).

In dieser mißlichen Situation kam den Bündnern zu Hilfe, daß Österreich eine Verbindung zu seinem lombardischen Königreich brauchte und deshalb bereit war, die Straße von Chiavenna über den Splügen auf eigene Kosten bauen zu lassen. Gleichzeitig interessierte sich das Königreich Sardinien für eine Straße über den San Bernardino (was die Tessiner mit Waffengewalt verhindern wollten). Den diplomatischen Bündnern gelang es, die Rivalitäten zwischen Österreich und Sardinien so geschickt zu nutzen, daß sie gleich zwei Pässe mit durchgehend 6 m breiten Straßen fast ausschließlich auf fremde Kosten bauen konnten. 1820 bereits, nur zwei Jahre nach Vertragsabschluß, waren beide Straßen befahrbar.

Wohl bekam Graubünden damit die Hände frei für das wichtigste Projekt, den Ausbau der «Oberen Straße», doch ging es damit ohne fremde finanzielle Hilfe langsam voran. Und es schlug die Todesstunde für den fast über Jahrtausende hinweg bedeutsamsten Paß in den Zentralalpen, den Septimer. Da die inzwischen fertige Straße über den Splügen eine direkte Verbindung Chur–Chiavenna ermöglichte, wurde entschieden, lieber den Julier auszubauen (1820–1826 Bivio–Silvaplana). Bis 1840 sollte es dauern, bis die Straße auch Chur erreichte. Der Septimer verlor so gleich zweimal: erst gegen den Splügen und dann auch noch gegen seinen «Zwillingsbruder» Julier. Seit der Entscheidung von 1818, den Splügen auszubauen, verfällt die Verliererstraße.

Doch der Ausbau der «Unteren Straße» sollte noch nicht der letzte Schlag gegen die «Obere» gewesen sein. 1903 bereits fuhr die Rhätische Bahn, als Wunderwerk der Technik in ganz Europa bestaunt, über und durch den Albula bis Samaden und nahm der «Oberen Straße» über den Julier beinahe den Lebensnerv. Erst die zunehmende Motorisierung stellte hier das Gleichgewicht wieder her. Ihm konnte dann schließlich selbst der fast autobahnmäßige Ausbau von Straße und Tunnel durch den San Bernardino nichts mehr anhaben, im Gegenteil. Jede der Routen zog den für sie spezifischen Verkehr an – sogar der längst gestorbene Septimer, den nun die Wanderer für sich entdeckt haben.

Postkutsche von 1830 am Eingang zur Roflaschlucht bei Sufers. Kolorierte Aquatinta von F. Lose.

Postkutsche von 1825 bei den Pianazzafällen auf der Südrampe des Splügenpasses. Aquatinta von Johann Jakob Meyer (Bild links).

Postkutsche von 1825 bei San Bernardino Villaggio. Kolorierte Aquatinta von Johann Jakob Meyer (Bild oben).

Postverkehr um 1900 in Churwalden (Bild unten).

Rudolf Koller schuf 1873 das Bild der fünfspännig daherrasenden Alpenpost. Trotz aller Eile dauerte die «schnellste und bequemste Reise von Chur über Chiavenna nach Mayland oder Viceversa» dennoch 36 Stunden. Immerhin aber gab es schon seit 1823 pro Woche zwei Kurse in jeder Richtung.

Zu Ötscher, Hochkar und Hochschwab

1

Die Ausstrahlung einer Landschaft, ihr Eindruck auf den Besucher, ist keineswegs von ihrer absoluten Höhe abhängig. Daß es vielmehr auf das stimmige Verhältnis der einzelnen «Zutaten» ankommt, beweisen die wuchtigen Wände und die verträumten Täler zwischen Großem Ötscher und Hochschwab auch dem, der nicht gerade eine besonders ausgeprägte, romantische Ader mitbringt. Malerische Winkel, wildromantische Durchbrüche, endlose Bergwälder und senkrechte Wände bilden hier eine Einheit, die schon Kaiser Maximilian I. begeisterte. Hatte er kurzerhand das ganze Gebiet zum landesfürstlichen Forst- und Jagdrevier erklärt, um die Jagd ungestört genießen zu können, so sorgt heute wenigstens der Naturschutz dafür, daß die Schönheit unangetastet und jedem zugänglich bleibt.

Bester Ausgangspunkt für die Fahrt zur Blauen Blume ist jenes uralte Marienheiligtum, das der Benediktinermönch Magnus vom Stift St. Lambrecht gründete, als er 1157 um eine aus Lindenholz geschnitzte Madonna eine kleine Zelle baute, eine Wallfahrt auslöste und Mariazell den Namen gab. Schon um 1200 mußte eine romanische Kirche gebaut werden, um dem Besucherstrom aus Böhmen und Ungarn gerecht zu werden. Ab 1340 wurde die Kirche gotisch und 1494 gar mit Mauer und Wehrturm zur Festung gegen die Türken ausgebaut.

Die schmale Straße durch das Salza Tal erschließt Jägern, Wildwasserfahrern und Romantikern ein noch unversehrtes Paradies, hier bewacht vom Hochstadel.

Die Wallfahrtskirche von Mariazell, das Wahrzeichen des Salza Tals, hat einen von zwei barocken Türmen flankierten Hauptturm (Bild oben).

Der Große Ötscher mit seinem Rauhenkamm dominiert die Berge westlich von Mariazell.

Ihre heutige Gestalt schließlich erhielt die Kirche, als jährlich über 400 000 Pilger in das Salza Tal strömten. Domenico Sciassia war der Baumeister. Ihm gelang es, einen gotischen Turm mit zwei barocken Türmen so zu kombinieren, daß daraus ein einmaliges Wahrzeichen wurde. Johann Bernhard Fischer von Erlach schuf im Auftrag von Kaiser Karl VI. den Hochaltar, sein Sohn Emanuel den Gnadenaltar. Maria Theresia persönlich stiftete das prunkvolle silberne Schutzgitter. Zu den Schätzen der Kirche zählen heute Weihegaben aus vielen Jahrhunderten.

Von Mariazell aus fahren wir hinüber zum Erlauf-See und hinauf zum 1125 m hohen Zellerrain, einem Übergang, der seine geringe Höhe mit einer um so schöneren Aussicht wettmacht. Durch Hochwald, wie aus dem Bilderbuch, geht es dann hinunter zum Holzhüttenboden und zur Abzweigung hinüber nach Lackenhof. Hier müssen all die abzweigen, die dem Großen Ötscher (1893 m) auf das greise Haupt steigen möchten, um festzustellen, ob der «alte Vater» (Ötscher geht auf die Kelten zurück und bedeutet alter Vater) wirklich so altväterlich ist. Kein Problem jedenfalls sind die ersten 600 Höhenmeter des Aufstieges: Zum 1418 m hohen Ötscherhaus bringt uns der Sessellift von Lackenhof aus. Bis zum 1893 m hohen Gipfel sind es dann noch gut eine Stunde Fußmarsch, der sich aber auf jeden Fall lohnt, ist der Ötscher doch berühmt für seine großartige Aussicht.

Wer es vorzieht, die Spuren vergangener Kultur zu besichtigen, fährt dagegen weiter bis Grübberg und macht den kleinen (6 km) Abstecher nach Gaming zur 1330 gegründeten Kartause «Marienthron». Sie war einst die größte Kartause der

deutschen Ordensprovinz. Weder Reformation noch Türkenüberfälle hatten sie bedrohen können, erst die Säkularisation hatte ihr das Ende gebracht. Sehenswert ist heute vor allem der große Bibliothekssaal mit Fresken von Wenzel Lorenz Reiner. Der rechteckige Ambitus mit den Mönchszellen stammt aus dem 14. Jahrhundert. Die ursprünglich gotische Klosterkirche hat ein Portal aus rotem Marmor von 1631.

Durch das obere Ybbs-Tal, zwischen den Eisenwurzen im Westen und dem Dürrenstein im Osten, erreichen wir Göstling und kurz darauf in Lassing die Abzweigung zur Hochkar-Alpenstraße. Die Privatstraße ermöglicht uns den mühelosen Aufstieg bis in 1500 m Höhe und bis knapp unter das Hochkar-Schutzhaus. Der herrliche Hochtal-Kessel in den Göstlinger Alpen bietet zweierlei: Einmal lohnt ein Besuch der Hochkar-Höhlen mit ihrer Tropfsteinorgel. Zum anderen sollte niemand versäumen, zu Fuß oder mit dem Sessellift das Hochkar (1808 m) zu erklimmen. Zur Belohnung gibt es eine beeindruckende Aussicht nach allen vier Himmelsrichtungen, hinüber ins Gesäuse ebenso wie zu den Nordwänden des Hochschwab, hinaus ins Flachland oder hinunter ins kaiserliche Jagdrevier.

Nach so viel Überblick von hoher Warte lockt vielleicht ein Abstecher in die «Unterwelt». Ihn macht die Kraushöhle bei Gams möglich. Sie ist eine der drei bekannten Gipskristallhöhlen der Welt und hatte zudem noch die erste Schaubeleuchtung der Welt. Die rund 350 m lange Höhle besitzt einen länglichen Hauptraum, den sogenannten «Tanzsaal» und mehrere Nebengänge. Die Höhlenwände und -decken sind völlig mit Gipskristallen überzogen, die bei entsprechender Beleuchtung geradezu magisch leuchten.

Der Salza entlang dringen wir schließlich in das Paradies der Jäger, Wildwasserfahrer und Romantiker ein. Durch steile Hochwaldhänge windet sich die schmale Straße unterm Hochkar durch und erreicht bei Wildalpen den einzigen Weiler des ganzen Tales auf 52 km Länge. Hier bietet sich noch einmal die Möglichkeit für Abstecher: sei es hinauf in das Siebensee-Gebiet, wo 1936 die ersten Steinböcke ausgesetzt worden waren und wo heute gut 70 Stück Steinwild die Freiheit genießen; oder sei es hinauf nach Hinterwildalpen, einem Hochtal, dessen sanfte Stille jeden Wanderer entzücken wird.

Nach Wildalpen wird es eng. Riegerin (rechts) und Kräuterin (links) lassen mit ihren imposanten Wänden nur einen schmalen Schlupf, vor dem geradezu als ruhender Pol in all der Wildheit der malerische Brunnsee eingebettet ist. Von hier ergibt sich der beste Blick durch das Brunntal auf die Nordwestwände des Hochschwab. Ganz eng wird es dann unmittelbar unter der Nordwand des Hochschwab, wo sich die Wände zur Presceny-Klause verengen. Hier wurde einst die Salza gestaut, um für die Holztrift ausreichend Wasser anzusammeln und die Stämme gut über die Untiefen des Flusses zu bringen.

Auch im Kessel von Weichselboden sind wir noch keineswegs aus dem Felsentheater entlassen. Vier Täler mit ihren engen Felstoren treffen hier aufeinander, und entsprechend gewaltig sind die Abbrüche von den vier Eckbergen. Hier sollten das Auto wieder eine Pause und die Füße Arbeit bekommen: Ein Spaziergang in die Vordere Höll erschließt weltabgeschiedene Schluchten und Gräben, Felswände und Abstürze – eine wahrhaft höllische Szenerie! Allein die Schneekarmauer ist über 600 m hoch! Rund 2½ Stunden lang kann dieses Naturwunder genießen, wer bis zum Kastenriegel (1089 m) hinaufwandert (keine Einkehrmöglichkeit!).

Nach Weichselboden vollends hat die Straße überhaupt keinen Platz mehr im Tal der Salza. Sie muß sich zum Halsl hinaufwinden, gibt dafür aber noch einmal schöne Ausblicke auf die Abbrüche der Papstmauer und der Zeller Staritzen frei. Bei Gußwerk treffen wir wieder auf die Bundesstraße und kehren kurz darauf nach Mariazell zurück.

Grüner Germer (Veratrum lobilianum; Bild unten).

Die Berge bei Wildalpen bieten viele Wandermöglichkeiten (Bild ganz unten).

1 Zu Ötscher, Hochkar und Hochschwab

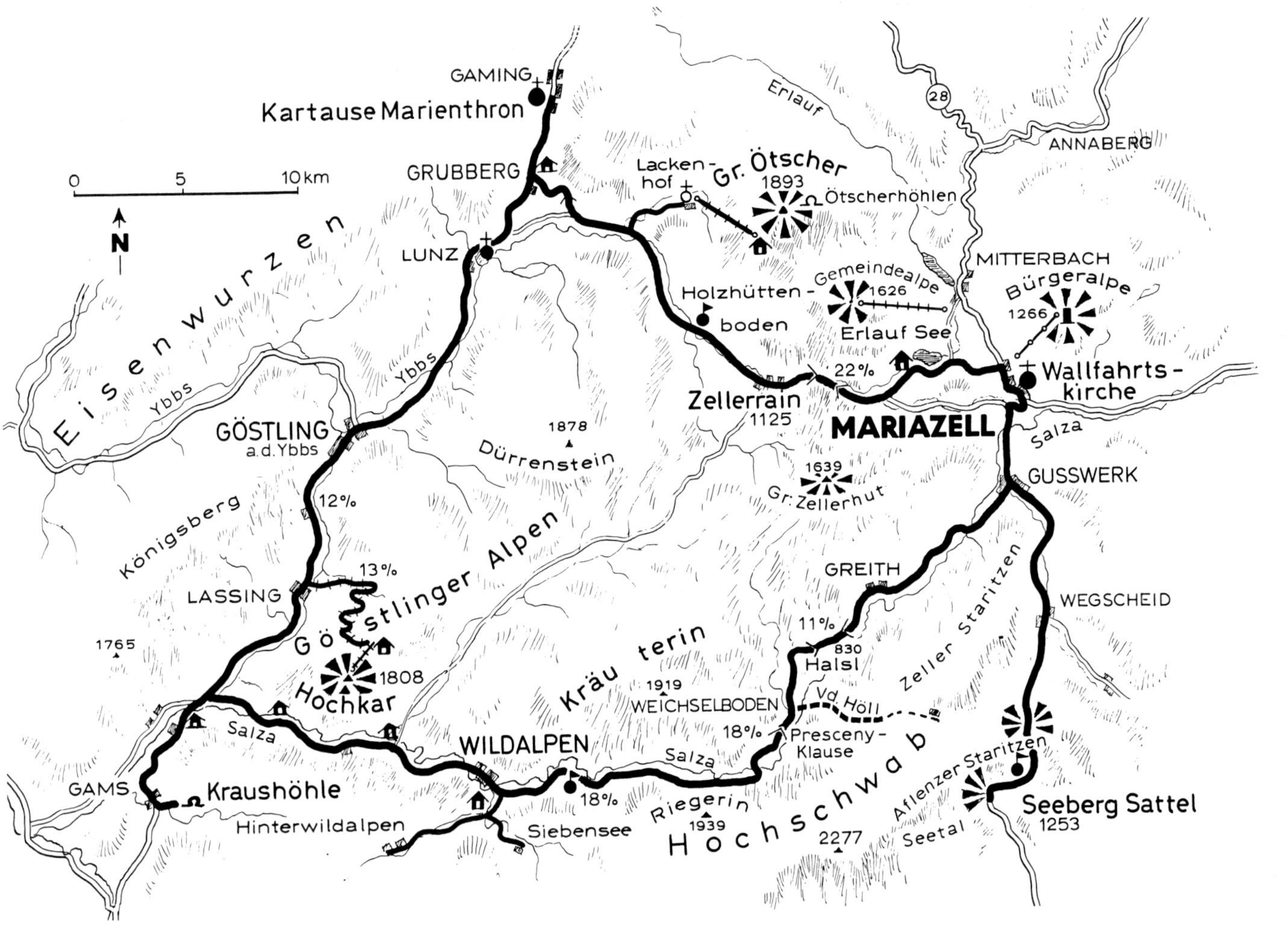

Technisches

Zellerrain-Paßstraße: Die 35 km lange, wald- und dennoch aussichtsreiche Strecke schlängelt sich zwischen den Südwestabbrüchen des Großen Ötscher und den Osthängen des Dürrensteins und verbindet Mariazell mit dem Ybbs Tal. Die Straße hat auf der Ostseite maximal 22% und auf der Westseite maximal 15% Steigung. Sie ist ganzjährig befahrbar, mautfrei und für Caravans ungeeignet.

Hochkar-Straße: Die knapp 10 km lange Privatstraße führt von Lassing (693 m) zum Parkplatz (1500 m) unterhalb des Hochkar Schutzhauses. Die Straße hat maximal 13% Steigung, ist ganzjährig befahrbar (im Winter Skibetrieb im Hochtal-Kessel), ist für Caravans ungeeignet und kostet Maut. Zum Gipfel des Hochkares führt aus dem Hochtal-Kessel ein Sessellift.

Wildalpen-Straße: Die wildromantische, gut 50 km lange Strecke durch das obere Salza Tal verbindet Mariazell mit Erzhalden (und damit mit Hieflau). Die schmale, enge (teilweise einspurig) und nur teilweise asphaltierte Straße führt durch ein Stück unverfälschter Gebirgswelt, obschon ihr höchster Punkt, das Halsl, nur ganze 830 m hoch liegt. Die Strecke ist ganzjährig befahrbar, mautfrei und für Caravans ungeeignet.

Sehenswürdigkeiten

Mariazell: Österreichs bedeutendster Wallfahrtsort hat ein unverkennbares Wahrzeichen: die Wallfahrtskirche, deren gotischer Westturm (aus dem Ende des 14. Jh.) von zwei barocken Seitentürmen (von 1650) flankiert wird. Die Kirche selbst geht auf eine um 1200 entstandene, romanische Anlage zurück. Die dreischiffige, gotische Hallenkirche entstand zwischen 1380 und 1396, der barocke Umbau von 1644–83. Der Hochaltar (1692 bis 1704) ist ein Werk von Johann Bernhard Fischer von Erlach. Die Gnadenkapelle birgt das spätromanische Gnadenbild aus dem 13. Jahrhundert. Der Gnadenaltar entstand 1727, das silberne Schutzgitter ist eine Stiftung von Kaiserin Maria Theresia.

Gaming: Die Kartause Marienthron wurde 1330 gegründet. Sie war mit 20 Mönchszellen die größte Kartause der deutschen Ordensprovinz. 1782 wurde das Kloster aufgehoben. Erst 1915 kam es durch Kauf wieder in kirchlichen Besitz (Kloster Melk). Besonders sehenswert ist heute der Bibliothekssaal mit Fresken von Wenzel Lorenz Reiner und der Ambitus mit den Zellen der Mönche aus dem 14. Jahrhundert.

Gams: Die Kraushöhle ist eine der drei auf der Welt bekannten Gipskristallhöhlen. Die Gipskristalle überziehen die gesamte Höhle und schimmern im Licht der Karbidlampen der Führer in vielen Farben. Ihre Haupthalle, der «Tanzsaal», hat die Maße eines Kirchendomes. Insgesamt ein Märchen aus Tausendundeiner Nacht!

Möglichkeiten für zusätzliche Unternehmungen

Mariazell: Fahrt mit der Seilbahn auf die Bürgeralpe (1266 m) oder auf die Gemeindealpe (1626 m). Von beiden Gipfeln schöne Aussicht. Mit der Mariazeller Bahn lohnt sich ein Abstecher zum Bahnhof Puchenstuben. Von dort Wanderung in den Naturpark Ötscher-Tormäuer. Die Fahrt mit der Seilbahn auf die Gemeindealpe läßt sich mit einer Wanderung über den Eisernen Herrgott und hinunter in den Ötschergraben verbinden. Die Rückfahrt erfolgt mit der Mariazeller Bahn von Wienerbruck oder Gösing.

Gußwerk: Abstecher mit dem Wagen zum 1253 m hohen Seeberg Sattel. Von dort schöne Aussicht auf die Aflenzer Staritzen, ins Seetal und zum Hochschwab.

Kartenempfehlung

Generalkarte Österreich 1:200 000, Blatt 2

Im Slowenischen «Karwendel»

2

dort zum 1957 m hohen Zehnerkopf und eine knapp einstündige Wanderung vollends zum Gipfel, dem wohl besten Aussichtspunkt Kärntens (bis zum Großglockner reicht hier die Sicht!).

Für die eigentliche Fahrt in die Julier sollten wir möglichst früh starten, um zumindest ohne Stau durch die moderne Karawanserei an der Grenze bei Thörl-

Vom Gipfel des Triglav, dem höchsten Punkt der Julischen Alpen, reicht der Blick über das Save Tal bis zu den Karawanken.

Der schönste Teil der nördlichen Kalkalpen erhielt seinen Namen nicht umsonst von seinen senkrechten Wänden und riesigen Karen. Nicht minder treffend wäre dieser Name auch für das südliche Gegenstück, die Julischen Alpen. Ihr Name – er kommt von Forum Julii der Römer in der Friauler Ebene – verrät so gar nichts von der Großartigkeit dieser Landschaft, die doch in nicht wenigen Punkten (etwa in der Botanik) dem Norden den Rang ablaufen könnte.

Erstaunlicherweise ist das im Norden von den Karawanken, im Westen von den Karnischen Alpen und im Osten von den Steiner Alpen eingeschlossene Gebiet nicht nur eine Region der Superlative, sondern auch noch eine der Stille – fast der Abgeschiedenheit. Da die großen Durchgangsstraßen in weitem Bogen vorbeiführen, kann der Liebhaber anspruchsvoller Bergstrecken die wilde Schönheit riesiger Kalkwände und die Einsamkeit romantischer Täler in Ruhe genießen.

Günstiger Startpunkt für eine Reise zu Isonzo (Soca) und über den Vršič ist Villach in Kärnten, von dessen Hausberg, dem 2166 m hohen Dobratsch, wir uns die richtige Einstimmung holen können, da er eine prächtige Sicht auf die gesamte Nordseite der Julischen Alpen bietet. Bis zur 1732 m hohen Roßtratte können wir über die Villacher Alpenstraße mit dem Wagen fahren. Der Höhenrain-Lift bringt uns von Maglern zu kommen. In Tarvisio dann lassen wir den Verkehr hinter uns und folgen dem Tal der Slizza in Richtung Predilpaß. Er führt uns mitten hinein in die im Ersten Weltkrieg heiß umkämpfte Grenzzone zwischen Italien und Österreich. Hier verschob sich die Grenze allein in unserem Jahrhundert schon dreimal. Die gesamte Wischberg- und Montaschgruppe ist voll von Resten aus diesen kriegerischen Zeiten. Da zudem hier drei Sprachräume aufeinandertreffen, haben nicht wenige Berge gleich drei verschiedene Namen und unterschiedliche Höhenangaben.

Hinter Cave del Predil, das eigentlich Raibl heißt und seinen Namen von der hier im 14. Jahrhundert ansässigen Familie Rabel hat, überrascht uns der malerische Raibler See. Auch wer keinen Abstecher zum Neveapaß (1150 m) und weiter hinauf zum Hochplateau der Pecolalmen (1500 m) machen möchte, sollte doch wenigstens das Stück in das Seebachtal hineinfahren und sich hier von der Romantik dieses einsamen Winkels einfangen lassen. Überm Ostufer des Sees fahren wir dann dem Predilpaß (1156 m) und der Jugoslawischen Grenze entgegen.

Vorbei an der altösterreichischen Festung Predil erreichen wir 2 km unterhalb des Passes die Abzweigung zur wenig besiedelte, wohltuend ruhige Tal hinaus bis zur Straßengabel vor Bovec, wo wir entscheiden müssen, ob es direkt ins Isonzotal hinein oder erst noch hinunter nach Bovec gehen soll. Die 4 km nach Bovec lohnen sich vor allem wegen der Möglichkeit, mit der Seilbahn zu den Südhängen des Canin (2587 m) hinaufzufahren. Was einst heiß umkämpft war, ist heute brüderlich zwischen Slowenien (Südseite) und Italien (Nordseite) geteilt, bietet bis weit in den Frühsommer hinein Skimöglichkeiten und eine hervorragende Aussicht.

Im hintersten Talwinkel wendet sich die Straße energisch gegen die Südhänge (über das geradeaus weiterführende Sträßlein kommt man zur Isonzo Quelle) und klettert in zahlreichen Kehren mit immer schöneren Ausblicken auf jähe Felswände und hinunter ins Trentatal zum Vršičpaß (1612 m) hinauf. Er bildet nicht nur die Wasserscheide zwischen Adria und Schwarzem Meer, sondern überrascht

Riesige Kalkwände, weite Karstflächen und die Einsamkeit romantischer Täler überragt der 2863 m hohe Triglav (= der Dreiköpfige).

Mangartstraße, die sich niemand entgehen lassen darf. Sie führt auf 12 km Länge mitten hinein in die ganze Grandiosität dieser hochalpinen Landschaft und hinauf zur Koča na Mangrtu (2072 m) auf der Skrbina na Plazu/Forcella della Lavina. Von hier aus kann in knapp 2 Stunden der 2678 m hohe Mangart bestiegen und eine umfassende Aussicht über die Julischen Alpen gewonnen werden.

In großem Bogen gewinnt die Predilstraße den Talboden an der Koritnica. Die Südwände des Mangart, die Westwände des Jalovec und die Nordwände der Breter Wand (Loška Stena) bilden einen der schönsten Talschlüsse in den Juliern. Der Koritnica entlang fahren wir durch das

Im Tal des Isonzo (Soca) wird es eher noch ruhiger. Unter den verkarsteten Südhängen des Flitscher Grintouz (Bavškj Grintavec) schlängelt sich die schmale Straße in die Trenta, das Tal der Bergbauern, Wildschützen und Bergführer. Das kleine Dörflein Soča ist Ausgangspunkt für einsame Wanderungen ins Sieben-Seen-Gebiet und in den Triglav Nationalpark; Na Logu, die oberste Siedlung in der Trenta, beherbergt in der ehemaligen italienischen Kaserne das Trenta-Museum, das Beiträge zur Volkskunde und Geschichte des Tales zeigt. Kurz hinter Na Logu verlangt der Alpengarten «Juliana» Aufmerksamkeit. Er zeigt die Fülle der hochalpinen Flora, wie sie nur noch in den Juliern erhalten ist.

zudem mit einer besonders schönen Aussicht auf Travnik und Prisojnik. Wer denkt dabei schon daran, daß die Straße einst Werschetzpaß oder Erzherzog-Eugen-Straße hieß?...

Auch die Nordrampe wartet mit zahlreichen Kehren und ebenso vielen wunderschönen Aussichtspunkten auf. In immer neuen Perspektiven zeigen sich die Mojstrovka und die imposante Skrlatica-Wand, die vor allem am Abend in allen Farben leuchtet. Vorbei an mehreren Hütten, die allesamt gute Ausgangspunkte für Bergtouren sind, fahren wir hinunter in den Hochwald des Pisnicatales und hinaus nach Kranjska Gora, dem alten Kronau im Savetal. Hier haben wir die Möglichkeit,

Die imposante Skrlatica-Wand ist das beeindruckende Gegenüber bei der Fahrt über die Nordrampe des Vršičpasses hinunter in das Pisnicatal und nach Kranjska Gora.

mit der Seilbahn zum 1572 m hohen Vitranec hinaufzufahren und die Julier noch einmal von oben anzusehen.

Zwanzig Kilometer und die Fahrt über den Wurzenpaß brächten uns wohl zurück nach Villach, doch hätten wir dann zweierlei versäumt: Den Bergfreunden wäre die Fahrt ins Vratatal und die Nordwand des Triglav, den Liebhabern sanfter Seenlandschaft wären Bled mit seinem Ruderzentrum und vor allem der Wocheiner See (Bohinskoje Jezero) entgangen.

Am einfachsten ist noch das Vratatal zu erreichen. Es zweigt 12 km östlich von Kranjska Gora in Mojstrana nach Süden ab und führt unmittelbar unter die neben der Watzmannostwand imposanteste Wand der Ostalpen. Es ist die 1500 m hohe Nordwand des Triglav (= der Dreiköpfige), der mit seinen 2863 m der höchste Berg der Julischen Alpen ist. Die Superlativ-Wand bietet Anstiege aller Schwierigkeitsgrade, die besten Kletterer haben sich an ihr versucht. Uns bildet sie den Hintergrund für eine packende, großartige Landschaft, in der man stundenlang des Schauens nicht müde wird.

Unter ganz anderen Vorzeichen steht der Abstecher nach Bled (35 km). Dort treffen wir auf eine überraschend «liebliche» Landschaft, die nicht von ungefähr 800 Jahre lang den Fürstbischöfen von Brixen gehörte. Ein Schloß – wie es sich gehört auf einem 100 m hohen Felsen überm See –, ein Inselchen mit verschämt aus den Bäumen lugendem Kirchlein und ein See in der «richtigen» Größe ergeben ein in sich so stimmiges Bild, dessen Reiz kaum jemand widerstehen kann.

Noch einmal 28 km sind es schließlich bis zum Wocheiner See in einem der schönsten Täler der Julier. Ob Spaziergänger, Wanderer oder Kletterer – für jeden gibt es hier ideale Möglichkeiten in einer Landschaft, die man anderswo lange suchen muß.

Die malerische Landschaft um den See von Bled gehörte mit Schloß und Kirche gut 800 Jahre lang den Fürstbischöfen von Brixen. Heute ist Bled nicht nur eine romantische Idylle, sondern auch Zentrum des internationalen Rudersports.

2 Im Slowenischen «Karwendel»

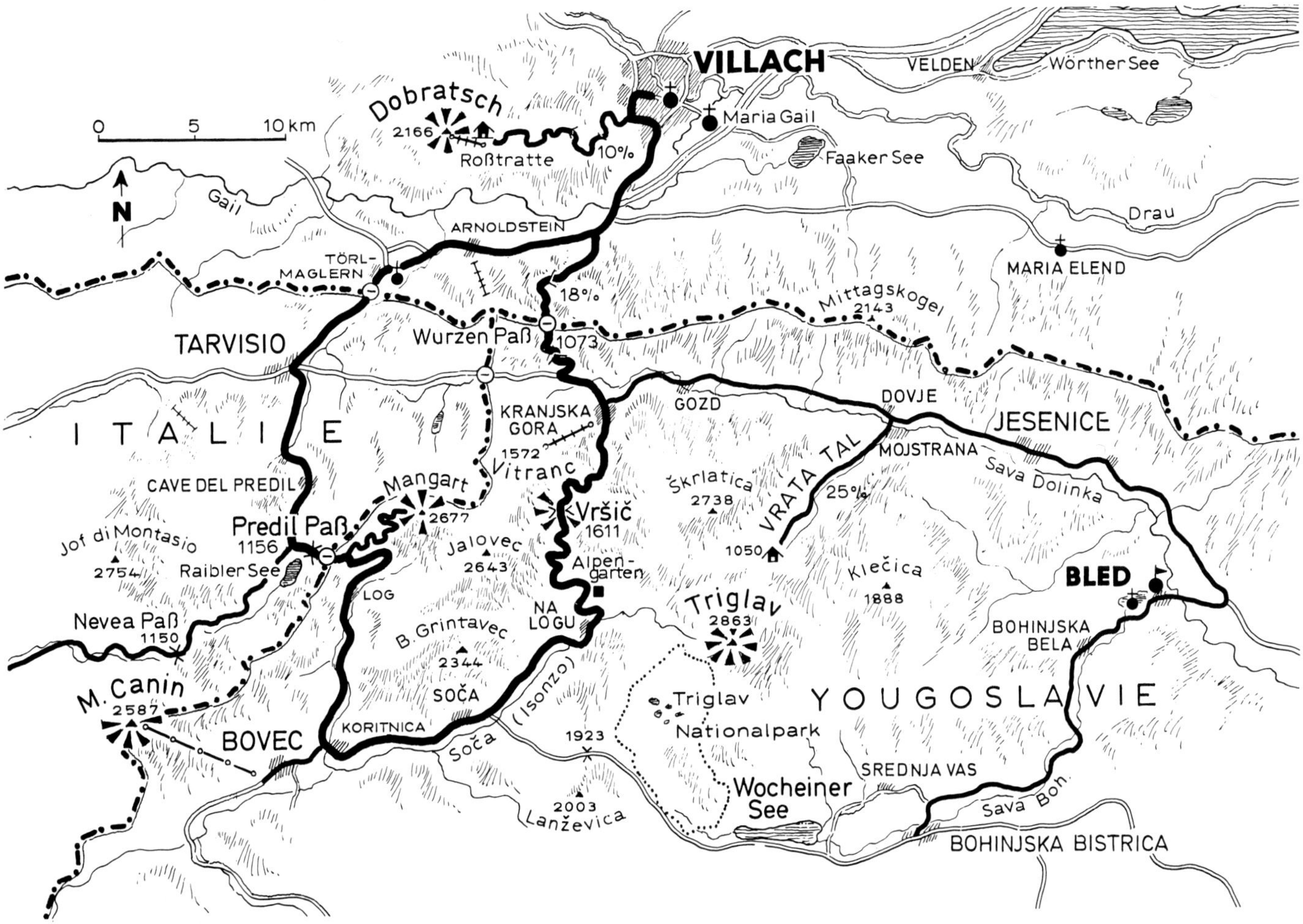

Technisches

Villacher Alpenstraße: Die 17 km lange Stichstraße führt bis auf 1732 m Höhe hinauf und erschließt die Villacher Alpe (Landschaftsschutzgebiet); sie ermöglicht zusammen mit dem anschließenden Sessellift ein bequemes Besteigen des Dobratsch (2166 m, zum Schluß 1 Stunde zu Fuß). Die Straße ist ganzjährig befahrbar, hat maximal 10% Steigung, kostet Maut und ist für Caravans nicht geeignet.

Predilpaß: Der 1156 m hohe Übergang verbindet das italienische Tarviso mit dem jugoslawischen Bovec. Die Straße ist recht gut ausgebaut und – soweit es Schneelage und Lawinengefahr zulassen – ganzjährig befahrbar. Die Steigung beträgt durchgehend maximal 11%; die Straße ist mautfrei und für Caravans geeignet.

Mangart Bergstraße: Die 12 km lange Stichstraße führt bis auf 2072 m Höhe hinauf zur Mangarthütte (Koča na Mangrtu) und zur Forcella della Lavina (Skrbina na Plazu). Die Straße hat maximal 18% Steigung und 15 Kehren. Sie ist vom 1.7. bis 30.9. geöffnet, mautfrei und für Caravans nicht geeignet.

Vršičpaß: Der 1611 m hohe Übergang verbindet Kranjska Gora und das Tal der Save mit dem Trentatal und Bovec und ist fraglos die schönste Alpenstraße Jugoslawiens. Obschon sie nicht in große Höhen führt, ist sie mit den eindrucksvollsten Paßstraßen der Alpen vergleichbar. Die Straße ist zwar auf der Scheitelstrecke noch nicht asphaltiert und weist insgesamt 51 Kehren auf, was aber bei maximal 14% Steigung kein Problem bringt. Die Straße ist vom 15.5. bis 15.11. befahrbar, mautfrei und für Caravans nicht geeignet.

Straße durch das Vratatal: Die 13 km lange Stichstraße führt bis auf 1050 m Höhe und unmittelbar unter die grandiose Nordwand des Triglav. Sie hat maximal 25% Steigung, ist vom 15.5. bis 31.10. befahrbar, mautfrei und für Caravans ungeeignet.

Wurzenpaß: Der 1073 m hohe Übergang verbindet das österreichische Arnoldstein im Gailtal mit dem jugoslawischen Kranjska Gora im Tal der Save. Die Straße ist zwar sehr gut ausgebaut, hat aber doch auf beiden Rampen bis zu 18% Steigung. Der Paß ist, soweit es die Schneelage zuläßt, ganzjährig befahrbar, mautfrei und mit absolutem Anhängerverbot versehen.

Sehenswürdigkeiten

Maria Gail: Die Pfarrkirche geht auf frühromanische Zeit zurück. In der westlichen Vorhalle hat sie gotische Steinreliefs aus der 2. Hälfte des 14. Jahrhunderts, im Innern Fresken von um 1300. Der spätgotische Flügelaltar von 1520 stammt aus der Friesacher Werkstatt.

Na Logu: In der ehemaligen italienischen Kaserne ist das Trenta-Museum eingerichtet. In ihm wird Geschichte und Volkskunde des Tales gezeigt. Im Alpengarten «Juliana» gedeihen die schönsten Pflanzen der Julischen Alpen.

Bled: In den Prunkräumen des Schlosses ist die Geschichte von Bled von den ersten Ausgrabungen an dargestellt. Besonders interessant ist auch die Insel mit ihrer idyllischen Barockkirche. Die Entwicklung der Insel ist von der ersten Besiedlung (geflochtene Hütten) über eine Kapelle aus vorromanischer Zeit (das einzige Baudenkmal aus dieser Zeit in Slowenien) bis zur Barockkirche ablesbar.

Möglichkeiten für zusätzliche Unternehmungen

Villach: Abstecher zum 12 km entfernten Ossiach am gleichnamigen See. Das Benediktinerkloster geht auf vorromanische Zeit, die ehemalige Stifts- und jetzige Pfarrkirche auf die Romanik zurück (so der 3-Apsiden-Chor). Älteste Stücke im Innern sind drei korinthische Säulen am Aufgang zur Orgelempore und der spätgotische Flügelaltar von 1510 in der Nordwestkapelle.

Villach: Abstecher zum 13 km entfernten Tschöran auf der Nordseite des Ossiacher Sees. Von dort über die schönste Bergstraße Kärntens bis auf 1769 m hinauf. Prächtige Aussicht auf den Ossiacher, den Faaker und Wörther See sowie auf die Karnischen Alpen.

Auf der Straße der Nocken

3

Wer die Behauptung eines derzeit bekannten Chansonniers «Über den Wolken muß die Freiheit wohl grenzenlos sein» nachprüfen will, braucht dazu nicht unbedingt ein Flugzeug. Es genügt, sich im Herbst ins Auto zu setzen und über die neue Nockalmstraße zu fahren. Hat man Glück, schwimmen über einem unendlichen Nebelmeer die grünbraunen Berggipfel, die hier alle Nock heißen; man hat unwillkürlich das Gefühl grenzenlosen Darüberschwebens.

Gleich zweimal klettert die noch wenig bekannte Straße in Höhen von über 2000 Meter, also nur etwa 300 Höhenmeter weniger als die höchsten Nocken ringsrum, und bietet unvergeßliche Ausblicke in die Weiträumigkeit des gesamten Nockgebietes. Wald- und Wiesenkuppen wechseln mit behäbigen Felsrücken, die nur selten steilere Abstürze aufweisen. Aber dennoch sind auch hier durchaus Berge alpinen Ausmaßes zu finden, die für den Kletterer so manche Nuß zu knacken gäben. Für den Wanderer ist es ein Gebiet, das ihm Unendlichkeit auf seine Weise schenkt: Waldeinsamkeit, Almseligkeit und Gipfelglück in einer Mischung, für die das Nockgebiet berühmt ist.

Guter Ausgangspunkt für eine Fahrt zu den Nocken ist Spittal an der Drau, jenes auf die Stauferzeit zurückgehende Städtchen, das die Ortenberger Grafen 1191 gründeten. Der Schatzmeister von Erzherzog Ferdinand baute hier von 1527–1539 seine Residenz, heute bekannt unter der Bezeichnung Schloß Porcia. Fürst Porcia nämlich war es, der daraus eines der prunkvollsten Renaissance-Schlösser Österreichs machte. Besonders der Innenhof mit seinen dreigeschossigen Säulenlauben, die jeweils durch Treppen zugänglich sind, erinnert an die Tradition italienischer Stadtpaläste. Im Sommer finden in diesem Hof regelmäßig Schloßfestspiele statt.

Einen ersten Halt auf unserer Fahrt in Richtung Katschberg verlangt Gmünd, genannt das «Kärntner Rothenburg». Das mittelalterliche Städtchen am Zusammenfluß von Lieser und Malta hat eine mehr als wechselvolle Geschichte hinter sich. Von den römischen Grabsteinen bis zum Denkmal für Ferdinand Porsche, der hier 1948 den ersten Porsche konstruierte, spannt sich der Bogen. Die Salzburger Bischöfe bewehrten die Stadt so, daß es 1478 nicht einmal den Türken gelang, die Festung zu nehmen.

Wahrzeichen von Gmünd an der Malta ist die riesige Schloßruine. Hier gab es schon in romanischer Zeit Befestigungen.

Die Straße zu den Nocken zweigt in Kremsbrücke ab. Dort ist nicht nur ein Gasthaus aus dem 16. Jahrhundert (ehemaliges Zollhaus), sondern auch die Pfarrkirche Maria Trost aus dem 17. Jahrhundert und das kleine, etwas abseits gelegene Kirchlein St. Nikolai einen Besuch wert. Bis Innerkrems ist die Straße manchmal schmal und unübersichtlich. Im höchsten Dorf Kärntens, einem ehemaligen Bergwerksort, beginnt die neue Nockstraße. Über 10 – anfangs wald- und später aussichtsreiche – Kilometer windet sich die Straße durch den Heiligenbachgraben aufwärts und erreicht bei der Steigeralm in 2030 m Höhe den ersten Übergang.

Über zahlreiche Kehren führt die Straße jenseits zu einem der wohl letzten «Bauernbäder», zum Karlbad (1693 m) hinunter. Hier geht es heute noch zu wie vor Jahrhunderten. Das radium-, schwefel- und eisenhaltige Wasser sprudelt über hölzerne Rinnen in die Baderäume. Gebadet wird in Holzwannen; das Wasser wird mit erhitzten Steinen gewärmt und der Badende schließlich bis zum Hals mit Brettern zugedeckt, damit sich die Wärme besser hält.

Von Karlbad fahren wir den Karlgraben hinaus bis zum Leobengraben, nicht aber nach rechts hinunter nach Leoben, sondern nach links wieder hinauf, vorbei an der Grund Alm zur Schiestl-Scharte (2001 m), dem zweiten Übergang auf der Nockstraße. Zwischen der Klomnock im Süden (2331 m) und der Kofler Nock (2277 m) im Norden breitet sich hier das gesamte Nockengebiet vor dem Paßfahrer aus: Der Blick reicht nach Westen hinüber zu den Radstädter Tauern und nach Osten in die Gurktaler Alpen hinein – hinein in die ganze Weite des Kärntner Berglandes.

Hinunter geht's dann zur Rosentaler Alm und schließlich hinaus in den «Winkel» oberhalb der Ebene Reichenau. Hier treffen wir auf die Auffahrt zur Turracher Höhe, jener Bergstrecke also, die lange als die steilste Bergstrecke der Ostalpen berühmt und berüchtigt war. Zwar ist sie auch heute noch steil – bis zu 23% Steigung weist sie auf der Südrampe auf –, aber sie hat ihre Schrecken verloren und lohnt sich als Abstecher für uns allemal. Zum einen sind es nur knapp 8 Kilometer, zum anderen geht die Fahrt durch ein ausgesprochen schönes Landschaftsschutzgebiet mit ausgedehnten Kiefer- und Zirbelbeständen. Auf der Höhe selbst überrascht dann ein besonderes Kleinod: der Turrachsee. Rinsennock und Kornock erheben dahinter ihre kahlen Häupter.

Vorbei an Patergassen fahren wir weiter nach Bad Kleinkirchheim, dem Ferienparadies für Wanderer, Reiter und Thermalbadefans. Gleich mehrere Bergbahnen laden hier zu Ausflügen in die Welt der Nocken ein. Besonders beliebt ist als Startort der Ortsteil St. Oswald. Dort bringt der Sessellift den Wanderer immerhin schon auf eine Ausgangshöhe von 1902 m. Wir aber fahren hinunter zum nördlichsten Zipfel der Kärntner Seenplatte, zu dem schon im Mittelalter beliebten Millstätter See.

Weitläufige Wälder charakterisieren das Nockalm-Gebiet. Bevorzugter Baustoff ist deshalb nach wie vor das Holz.

In karolingischer Zeit entstand, was es in Millstatt zu entdecken gibt: die in der 2. Hälfte des 11. Jahrhunderts gegründete Benediktinerabtei. Obwohl das Stift schon 1469 durch päpstliches Dekret aufgehoben wurde, sind doch noch beeindruckende Zeugnisse aus der Frühzeit erhalten. Der Kreuzgang auf der Südseite der Kirche etwa entstand im frühen 12. Jahrhundert. Die Schmuckelemente seiner Kapitelle gehen ebenso auf heidnische Beschwörungsformeln zurück wie die Flechtwerksteine im Durchgang zum Stiftshof. Berühmt auch ist das um 1170 entstandene romanische Trichterportal der ehemaligen Stiftskirche. Es ist mit vorgestellten Säulen und dem segnenden Christus im Bogenfeld geschmückt.

Für den Musikfreund bietet sich in Millstatt schließlich die Möglichkeit, in der Stiftskirche Konzerte zu hören, die den höchsten Ansprüchen gerecht werden. Im Rahmen der internationalen Orgelmusikwochen wird die moderne Schleifladenorgel mit ihren 29 Registern gespielt und so das kulturelle Erbe aus dem Mittelalter neu belebt.

Ganze 11 Kilometer sind es schließlich noch, vorbei am See-Ende, hinüber nach Spittal.

Innenhof des Schlosses Porcia. Dreigeschossige Säulenlauben sind durch steile Treppenaufgänge erschlossen (Bild übernächste Seite).

Schloss Porcia baute sich der Schatzmeister von Erzherzog Ferdinand von 1527 bis 1539 in Spittal an der Drau als seine Residenz (Bild unten).

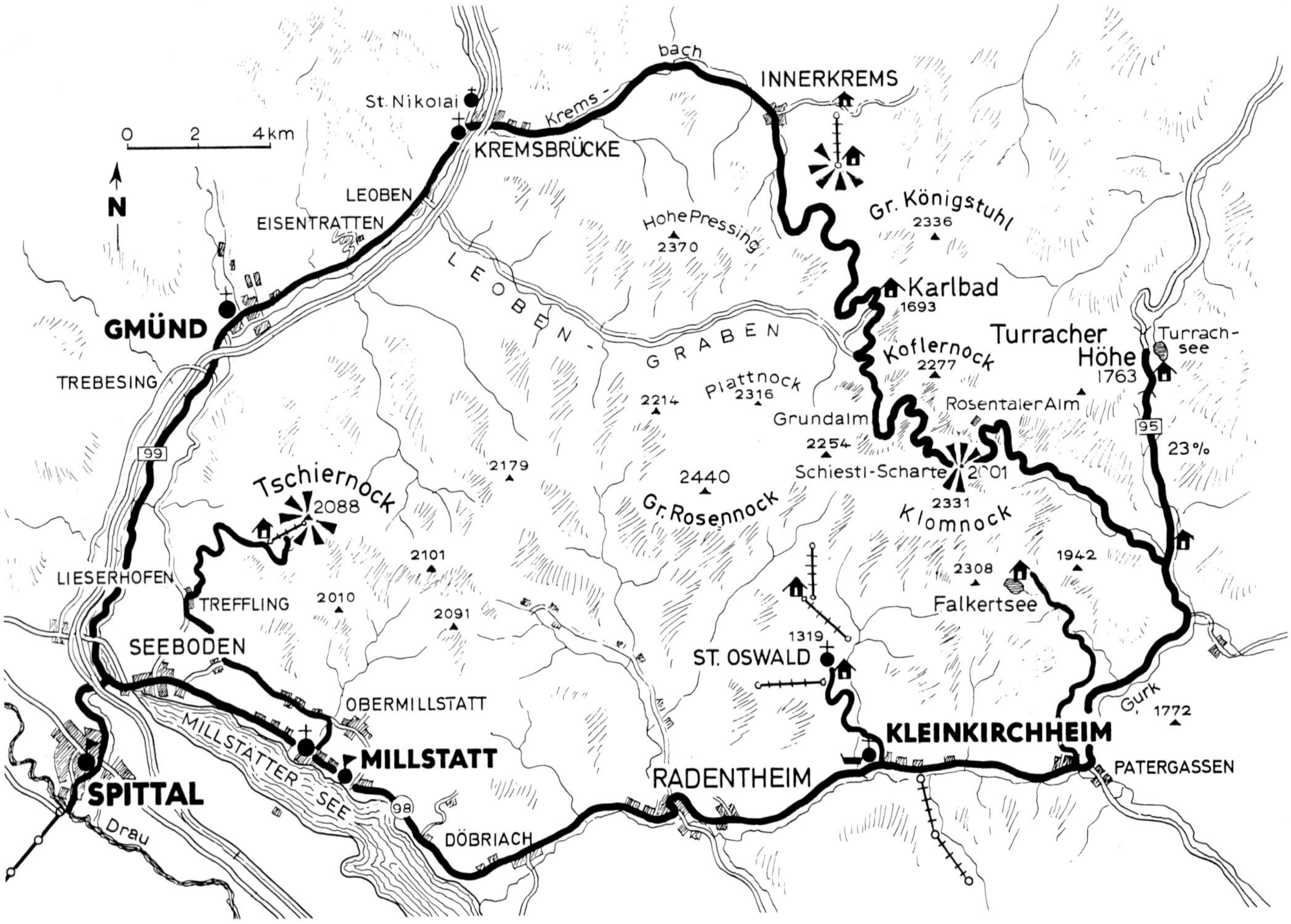

Technisches

Nockstraße: Die Westrampe zweigt im Liesertal bei Kremsbrücke ab und erreicht nach 28 km die 2001 m hohe Schiestl-Scharte. Die maximale Steigung beträgt 17%, der Höhenunterschied 1048 m. Die Ostrampe mündet nach weiteren 12 km in 1200 m Höhe in Winkel oberhalb Ebene Reichenau. Die Steigung beträgt hier maximal 12%, der Höhenunterschied 801 m. Zwischen Alm und Winkel ist die Straße streckenweise noch nicht ganz ausgebaut. Die gesamte Strecke ist in der Regel vom 1. 6. bis 31. 10. geöffnet, mautfrei und für Caravans ungeeignet.

Turracher Höhe: Die Nordrampe Predlitz-Paßhöhe überwindet auf 20 km 836 Höhenmeter bis zum 1763 m hohen Paß. Die maximale Steigung beträgt 12%. Die Südrampe Paßhöhe-Patergassen überwindet auf 14 km 743 Höhenmeter, weist jedoch eine maximale Steigung von 23% auf. Die Straße ist ganzjährig geöffnet, mautfrei und für Caravans nicht geeignet.

Sehenswürdigkeiten

Spittal: Schloß Porcia aus dem 16. Jahrhundert mit dreigeschossigen Säulenlauben im Arkadenhof. Das Schloß ist nach den Vorbildern italienischer Renaissancepaläste mit quadratischem Grundriß gebaut. Heute enthält es ein sehenswertes Heimatmuseum. Die Stadtpfarrkirche wurde 1311 geweiht. Nur ihr kreuzrippengewölbtes Mittelschiff ist noch erhalten. Im Rathaus dagegen sind noch Fresken aus dem 16. Jahrhundert zu besichtigen.

Gmünd: Mittelalterliches Städtchen im Liesertal, auf der Südseite des Katschberges. Seine auf romanische Zeiten zurückgehenden Befestigungen wurden von den Salzburger Erzbischöfen vom 13. bis zum 15. Jahrhundert zur Ringmauer mit Toren ausgebaut. Diese Ringmauer ist noch ganz erhalten. Im alten Schloß ist ein Heimatmuseum untergebracht. Sehenswert auch die spätgotische Stadtpfarrkirche und die gotischen Wandmalereien im Karner.

Millstatt: Benediktinerabtei aus der 2. Hälfte des 11. Jahrhunderts. Der wunderschöne Kreuzgang an der Südseite der Kirche stammt aus dem beginnenden 12. Jahrhundert, die ehemalige Stiftskirche aus dem 11. Jahrhundert, ihre Doppelturmfassade entstand um 1170. Während Spätgotik und Barock gab es verschiedene Umgestaltungen. Besonders sehenswert: das romanische Trichterportal und die Geumannkapelle mit dem farbig gefaßten Geumanngrab.

Möglichkeiten für zusätzliche Unternehmungen

Malta Tal: Von Gmünd aus Fahrt in das «Tal der stürzenden Wasser». Es gibt dort etwa 30 Wasserfälle, der schönste ist wohl der Fallbach bei Koschach. Über einen Güterweg kann man bis auf etwa 1500 m hinauffahren und eine schöne Aussicht in die Reißeckgruppe genießen.

Falkertsee: Fahrt über den 8 km langen, mautpflichtigen Güterweg von Patergassen zum 1875 m hoch gelegenen, malerischen See.

Millstatt: Fahrt über Treffling zur Hansbauer Alm (1680 m). Von dort mit Sessellift oder zu Fuß (1 Stunde) zum Gipfel der 2088 m hohen Tschiernock. Großartige Aussicht.

Spittal: Fahrt mit der Seilbahn auf das 2142 m hohe Goldeck. Prächtige Aussicht über halb Kärnten.

Kartenempfehlung

Österreichische Karte 1:50000, Blätter 182, 183, 184

Ins Herz der Niederen Tauern

4

Wenn es in den gesamten Alpen überhaupt noch ursprüngliche und noch nicht bis zum letzten Steinchen erforschte Gebiete geben sollte, die Schladminger Tauern, und damit der westlichste und auch höchste Teil der Niederen Tauern, würden dazugehören. Nicht umsonst waren die Berge zwischen dem Enns- und dem oberen Murtal Lieblingsziel des jungen Erzherzog Johann, wenn es um die Jagd oder um die Liebe ging. Wie viele nach ihm, liebte er die dunklen Berge mit den hohen Wänden und scharfen Graten, den waldreichen Hängen und den unverhofft auftauchenden Seeaugen.

Mitten hinein, sozusagen ins Herz der Niederen Tauern, führt das Sölktal, das längste und wasserreichste Seitental der oberen Enns. Nimmt man es genauer, ist es allerdings gleich ein ganzes Tälergewirr: das Kleinsölk mit dem Ober- und dem Untertal sowie dem Nebental des Tuchmarer Alpenbaches; daneben das Großsölk, das Vordere und das Innere mit einigen Nebentälern. Kleinsölk- und Großsölkbach vereinen sich erst knapp vor der Mündung in die Enns und vor einer unwegsamen, wilden Klamm. Das ganze Gebiet ist seit alten Zeiten praktisch ein einziges, riesiges Jagdrevier, in dem Rotwild, Gams und Hirsch gehegt und gejagt werden.

Nur ein einziges, dazu recht holpriges Bergstraßerl führt in dieses von den «Erschließern» noch nicht «ausgebaute» Reservat fast verwunschen wirkender

Frühjahr am Tauern. Heute ist der Paß mit langen Lawinengalerien wintersicher ausgebaut und erschließt ein ideales Skigebiet (Bild oben).

Tauernblick vom Schwarzkogel bei Altenmarkt-Zauchensee. Das nicht übermäßig felsige Gelände auf der Nordseite des Tauernpasses ist ein hervorragendes Wandergebiet (Bild rechts).

Bergeinsamkeit. Hier wird noch unterschieden in markierte Wege, die ohne Beunruhigung des Wildes begangen werden können, und Jägersteigen bzw. ganzen Gebieten, deren Betreten dem Wild zuliebe verboten ist. Wer sich hier vom Auto zu trennen vermag, trifft abseits der Straße manchmal stundenlang keinen Menschen.

Ganz anders sieht es nur 40 Kilometer weiter westlich aus – an der Grenze zwischen Niederen und Hohen Tauern, am Radstädter Tauernpaß also. Hier herrscht im Winter noch mehr als im Sommer ein fröhliches Treiben. Da dem 1738 m hohen Paß der gesamte Durchgangsverkehr durch die Tauernautobahn abgenommen wurde, entwickelte sich dank der schneesicheren Lage im Winter und der ausgezeichneten Wandermöglichkeit im Sommer entlang der Scheitelstrecke ein richtiges Feriendorf.

Die Beschaulichkeit des Sölkpasses (1790 m) und die Betriebsamkeit der Radstädter Tauern lassen sich zu einer Umrundung der Schladminger Tauern kombinieren, bei der der ganze Reiz des Steirischen Mustergebirges fast vom Auto aus er-

Gletscherhahnenfuß (Ranunculus glacialis).

Mauterndorf war die erste Mautstelle der Ostalpen.

obert werden kann. Idealer Startplatz für diese Fahrt ist das mittelalterliche Radstadt, das noch heute von Wassergraben und Rundtürmen geschützt wird. So romantisch für den heutigen Besucher auch anmutend, hatten die alten Mauern doch einst einen recht handfesten Zweck zu erfüllen: Sie waren von den Salzburger Fürsterzbischöfen als Grenzbefestigung gegen die keineswegs immer friedliche Steiermark zwischen 1270 und 1286 errichtet worden.

Erster Halt auf der Fahrt durch das Ennstal hinunter sollte in Gröbming sein, das es nachweislich schon 1170 gab und das bis 1803 zum Erzbistum Salzburg gehörte. Die Pfarrkirche Mariae Himmelfahrt birgt eines der kostbarsten Sakralkunstwerke der gesamten Steiermark: den um 1520 entstandenen, spätgotischen Flügelaltar. In drei Etagen eines Schreines sind die 12 Apostel mit dem thronenden Christus darüber verteilt. Reiche Reliefs und Tafelbilder mit Motiven aus der Passionsgeschichte bilden die Flügel.

In Stein an der Enns zweigt die Sölker Paßstraße ab. Gleich zu Anfang muß sie den steilen Gatschberg bezwingen, bevor sie sich dann gemütlicher durch weite Streusiedlungen schlängeln kann. In St. Nikolai wartet die kleine Dorfkirche aus dem 16. Jahrhundert auf Besucher. Die alten Bauernhäuser haben hier sogar noch ab und zu ihre alten, steinbeschwerten Dächer. Dahinter beginnt die Straße zu steigen, kostet Maut und erreicht in 1790 m Höhe den Paß. Einsamkeit und Wildheit sind hier gleichermaßen zu Hause. Einsame Urgesteinsgrate warten auf Begeher, manchmal allerdings monatelang vergebens; verwunschene Bergseen gäbe es hier zu entdecken, oft genug ohne daß ein Weg zu ihnen führen würde.

Interessant wird es dann wieder in Baierdorf. Von seiner schon im 9. Jahrhundert genannten Talburg ist noch der Wehrturm aus dem 13. Jahrhundert erhalten. Seine Eingangstüre liegt knapp 5 m über dem Boden, an seiner Südwand ist ein 9 m hohes Christophorus-Fresko zu bewundern. 2 Kilometer weiter, in Schöder, gibt es eine zweischiffige Hallenkirche zu sehen. Und wer einen Abstecher von 16 km nicht scheut, kann in Oberwölz die mittelalterlichen Wehranlagen des einstigen Zentrums des Freisinger Kammergutes (1317 begonnen), die Burg Rothenfels und die romanische Basilika St. Martin besichtigen.

Über Seethal – oder für die Liebhaber sanfterer Wiesenlandschaften über das Murtal – erreichen wir Tamsweg, den Hauptort des noch wenig besuchten Lungaus. Südwestlich des 1160 erstmals als «Tamswick» erwähnten Marktes lockt auf einem Vorberg des Schwarzenberges die alte Wallfahrtskirche St. Leonhard. Ihre turmbewehrte Ringmauer gibt ihr den Charakter einer Kirchenburg. Zu den echten Kostbarkeiten zählen verschiedene Ausstattungsstücke, wie etwa die zwischen 1430 und 1450 entstandenen Farbglasfenster. Berühmt ist vor allem das Goldfenster, das fast nur aus blauen und goldfarbenen Stücken besteht. Kaum weniger kostbar ist ein Chorstuhl, der um 1450 entstand und neben Schnitzereien auch Intarsien hat.

Noch einmal historisch interessant wird es wenige Kilometer weiter westlich in Mauterndorf. König Heinrich II. schenkte Erzbischof Hartwik nicht nur den Besitz, sondern auch das Zollrecht. Darin begründet ist die erste in den Ostalpen belegte Mautstelle. In der Folge entstand Anfang des 14. Jahrhunderts die Burg, die um 1500 von Erzbischof Leonhard von Keutschach wesentlich erweitert wurde. Interessant sind die bischöflichen Wohnräume, die Kapelle und die Fresken der Triumphbogenwand. Sehenswert ist außerdem noch das Schloß Moosham.

Durch die Twenger Au und entlang des Taurachbaches fahren wir schließlich in Richtung Radstädter Tauern.

Hinter Tweng tauchen zwei interessante Wasserfälle auf, kurz danach ist schon die Paßhöhe (1738 m) in Sicht. An ihrer Nordostseite laden sanftere Hügel, ein malerischer See und die leicht zu besteigende Seekarspitze (2350 m) den Wanderer ein, an ihrer Südwestseite locken die Kare und Grate um die Zehnerkarspitze (2375 m) den Bergsteiger. Wir lassen uns bei der Fahrt hinunter über die Nordrampe von Gnaden- und Johannesfall überraschen und erreichen kurz darauf in Radstadt wieder unseren Ausgangspunkt.

Auf der Südseite des Tauernpasses ragt die zerfurchte Kammlinie mehrerer Zweitausender in den Himmel. Der Große Pleißlingkeil (rechts) ist unschwierig zu besteigen (Bild vorhergehende Doppelseite).

4 Ins Herz der Niederen Tauern

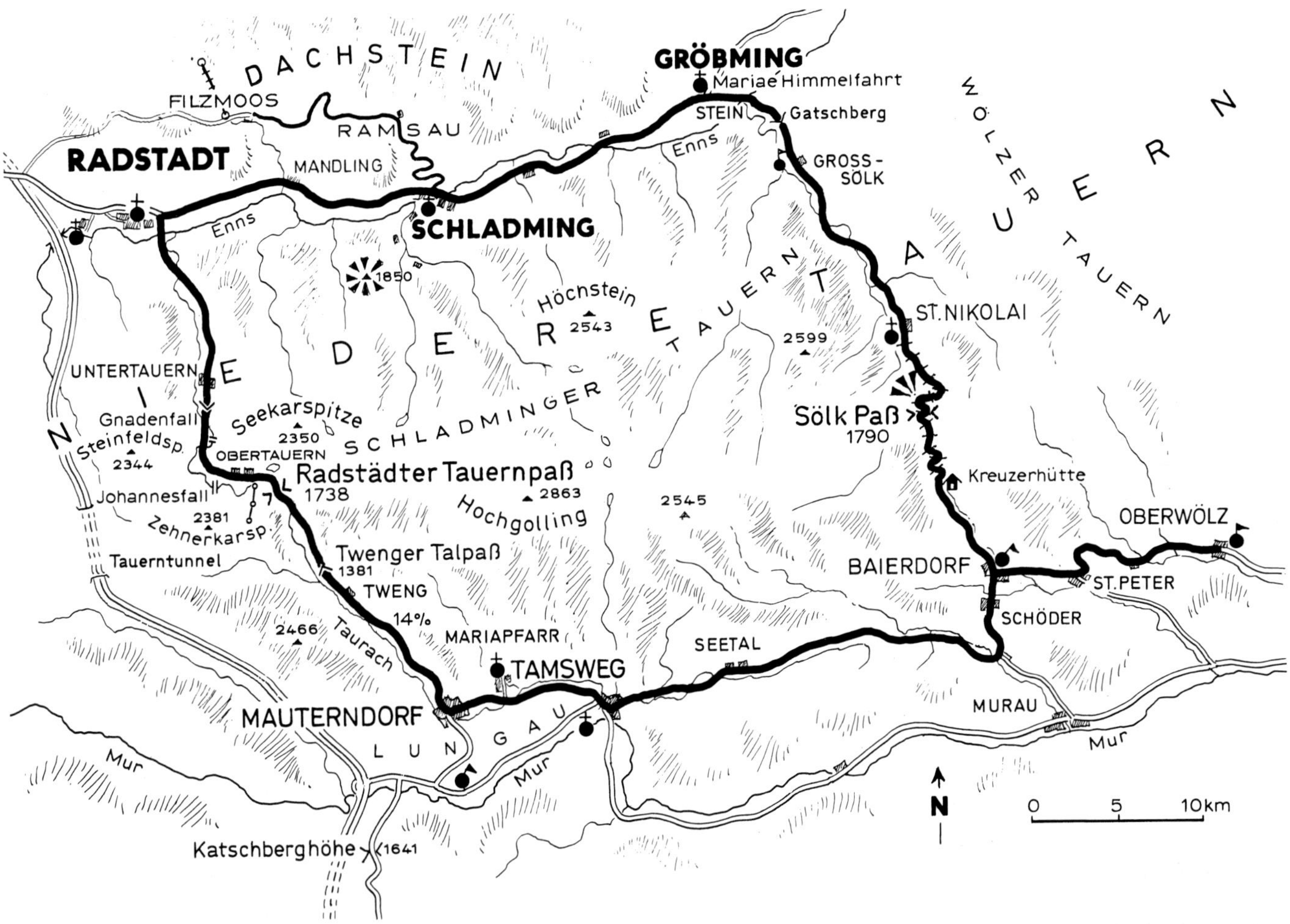

Technisches

Sölker Paßstraße: Die einsame Bergstraße ist in der Regel vom 15. 5. bis 31. 10. geöffnet. Auf der Nordrampe (Gröbming-Paß = 1014 Höhenmeter) beträgt die Steigung maximal 16%, auf der Südrampe (Paß-Murau = 958 Höhenmeter) 15%. Die Scheitelstrecke zwischen St. Nikolai und Schöder ist teilweise nicht asphaltiert und mautpflichtig. Für Caravans ungeeignet.

Radstädter Tauernpaß: Die vor der Fertigstellung der Tauernautobahn viel befahrene Paßstraße ist heute mehr der Zubringer in das Feriendorf Obertauern, das um die Paßhöhe herum entstanden ist. Von wenigen Ausnahmen abgesehen, ist die Straße gut ausgebaut, ganzjährig befahrbar und mautfrei. Auf der Nordrampe (Radstadt-Paß = 876 Höhenmeter) beträgt die Steigung auf einem kurzen Stück 15%, sonst bis zu 12%, auf der Südrampe (Paß-St. Michael im Lungau = 698 Höhenmeter) beträgt die Steigung maximal 12%. Für Caravans ist der Übergang nur bedingt geeignet.

Sehenswürdigkeiten

Radstadt: Mittelalterliche Stadt, als Grenzsicherung von den Salzburger Erzbischöfen angelegt. Die drei erhaltenen Rundtürme entstanden um 1530.

Gröbming: Die von 1491 bis 1500 erbaute Pfarrkirche Mariae Himmelfahrt enthält als kostbarstes Stück einen um 1520 entstandenen Flügelaltar.

Baierdorf: Wehrturm aus dem 13. Jahrhundert. Seine Südwand zeigt ein 9 m hohes Christophorus-Fresko, seine Eingangstür liegt knapp 5 m über dem Boden.

Tamsweg: Der alte Marktflecken hat am Marktplatz schöne Bürgerhäuser, eine Pfarrkirche mit feinem Rokoko-Stuck und, besonders sehenswert, die Wallfahrtskirche St. Leonhard. Diese Kirchenburg, die von einer turmbesetzen Wehrmauer geschützt wird, ist neben Mariazell und St. Wolfgang Österreichs wichtigster Wallfahrtsort. Die wunderschönen Farbglasfenster entstanden zwischen 1430 und 1450; sie gehören zu den kostbarsten gotischen Kirchenfenstern ganz Österreichs.

Mauterndorf: Burg und Städtchen gehörten bis zur Säkularisation im Jahre 1803 zum Salzburger Domkapitel. Die Burg wurde auf päpstliche Genehmigung ab 1253 als Schutzburg gebaut. Ihre Kapelle stammt von 1339, die bischöflichen Wohnräume wurden um 1500 erbaut. Interessant auch der 1452 entstandene Flügelaltar mit seinen drei Schreinfiguren.

Im Schloß Moosham, an der Straße nach St. Michael, findet sich eine reichhaltige Sammlung volkskundlicher Stücke aus dem Lungau (Führung).

Möglichkeiten für zusätzliche Unternehmungen

Schladming: Fahrt über die Dachstein-Höhenstraße in die Ramsau und nach Filzmoos. Die Straße führt dicht unter die Südwände des Hohen Dachstein und der Bischofsmütze. Sie bietet außerdem besonders schöne Aussichten auf die Niederen Tauern. Westlich von Ramsau verzweigt sich die Straße. Der linke Ast führt als manchmal noch etwas holpriges, dafür aber mautfreies Straßerl nach Filzmoos hinüber, der rechte geht als Mautstraße hinauf zur Türlwandhütte (1702 m), der Talstation der Dachstein-Seilbahn, die zum 2694 m hohen Hunerkogel hinaufführt.

Gröbming: Fahrt über die Stoderzinkenstraße zum Steinerhaus (1845 m), von dort Besteigung des Stoderzinkens (2048 m). Auf- und Abstieg = 1 Stunde. Vom Gipfel umfassende Aussicht.

Obertauern: Fahrt mit der Seilbahn auf das Zehnerkar (2192 m) oder mit dem Sessellift auf den Grünwaldkopf (1985 m). Von dort Wanderung auf die 2350 m hohe Seekarspitze.

Kartenempfehlung

Österreichische Karte 1:50 000,
Blätter 126, 127, 128, 158, 157, 156

Auf die Höhen des Salzkammergutes

5

sel, Kannen und Schüsseln. Bernstein von der Ostsee und Elfenbein aus Afrika zeigen auch die Spannweite des künstlerischen Einflusses, den die Hallstätter verarbeiteten.

Schon vor unserer Zeitenwende waren die Hallstätter ausgestorben. Kelten und Römer nahmen danach ihren Platz ein, mittelalterliche Fürsten lieferten sich hier blutige Schlachten, und bürgerliche Herren schmiedeten ihre Ränke – und allen ging es dabei «nur» um das Salz. Es in der Hand zu haben, bedeutete gleichzeitig, im Besitz der Macht zu sein. Am reinsten verwirklichten schließlich die Habsburger das Salz-

Der Vordere Gosausee im Dachsteinmassiv. Im Hintergrund leuchtet der Gosaugletscher. Torstein und Hoher Dachstein künden von der hochalpinen Welt.

Berge, Salz und Seen sind drei Komponenten, die in den gesamten Alpen nur ein einziges Mal zusammentrafen, dafür dort aber auch gleich etwas entstehen ließen, was ebenfalls in den Alpen einmalig ist: das Salzkammergut. Hier kam zusammen, was sonst einzeln nur zu sehr in Hülle und Fülle vorhanden ist. Hier ergänzten sich Zauber der Landschaft und Geldquelle so ideal, daß in der Landschaft und mit ihr mehrtausendjährige Kultur entstehen konnte.

Mehr als viertausend Jahre ist es her, daß die Salzstöcke oberhalb von Hallstatt entdeckt, die kostbaren Kristalle auch im Untertagebau abgebaut und in der gesamten alten Welt verkauft wurden. Etrusker und Griechen waren ebenso Abnehmer wie später die Römer. Kein Wunder also, daß Hallstatt zeitweise reicher war als Rom, und daß es seinen Einwohnern an nichts mangelte, wie an dem prunkvollen Schmuck, an den reich verzierten Gefäßen oder den kostbaren Waffen, die sie ihren Toten als Grabbeigaben einpackten, unschwer abzulesen ist. Armreifen, Halsbänder und Broschen, Dolche, Beile und andere Waffen erhellen uns Heutigen jene Zeit, ihre Kunstfertigkeit und ihren Reichtum aufgrund dieser Sitte ebenso wie Kesmonopol. Sie riegelten das gesamte Dreieck Gmunden, Aussee und Hallstatt hermetisch ab. Betreten werden durfte das der Hofkammer unterstellte «Kammergut» (daher Salzkammergut) nur mit Sondergenehmigung. Entsprechend reich sprudelte die Geldquelle, ohne die wohl manches kriegerische Scharmützel ebenso ungeführt wie manches Schloß ungebaut geblieben wäre...

Dem Salzverkauf folgte die Vermarktung der Heilkräfte der Sole. Als sogar der Wiener Hof zur Kur kam, als Erzherzogin Sophie nach der Solekur ihre drei «Salzprinzen» zur Welt brachte, war der neue Start gesichert. Und da in Österreich die Standesgrenzen ohnehin nie sehr streng

waren, wurde aus der Hof-Kur-Region im nahtlosen Übergang die republikanische Sommerfrische und heute die Urlaubsregion, in der man mühelos vormittags skifahren und nachmittags segeln kann.

Den eigentlichen Kern dieses einzigartigen «Kammergutes» kann man nicht nur in einer Tagesfahrt umrunden, man kann auch so weit mit dem Wagen hinauffahren, daß man es nahezu völlig überblicken kann. Ermöglicht haben das die Skifahrer, denen zuliebe die Höhenstraße auf den «Stockzahn des Ausseer Landes», den 1838 m hohen Loser, gebaut wurde. Zwar fehlen am Ende der Fahrstraße noch 250 Höhenmeter bis zum Gipfel, aber die sind gerade recht, um müde Beine in Bewegung zu bringen.

Idealer Ausgangspunkt für eine Fahrt zu den Höhepunkten des Salzkammergutes ist das schon 2500 Jahre v. Chr. besiedelte Hallstatt, für das alleine mindestens ein ganzer Tag angesetzt werden sollte. Hier kommen Freunde der Geschichte ebenso ins Staunen wie Kunstliebhaber oder Naturfreunde. Wer von jedem etwas in sich hat, darf deshalb ruhig die doppelte Zeit ansetzen.

Die Historiker werden das Heimatmuseum (Geschichte des Hallstätter Raumes), das Prähistorische Museum (Originalfunde vom prähistorischen Salzbergbau) und das Salzbergwerk 500 m über der Stadt (Seilbahn) besuchen. Die Kunstfreunde werden die Pfarrkirche Maria Himmelfahrt besichtigen, deren charakteristische, abgetreppte Haube um 1750 entstand. Die Kirche selbst geht auf romanische Vorgänger zurück und birgt eigentlich zwei Kirchen unter einem Dach: eine für die Bürger und eine für die Knappen. Der Marienaltar im Südchor gehört mit dem Altar von St. Wolfgang zu den Spitzenwerken spätgotischer Schnitzkunst. Die Naturfreunde schließlich werden zu den Dachsteinhöhlen hinauffahren (Seilbahn) und die Rieseneishöhle und die Mammuthöhle bestaunen.

Über den Koppensattel (692 m), zu dem ein schmales, waldreiches, dafür aber romantisches Straßerl hinaufführt, fahren wir hinüber nach Bad Aussee, das seit 1290 die landesfürstliche Saline beherbergte. Hier gab es nach 1510 nicht weniger als 15 Salzgewerke – eine Blüte, von der der alte Marktplatz bis heute zeugt: der Kammerhof aus dem 14. Jahrhundert etwa oder das Hofer-Haus mit Fresken aus dem 16. Jahrhundert oder das Sgraffito-Haus, etwa genauso alt. Nicht versäumen sollte man auch einen Besuch der kleinen Spitalkirche, die an ihrem achteckigen Giebelturm leicht zu erkennen ist. Sie birgt einen

Das uralte Salzstädtchen Hallstatt gab nicht nur dem See, sondern auch einer ganzen prähistorischen Epoche den Namen. Es war einst reicher als Rom.

Der Loser, der Stockzahn des Ausseer-Landes, bietet eine prächtige Sicht über das halbe Salzkammergut. Vom Altausseer See bis zum Hohen Dachstein reicht der Blick.

von Kaiser Friedrich III. gestifteten Flügelaltar, der aus dem Jahre 1449 stammt.

Eine kleine Nebenstraße führt uns hinüber nach Altaussee, malerisch am See gleichen Namens gelegen. Hier gäbe es wieder ein Salzbergwerk zu besichtigen (vor 1290 war hier die fürstliche Saline). Wir ziehen es aber vor, die weiten Schleifen der Loser-Panoramastraße hinaufzufahren und zu erleben, wie sich mit jeder Kehre das Kammergut weiter öffnet und wie gegen Süden die Firnfelder des Hohen Dachsteins zu leuchten beginnen. In 1600 m Höhe erreichen wir den Endpunkt der Straße, lassen uns von der gegenüber aufragenden Trisselwand beeindrucken, steigen am Augstsee vorbei hinauf zum Loser-Gipfel (1838 m) und lassen uns das ganze Kammergut «auf silbernem Tablett» reichen.

Wieder unten in Bad Aussee nehmen wir die Pötschenhöhe (992 m) in Angriff. Sie hat mit ihrer jetzt nur noch etwa 9%igen Steigung jeglichen Schrecken verloren, hat für uns aber ein ganz besonderes Schmankerl parat: von der Agather Kehre (Parkplatz in der Kehre) bietet sich eine herrliche Aussicht über den fjordartigen, dunkelgrün schimmernden Hallstätter See im Vordergrund auf das Dachsteinplateau mit seinen silbrig leuchtenden Firnfeldern.

Im Tal nehmen wir die Abzweigung hinüber nach Hallstatt und fahren zunächst bis Gosaumühle. Hier bietet sich der Abstecher in Richtung Paß Gschütt bis Gosau und zum Gosausee (17,5 km) an. Der malerische Blick vom Vorderen Gosausee zum Gosaukamm, zur Bischofsmütze und zum Dachsteinkamm ist nicht umsonst weltberühmt und keineswegs nur für Romantiker ein unvergeßliches Erlebnis.

Auf die Höhen des Salzkammergutes

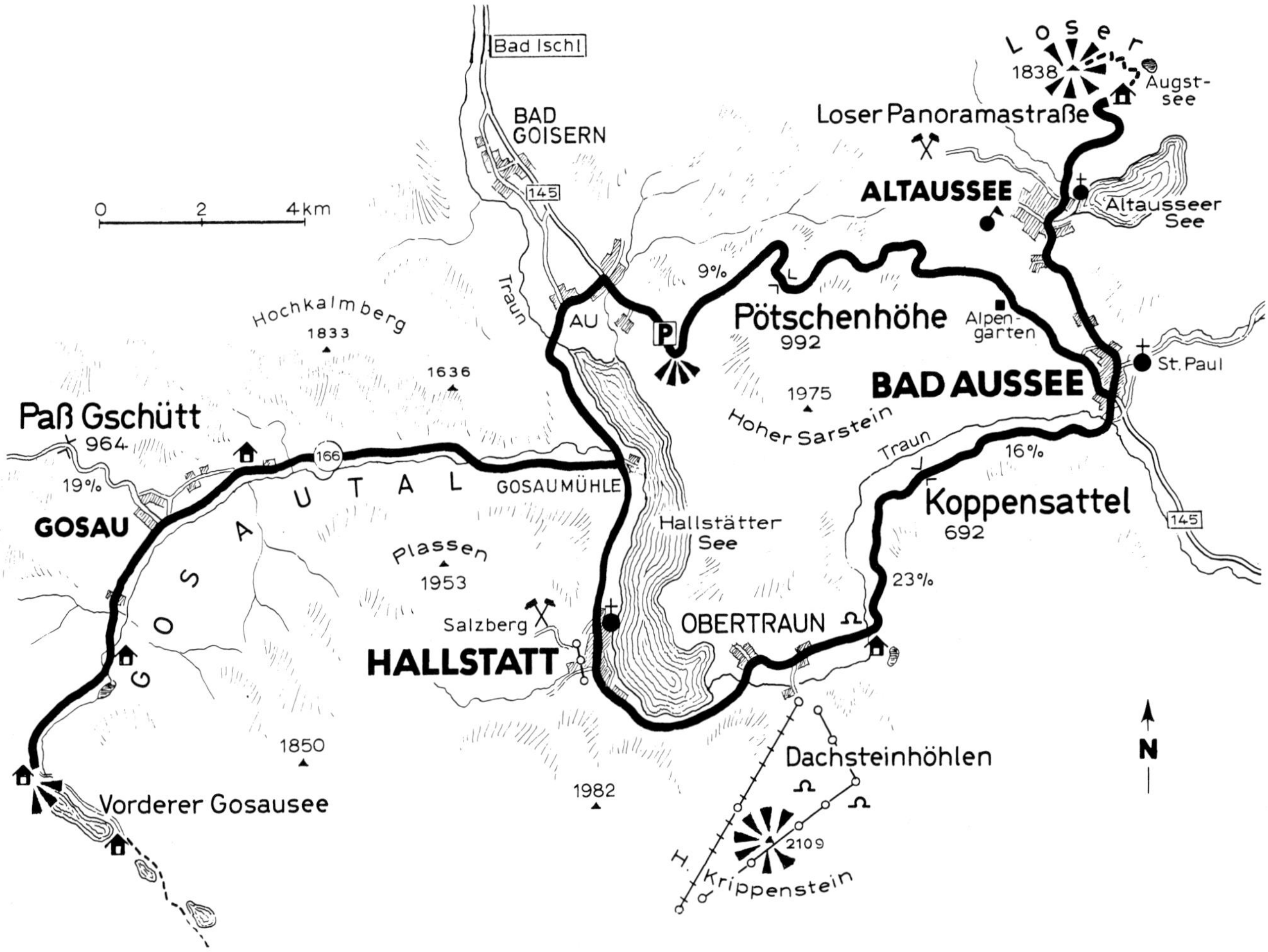

Technisches

Loser-Panoramastraße: Die 18 Kilometer lange Straße überwindet zwischen Bad Aussee und dem Parkplatz unterhalb des Augstsees am Ende der Straße 951 Höhenmeter. Ihr Endpunkt liegt genau 1600 m hoch. Im alten Teil zwischen Altaussee und der Mautstelle ist sie teilweise schmal und kurvenreich. Die letzten 9 km sind zwar mautpflichtig, dafür ist die Straße aber auch gut ausgebaut, die Steigung beträgt höchstens 10%. Die Straße ist ganzjährig befahrbar und für Caravans ungeeignet.

Pötschenpaß: Der 982 m hohe Übergang verbindet Oberösterreich und die Steiermark. Seine Nordrampe weist maximal 9%, seine Südrampe maximal 7% Steigung auf. Die gut ausgebaute Straße ist ganzjährig befahrbar, mautfrei und für Caravans geeignet.

Paß Gschütt: Der 964 m hohe Paß liegt mitten in einem ausgedehnten Waldgebiet und ist ein guter Ausgangspunkt für einsame Wanderungen. Die 12 km lange Westrampe weist maximal 11%, die 3 km lange Ostrampe maximal 17% Steigung auf. Die Straße ist ganzjährig befahrbar, mautfrei und für Caravans nur bedingt geeignet.

Sehenswürdigkeiten

Hallstatt: Der malerische Ort ist eines der ältesten Wohngebiete der Menschheit. Bis zu viereinhalbtausend Jahre sind die hier gemachten Funde alt. Die Epoche zwischen 800 und 400 v. Chr. nennen die Historiker wegen der Fülle der Funde die «Hallstatt-Zeit». Im Heimatmuseum ist die Geschichte der Gegend um Hallstatt belegt, im Prähistorischen Museum sind Originalfunde aus der Hallstatt-Zeit zu sehen. Die Pfarrkirche geht auf die Romanik zurück und ist zweischiffig gestaltet. Die halbe Kirche gehört den Bürgern, die andere Hälfte ist den Knappen reserviert. Der Wandelaltar im südlichen Chor zählt zu den Kostbarkeiten spätgotischer Schnitzkunst. Im Friedhof liegt unter der St.-Michael-Kapelle der Karner, in dem weit über tausend, teils bemalte Schädel aus den letzten Jahrhunderten gestapelt sind. 500 Höhenmeter oberhalb von Hallstatt ist das älteste Salzbergwerk der Welt zu besichtigen.

Obertraun: Die Dachstein-Seilbahn erleichtert den Zugang zu den zwei schönsten Schauhöhlen weit und breit. Die Dachstein-Rieseneishöhle birgt ein Märchenreich aus glitzernden Eisdomen. Die Mammuthöhle hat phantastische Hallen. Beide Höhlen sind von der Mittelstation der Seilbahn jeweils in 15 Minuten zu erreichen.

Bad Aussee: Alter Marktplatz mit Häusern aus dem 14. Jahrhundert (Kammerhof – bis 1924 Sitz der Salinenverwaltung) und dem 16. Jahrhundert (Hofer Haus und Sgraffito-Haus). In der Pfarrkirche, die aus dem 13. Jahrhundert stammt, gibt es ein sehenswertes Sakramentenhäuschen von 1523 und in der Marienkapelle eine steinerne Madonna, die um 1420 datiert wird.

Möglichkeiten für zusätzliche Unternehmungen

Obertraun: Fahrt mit der Dachstein-Seilbahn auf den Krippenstein (2109 m). Prächtige Aussicht auf das Dachsteinplateau und das Salzkammergut.

Bad Aussee: Abstecher zum 719 m hoch gelegenen, 6 km langen Grundlsee. Schöne Bademöglichkeit, Motorbootverkehr. Eine knappe halbe Stunde oberhalb versteckt sich der wildromantische Toplitzsee. Er ist zwar kaum 2 km lang, aber dennoch über 100 m tief.

Gosausee: Fahrt mit der Gosaukammbahn auf die Zwieselalm. Von der 1550 m hohen Bergstation prächtige Aussicht auf den Gosaukamm und gute Wandermöglichkeiten. Empfehlenswert ist auch die Wanderung zum Hinteren Gosausee (1154 m), den man in 1½ Stunden vom vorderen See aus erreichen kann.

Kartenempfehlung

Österreichische Karte 1:50000, Blätter 95 und 96

Rühmliches und Unrühmliches an Deutschlands höchsten Straßen

6

Auch vor 900 Jahren schon gab es Leute mit Weitblick. Zu ihnen gehörte zweifellos Eberwein, der erste Mönch des späteren Augustiner Chorherren-Stiftes. Den Platz für sein von Gräfin Irmengard von Sulzbach gestiftete Kloster nämlich suchte er von dem Fleck aus, der nicht umsonst «Berchtesgadener Hochthron» heißt. Von diesem Aussichtsbalkon zwischen Saalach und Salzach erkannte er die Einmaligkeit des Fleckens am Zusammenfluß dreier Achen, wo vier Täler aufeinandertreffen und gleich neun Gebirgsstöcke den malerischen Rahmen bilden und die Voraussetzung schaffen für eine Anziehungskraft, die für eine mehr als abwechslungsreiche Geschichte sorgte.

Kaum gegründet, stritten sich auch schon die hohen Herren um das Stift zu Füßen des Watzmanns. Gar zu gern hätten es die Fürstbischöfe von Salzburg besessen. Doch selbst der Blutbann half nichts – Berchtesgaden wurde gefürstet und reichsunmittelbar. Sein Probst erhielt Sitz und Stimme im deutschen Reichstag. 1805 kam die Perle sogar für vier Jahre zu Österreich, bevor man endgültig bayerisch wurde. Bayerische Könige schlugen jetzt ihre Sommerresidenz auf, König Ludwig III. flüchtete vor der Räteregierung hierher, und Hitler errichtete gar einen Befehlsstand für sein «tausendjähriges Reich».

Zwar gibt es hier die beiden höchsten Straßen Deutschlands, doch reichen sie keineswegs aus, alle Schönheiten kennenzulernen. Bergbahn, Bus und Boot sind deshalb notwendige Zugabe. Auch werden statt einer Rundfahrt Abstecher nach allen Seiten angeboten.

Den ersten wollen wir mit dem eigenen Auto zur zweithöchsten Straße Deutschlands, der 1551 m hohen Roßfeldstraße, machen. Sie beginnt unmittelbar östlich von Berchtesgaden auf dem Obersalzberg, mitten im ehemaligen «Führergebiet». Zehn Quadratkilometer waren hier von 1934 an mit einem 34 km langen und zwei Meter hohen Drahtzaun zum Sperrgebiet gemacht worden. Mit einem Aufwand von etwa einer halben Milliarde Reichsmark entstanden der «Berghof» als Hauptquartier Hitlers, die Zentrale der Gestapo und Häuser von Göring, Goebbels,

Berchtesgadener Spanschachteln, in allen Farben und mit typischen Ornamenten bemalt, sind ein «Markenzeichen» des Marktes zu Füßen des Watzmanns.

Speer und Hess. Das jetzige Hotel «General Walker» der US-Armee entstand als Gästehaus der Regierung. Umfangreiche Bunkeranlagen verbanden die Gebäude unterirdisch miteinander. Sie waren so solide gebaut, daß sie Sprengversuchen bei Kriegsende widerstanden. Erst 1952 wurden, mit wenigen Ausnahmen, alle Baulichkeiten abgetragen und das Gelände wieder aufgeforstet.

Vom Obersalzberg zweigt die Roßfeldstraße nach Süden ab und schlängelt sich unter die Ostabbrüche der Mannlköpfe, auf deren nördlichstem Gipfel in 1835 m Höhe das Kehlsteinhaus steht. Am Ofnerboden entrichten wir die Maut und dürfen dann die immer prächtiger werdende Aussicht genießen. Bei der oberen Ahornalpe sollten wir das Auto stehen lassen und die wenigen Meter zum Ahornbüchsenkopf (1604 m) hinaufsteigen. Von dort nämlich sieht man ostwärts am Tennengebirge vorbei bis zum Hohen Dachstein.

Den Grat entlang benutzt die Straße sogar österreichisches Gebiet, bevor sie am Hennenköpfl (1551 m) den höchsten Punkt erreicht. Noch einmal bietet sich von hier aus ein großartiges Panorama: Von Norden grüßt die Festspielstadt Salzburg und ihre alte Feste Hohensalzburg. Untersberg, Tennen- und Hagengebirge mit Hohem Göll bilden den hochalpinen Rahmen. An der Roßfeldhütte vorbei und über Oberau kommen wir wieder an den Obersalzberg, wo wir am Parkplatz Hintereck den Ausgangspunkt für den nächsten Abstecher erreichen.

Am Parkplatz Hintereck beginnt Deutschlands höchste und auch kühnste Alpenstraße. Sie überwindet auf einer Länge von 6,5 km einen Höhenunterschied von 700 m und führt zu einer Plattform unterhalb der Kehlsteinspitze (1835 m). Dort thront Hitlers ehemaliger «Adlerhorst», das heutige Kehlsteinhaus. Es ist mit der Autoplattform durch einen 120 m langen Felsstollen und einen 130 m hohen Aufzug verbunden.

Um zum Kehlsteinhaus hinaufzukommen, müssen wir mit dem Postbus vorliebnehmen, da die Strecke für den allgemeinen Verkehr gesperrt ist. Um so intensiver können wir schon während der Auffahrt die Aussicht genießen. Während sich der Bus über die Westhänge der Mannlköpfe hinaufmüht, werden Watzmann, Hoch-

Die Ramsau mit der Reiteralpe. Das Hochtal erhält seinen alpinen Akzent durch die Nordwände von Watzmann und Hochkalter.

Das Wallfahrtskirchlein Maria Gern am Untersberg wurde zwar erst 1709 geweiht, erfreut sich jedoch großer Beliebtheit.

kalter mit seinem Blaueisgletscher und der Große Hundstod immer großartiger. Und dann der Höhepunkt: Es taucht auf, was schon fast ein Synonym zu Berchtesgaden ist, «deutscher Fjord» genannt wird und offiziell Königsee heißt. Zwischen steilste Wände eingebettet – die Watzmann-Ostwand ist immerhin 1700 m hoch – geht von ihm eine romantische Verlockung aus, die seit Generationen die Menschen in ihren Bann zieht.

Um den See zu «erobern», müssen wir das Auto mit dem Schiff vertauschen. Die steilen, teilweise senkrechten Felswände machten jede Weganlage unmöglich. Nur bis zum Malerwinkel, eine Viertelstunde vom nördlichen See-Ende entfernt, gibt es einen guten Fußweg. Der riesige Fjord entstand einst, als Watzmann und Hoher Göll bei der Hebung der Deckschichten auseinanderbrachen. Die Feinarbeit lieferten schließlich die Gletscher, die dem See ein 8 km langes und 240 m tiefes Becken schufen.

Das Boot bringt uns hinüber nach St. Bartholomä am Fuß der übermächtigen Watzmann-Ostwand. Schon 1134 gab es hier eine Waldkapelle, die sich nach und nach zur Wallfahrtsstätte mauserte. Die heutige Kirche stammt, wie das einstige Jagdschloß (heute Gasthaus), aus dem 17. Jahrhundert. In gut einer Stunde können wir von hier unmittelbar unter die Riesenwand und zum wohl niedrigsten «Gletscher» der Alpen wandern. Im hintersten Boden des Eisbachtales, in einem wildromantischen Winkel, finden wir die «Eiskapelle», die die Reste winterlicher Lawinen bilden, obwohl es hier unten dafür eigentlich viel zu warm ist.

Zu unserem vierten Ziel in der Berchtesgadener Gegend bringt uns schließlich die Seilbahn. Mit ihr fahren wir vom Königsee hinauf zum 1874 m hohen

Jenner. Von der Bergstation der Bahn sind es noch knapp 20 Minuten auf bequemem Spazierweg bis zum Gipfel, der am unmittelbarsten überm Königsee steht. Dessen Wasser glitzert beinahe 1300 Meter tiefer. Unmittelbar darüber wachsen die Wände von Watzmann, Watzmannkindern und Hachelköpfen in verwirrender Vielfalt in den Himmel. Gegen Süden zeigen sich Hagengebirge und Steinernes Meer in voller Pracht.

Wer dagegen sanfte Almwiesen und romantische Winkel, von Zweieinhalbtausendern überragt, vorzieht, fährt hinüber in die weitläufige Ramsau, wandert durch blumenübersäte Weidehänge, läßt sich von den Nord- und Westabstürzen von Hochkalter und Watzmann beeindrucken und schließlich vom Zauber des Hintersees einfangen.

Der Königsee, Deutschlands romantischster See, ist nur mit dem Schiff zu erobern. Auf dem Schwemmkegel im Hintergrund liegt die Wallfahrtskirche St. Bartholomä.

Der Hohe Göll im Südosten von Berchtesgaden; links oben thront das Kehlsteinhaus (Bild übernächste Seite).

6 Rühmliches und Unrühmliches an Deutschlands höchsten Straßen

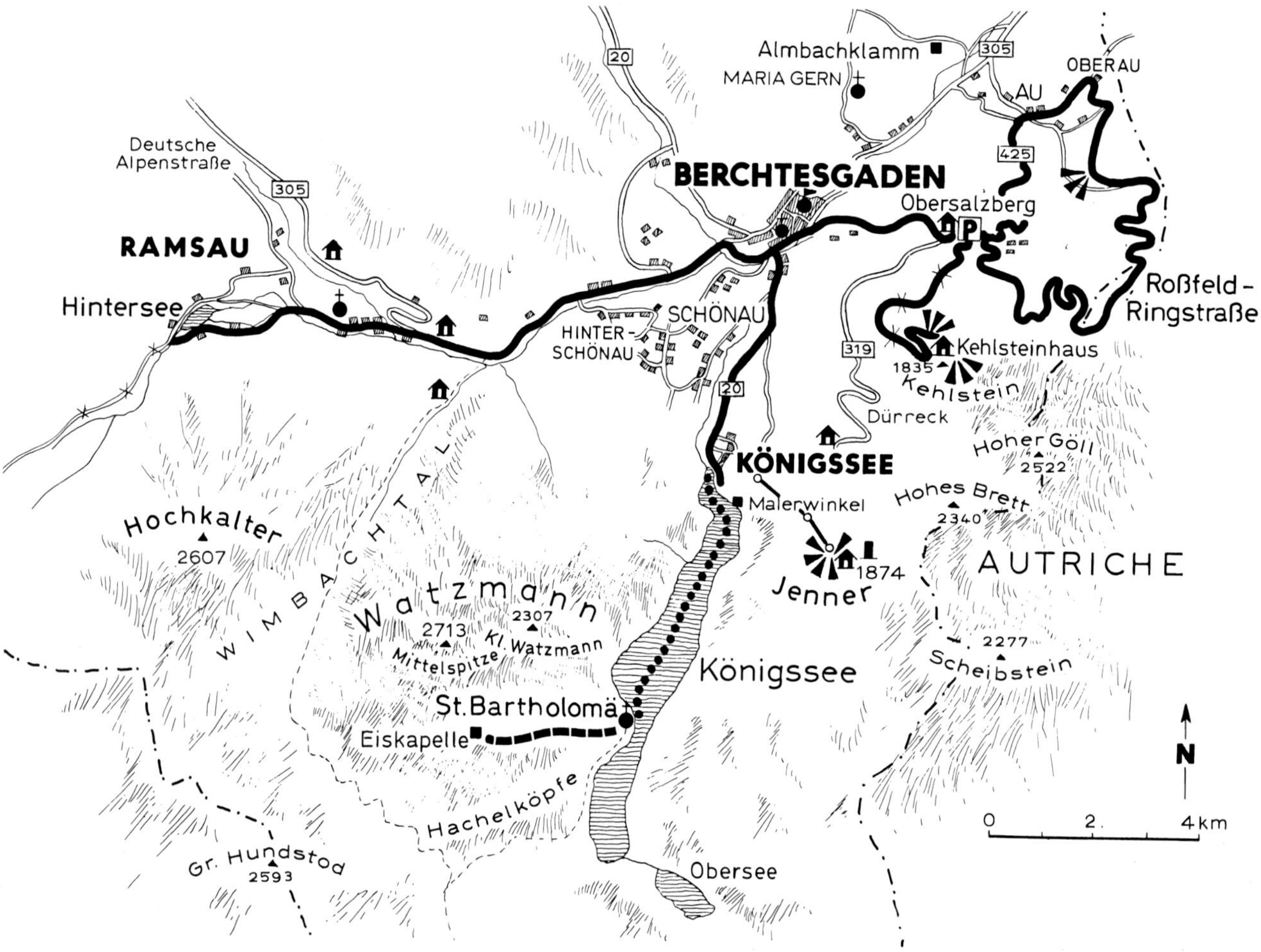

Technisches

Roßfeldstraße: Die auf 1551 m Höhe hinaufführende Ringstraße ist Deutschlands höchste, allgemein befahrbare Straße. Sie erschließt vom Obersalzberg, oberhalb von Berchtesgaden, wunderschöne Aussichten auf Untersberg, Hohen Göll und ins Salzkammergut hinüber zum Hohen Dachstein. Die Straße hat maximal 13% Steigung (bis Obersalzberg maximal 24%), ist ganzjährig befahrbar, für Caravans ungeeignet und kostet Maut.

Kehlsteinstraße: Die 6,5 km lange Stichstraße führt vom Obersalzberg (Parkplatz Hintereck) mit maximal 16% Steigung zur Plattform (1710 m) unterhalb des Kehlsteinhauses (1835 m) und ist Deutschlands höchste Bergstraße. Allerdings darf sie nur von Postbussen befahren werden, die jedoch zur Reisezeit mindestens stündlich verkehren. Im Winterhalbjahr ist der Betrieb eingestellt.

Sehenswürdigkeiten

Berchtesgaden: Die Stiftskirche wurde 1122 geweiht. Der schlanke, frühgotische Chor entstand zwischen 1283 und 1303. In ganz Bayern hat er kein Gegenstück. Von der Ausstattung ist das Chorgestühl mit Tiergestalten an den Wangen (1436–43) am wertvollsten.

Das Schloß-Museum war einst Konvent und fürstpröbstliche Residenz. 1803 ging der Besitz an das Haus Wittelsbach. Sein spätromanischer Kreuzgang ist das älteste Bauwerk Berchtesgadens. An den Seiten und auf dem Fußboden sehenswerte Grabplatten der Fürstpröbste und Stiftsherren.

Im Heimatmuseum Schloß Adelsheim ist zusammengetragen, was Gültigkeit im Berchtesgadener Land hatte. Einen Schwerpunkt bildet die Holzschnitzkunst.

Das Salzbergwerk ist seit 1517 bis heute ununterbrochen in Betrieb. Es arbeitet im Naßverfahren, bei dem das Salz mit Süßwasser aus dem «Haselgebirge» (Gemenge aus Salz, Gips und Ton) gelaugt wird. Die gesättigte Sole wird zum 18 km entfernten Bad Reichenhall gepumpt und dort weiterverarbeitet. Dem Besucher werden im Bergwerk alle Stufen der Salzgewinnung unter Tage gezeigt.

Im Deutschen Wappenmuseum sind etwa 150 000 Wappen zusammengetragen.

Maria Gern: Die 1701 bis 1724 entstandene Wallfahrtskirche ist ein kleines Rokoko-Juwel. Das Gnadenbild selbst ist 1666 von «Wolf Hueber, Hochfürstlicher Salzburg. Waldtmaister zu Hopfgarten» geschnitzt worden. Die Längsellipse des Innenraumes ist mit einem zauberhaften Rokoko-Himmel überwölbt.

Möglichkeiten für zusätzliche Unternehmungen

Ramsau: Liebliches Hochtal zwischen Reiteralpe, Hochkalter und Watzmann. Am Hintersee und im Zauberwald ausgedehnte Spazier- und Wandermöglichkeiten.

Almbachklamm: Zwischen Berchtesgaden und Marktschellenberg mündet der Almbach in die Ache. Durch die wildromantische, 3 km lange Klamm führt ein gut gesicherter Steig. Bis 1963 wurde durch diese Klamm noch das Holz getriftet. Am oberen Teil der Klamm wurde dafür 1836 eine 14 m hohe Staumauer errichtet, um ausreichenden Wasservorrat sammeln zu können.

Kartenempfehlung

Österreichische Karte 1:50 000, Blatt 93

Unter das Scharfe Gepürg

7

Fährt man mit dem Schiff über den schönsten deutschen Alpensee gen Süden, steigen voraus gar nicht so besonders steil aussehende Berge auf. Daß die zum Steinernen Meer gehörenden Berge aber gar nicht so harmlos sind, merkt man erst auf ihrer Südseite. Dort wird schnell deutlich, warum früher nur vom Scharfen Gepürg gesprochen wurde. Rund zweitausend Höhenmeter etwa überragt der Gipfel des Hochkönigs das Tal von Dienten – und das auf nicht einmal vier Kilometer Luftlinie. Rund 25 Kilometer lang ist dieser scharfe Südwestabbruch zwischen Hocheisspitze und Hochkönig, und von allen Ecken im Tal zeigt er sich immer wieder irgendwie imponierend neu.

Zuleibe rücken können wir den schönen Wänden mit einer Fahrt über den Dientner und den Filzen Sattel. Über die Straße hinauf zum Arthur Haus kommen wir sogar unmittelbar unter die Ostschulter des Hochkönigs. Startort dafür ist Bischofshofen im Pongau, jene alte Hofmark der Chiemseer Bischöfe, deren Gründung auf den Heiligen Rupert zurückgeht. Er veranlaßte im 9. Jahrhundert auch den ersten Kirchenbau, aus dem die heutige Pfarrkirche wuchs. Zu bewundern sind heute Fresken des ausgehenden 15. Jahrhunderts an den Langhauswänden, eine Anna-Gruppe (um 1520) und ein Relief Christus und die Apostel (um 1500). Als einziges in Salzburger Landen erhaltenes Hochgrab gilt das des Chiemseer Bischofs Silvester von 1453.

Schon knapp hinter Bischofshofen wird es neuerlich interessant. Am Götschenberg nämlich war die «Talstation» des Kupferabbaus in der Bronzezeit. Hier gemachte prähistorische und mittelalterliche Funde ergaben wesentliche Aufschlüsse über die Entwicklung des alpinen Bergbaus (die Funde sind in Salzburg im Museum zu sehen). Über die Reste der alten Fluchtburg aus dem Mittelalter ist längst wieder Gras gewachsen. Sie ist nur noch in ihren Umrissen zu erkennen.

Auch Mühlbach unterm Hochkönig ist ein uraltes Berghauer-Dorf, wo schon vor Jahrtausenden Kupfer abgebaut wurde. Hier folgen wir der Abzweigung auf die Mandlwandstraße, die uns zum 1502 m hoch gelegenen Arthur Haus hinaufführt und uns den unmittelbaren Blick auf die Ost- und Südwände des Hochkönigs, mit 2941 m der höchste Berg der Salzburger Kalkalpen, ermöglicht. Wer feste Schuhe dabei hat, wird von hier aus hinüberwandern zur Mitterfeld Alm und von dort die Aussicht auf Tennengebirge und Dachsteingruppe genießen.

Auch während der Auffahrt zum Dientner Sattel begleiten uns die Wände des Hochkönigs. Selbst vom Sattel aus sind es immer noch 1600 Höhenmeter bis zum

Matras Haus auf dem Gipfel – eine Höhe, die auf nur 3 km Luftlinie «überwunden» wird. Ensprechend imposant sind die riesigen Kalkwände, die auch dann noch nichts von ihrer Größe verlieren, wenn wir hinunter nach Dienten und jenseits wieder hinauf zum Filzen Sattel fahren. Auch vom Hintertal aus stehen sie noch einmal für uns Parade.

Sanfter wird die Szenerie erst, wenn wir talauswärts gegen Maria Alm kommen. Hier sind auf einmal die Kirchturmspitze und das Kirchendach steiler als die Berge. Der Turm ist sogar noch einen Meter höher als die Türme des Salzburger Domes! Im Innern der Wallfahrtskirche beeindrucken die Deckenfresken und das spätgotische Gnadenbild der thronenden Madonna – Zeugnisse einer Gläubigkeit, die so weit ging, die Protestanten des Landes zu verweisen (Emigrantenedikt des Erzbischofs Leopold Anton aus dem Jahre 1731).

Hinter Maria Alm öffnet sich das Tal zu einem weiten, mit Pinzgauer Bauernhäusern übersäten Becken. In geziemendem Abstand schützt es ein Kranz freundlicher Berge nach allen Seiten vor rauhen Winden. Kein Wunder also, daß wir uns hier auf uraltem bajuwarischem Siedlungsgebiet bewegen. Mitten darin liegt ein unscheinbarer Hügel, auf dem zu spazieren sich allemal lohnt. Zum einen übersieht man von ihm das gesamte Saalfeldener Becken und genießt eine besonders schöne Aussicht auf das Steinerne Meer (im Nordosten) und auf die Leoganger Steinberge (im Nordwesten). Zum anderen finden wir so am einfachsten zum Saalfeldener

Die riesigen, bis zu 1600 m hohen Südwände des Hochkönigs sind vom Arthur Haus oder vom Dientner Sattel aus am eindrucksvollsten.

Punktierter Enzian (Gentiana punctata; Bild oben).

Die Kirchturmspitze der Wallfahrtskirche von Maria Alm möchte das Selbhorn an Höhe übertreffen. Der Turm ist noch 1 m höher als die Türme des Salzburger Domes (Bild links).

Heimatmuseum im Schloß Ritzen. Es beherbergt eine umfangreiche Krippensammlung, aus der sich geradezu eine Geschichte der Weihnachtskrippe ablesen läßt.

Am Zeller See entlang können wir auf der Ost- oder Westseite fahren. Seine Ostseite bietet besonders schöne Ausblicke auf das Kitzsteinhorn und die Tauern, die Westseite gibt die Gelegenheit, in der Zeller Pfarrkirche Fresken aus dem 13., 14. und 16. Jahrhundert zu sehen. Besonders kostbar sind die Statuetten der Heiligen Georg und Florian an der Westempore (um 1520).

Wen es mehr in die Berge zieht, wird von Zell aus mit der Seilbahn zur Schmittenhöhe (1965 m) hinauffahren, den Blick hinunter in den Pinzgau genießen und den Tauernkamm bestaunen. Mit festen Schuhen kann von dort aus auch ein Stück des Pinzgauer Spazierganges in Angriff genommen werden.

Auf der Rückfahrt durch das Salzachtal nach Bischofshofen wartet schließlich noch eine besondere Attraktion: die Liechtensteinklamm bei St. Johann. Die Großarler Ache hat hier einen 4 km langen und bis zu 200 m tiefen Schnitt durch den Kalkphyllit gefräst. Nicht weniger als 150 Meter beträgt der Höhenunterschied auf dem kurzen Stück. Ganz enge Stellen, in denen man kaum noch ein Stückchen Himmel sieht, wechseln mit weiteren Passagen, bei denen das Gestein nicht so viel Widerstand bot. Überall an den Wänden sind die alten Strudellöcher als nischenartige Mulden zu erkennen – Zeugnisse jahrtausendelanger Mahl- und Sägearbeit des Wassers. Gegen Ende der Klamm überrascht schließlich noch ein rund 50 m hoher Wasserfall; auch er ist durch die Weganlage vorzüglich zugänglich.

Nach weiteren 9 km erreichen wir wieder unseren Ausgangspunkt in Bischofshofen.

Zu Füßen des Hochkönigs liegt Dienten. Zahlreiche einzelne Weiler ducken sich in den Senken der hügeligen Hochfläche (Bild vorhergehende Doppelseite).

In den Bergdörfern des Salzburger Landes ist es guter Brauch, auf Leichenbrettern an geliebte Verstorbene zu erinnern.

7 Unter das Scharfe Gepürg

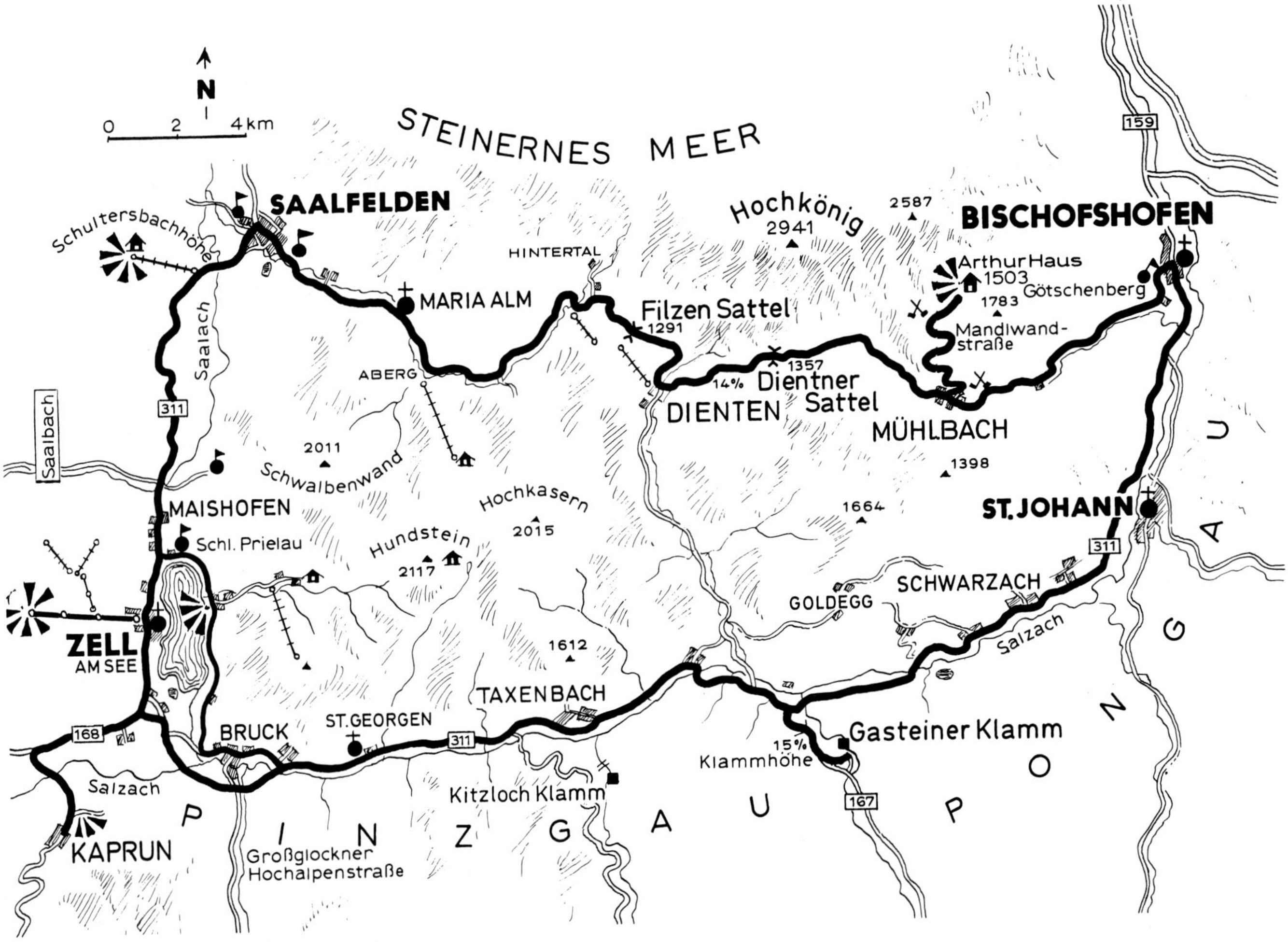

Technisches

Mandlwandstraße: Sie führt als Stichstraße von Mühlbach zum 1503 m hohen Arthur Haus, unmittelbar unter der Mandlwand des Hochkönig. Auf 8 km Länge überwindet die Straße knapp 700 Meter bei einer maximalen Steigung von 16%. Die Straße ist ganzjährig geöffnet, mautfrei und für Caravans nicht geeignet.

Dientner Sattel: Der 1357 m hohe Übergang gehört zur Verbindung Pongau–Saalfelden und erschließt prächtige Ausblicke auf die Südwestabstürze des Steinernen Meeres. Die Straße ist auf der Ostseite ganzjährig, auf der Westseite vom 1. 5. bis 30. 11. befahrbar. Sie hat maximal 14% Steigung, ist mautfrei und für Caravans nicht geeignet.

Filzen Sattel: Der 1291 m hohe Übergang ist die zweite Hälfte der Hochkönig-Panoramastraße. Sie ist vom 1. 5. bis 30. 11. befahrbar, hat maximal 15% Steigung, ist mautfrei und für Caravans nicht geeignet.

Sehenswürdigkeiten

Bischofshofen: In der Pfarrkirche Fresken aus dem ausgehenden 15. und des 17. Jahrhunderts sowie spätgotische Skulpturen, eine Anna-Gruppe (um 1520) und ein Relief-Christus mit den 12 Aposteln am Unterbau des Altars im südlichen Querbau. Das Marmorhochgrab des Chiemseer Bischofs Silvester von 1453 weist eine lebensgroße Liegefigur auf. Die romanische Georgskapelle aus dem 13. Jahrhundert hat neun 1230 entstandene romanische Fresken und ein gotisches Georgsrelief (um 1500).

Maria Alm: Die ursprünglich gotische Hallenkirche ist barockisiert. Die Deckenfresken und der Hochaltar entstanden 1757 und 1753, das Gnadenbild ist spätgotisch.

Saalfelden: Im Schloß Ritzen Heimatmuseum mit umfangreicher Krippensammlung.

Zell am See: In der Pfarrkirche Freskenreste aus dem 13., 14. und 16. Jahrhundert. Besonders sehenswert die um 1520 entstandenen Statuetten der Heiligen Georg und Florian in der Wand der Westempore.

St. Johann im Pongau: Der Pongauer Dom, wie die erst 1855 bis 1861 erbaute Pfarrkirche gerne genannt wird, ist das Hauptwerk historisierender Architektur in Salzburg.

Die bis zu 200 m tief eingeschnittene Liechtensteinklamm ist ein Werk der Großarler Ache. Die Klamm ist durch eine schöne Weganlage gut erschlossen.

Möglichkeiten für zusätzliche Unternehmungen

Maishofen: Abstecher nach Saalbach und Fahrt mit der Seilbahn auf den Schattberg (2018 m). Vom Gipfel gute Rundsicht über die Kitzbüheler Alpen.

Zell am See: Fahrt mit der Seilbahn auf die Schmittenhöhe (1965 m) und Wanderung auf dem «Pinzgauer Spazierweg».

Kaprun: Fahrt mit der Seilbahn auf das 3203 m hohe Kitzsteinhorn. Wunderschöne Aussicht über Pinzgau und Hohe Tauern, Sommerskigebiet.

Kartenempfehlung

Generalkarte Österreich 1:200 000, Blatt 7

Zum höchsten Berg Österreichs

8

«Dort oben ist ein Gebiet, in welchem Dämonen hausen, die mit knatterndem Steinschlag und stäubenden Lawinen jeden Sterblichen bedrohen, der sich in die Nähe wagt» – so steht es in einer alten Chronik, und gemeint ist die unwirtliche Gegend um Österreichs höchsten Berg, den 3798 m hohen Großglockner. Daß das Gebiet in früheren Zeiten bedrohlich war – und abseits der Straße auch heute noch sein kann – beweist nicht nur das «Beinkar» nördlich des Hochtores, wo eine Pinzgauer Pilgergruppe weder ihr Wallfahrtsziel Heiligenblut noch den Rückweg schaffte und im sommerlichen Schneesturm ein schreckliches Ende fand. Lange sollen ihre bleichen Knochen dort oben an die Katastrophe erinnert haben.

Herbststimmung überm Zeller See. Die freistehende Pyramide über See und Nebelmeer ist das bei den Skifahrern so beliebte Kitzsteinhorn.

Auch die bis weit in den Sommer hinein die Straße säumenden, meterhohen Schneewände sprechen eine nur zu deutliche Sprache. Fünf Meter und mehr beträgt hier die durchschnittliche Schneehöhe im Winter. An 99 Tagen im Jahr wehen stürmische Winde mit Spitzenböen bis zu 150 km/h, und an 250 Tagen gibt es Niederschlag, fast immer als Schnee. So ist es nicht weiter verwunderlich, daß das Klima auf der Scheitelstrecke der Glocknerstraße bei einer mittleren Jahrestemperatur von etwa –3 °C grönländischen und sibirischen Verhältnissen entspricht und die riesigen Schneeschleudern auch mitten im Sommer in Aktion treten müssen.

Das alles heißt aber nun keineswegs, daß es dort oben nicht auch herrliche Tage gibt, Tage, an denen man vom Parkplatz auf der Edelweißspitze aus nicht weniger als 37 Dreitausender und 19 Gletscher sehen kann. Tage, an denen man sich sogar hier oben hemdsärmelig sonnen und über ein endloses, die Täler verhüllendes Nebelmeer blicken kann – Tage, wie man sie im Tal niemals erleben kann. Kein Wunder, daß es daher «am Glockner» manchmal schon recht betriebsam zugehen kann.

Dabei war das, was heute hauptsächlich als aussichtsreiche Panoramastraße befahren wird, bis vor 50 Jahren nur ein einfacher und dafür entsprechend beschwerlicher Saumweg, der allerdings bis auf die Römer zurückgeht. Beredtes Zeugnis ihrer Aktivitäten ist die Bronzestatuette des Herkules, die beim Bau der Straße oben am Hochtor gefunden wurde und aus dem 1. Jahrhundert n. Chr. stammt. Obwohl das 17 Zentimeter große Figürchen in 2570 m Höhe gefunden wurde, ist es keineswegs ein Beweis für einen lebhaften Paßverkehr

der Römer. Vielmehr waren sie interessiert an dem bei Heiligenblut gefundenen Gold, nach dem sie bergmännisch suchten. Auch im Mittelalter entwickelte sich in den wenigen schneefreien Monaten nur ein geringer «Verkehr». Zu dieser Zeit war es vor allem die «Blutwallfahrt» nach Heiligenblut, die die Gläubigen aus dem Pinzgau in die feindliche Höhe trieb.

Erst in unserem Jahrhundert und bedingt durch die politische Entwicklung, die die direkte Verbindung Lienz–Brenner–Innsbruck unterbrochen hatte, entstand schließlich als Werk von Franz Wallack der Plan für Österreichs höchste Alpenstraße. 1924 nahm er die Trassierung in Angriff, im Herbst 1932 konnten die Nordrampe bis Hochmais und die Südrampe bis zur Franz-Josephs-Höhe freigegeben werden. Vom 23. September 1934 an hatte man schon die Möglichkeit, auf den Gipfel der noch 2571 m hohen Edelweißspitze zu fahren – die obersten 6 Meter

Blick von der Auffahrt zur Edelweißspitze über das Fuscher Törl. Im Vordergrund: Fuscherkarkopf und Sonnenwelleck.

hatten für den Parkplatz herhalten müssen –, und am 3. August 1935 schließlich war es so weit, daß auch das Verbindungsstück zwischen Fuscher Törl und Hochtor befahrbar war.

Wer in unseren Tagen «über den Glockner» möchte – die Bezeichnung täuscht natürlich wieder einmal, denn der Großglockner ist vom höchsten Punkt der Straße immerhin fast 14 Kilometer entfernt, und selbst auf der Franz-Josephs-Höhe kommt man an ihn nur bis auf 5 Kilometer heran –, der tut gut daran, zum einen möglichst von Nord nach Süd zu fahren und zum anderen schon früh am Morgen zu starten. Dann sind das enge, waldreiche Fuscher Tal, die Mautstelle und die Bärenschlucht überwunden, bevor der Verkehr einsetzt, und das Ferleitental mit seinen in der Morgensonne glitzernden Gletscherfeldern entfaltet dennoch bereits seine ganze Pracht.

Und jetzt geht es auch so richtig hinauf, zwar nie steiler als 12%, dafür aber kontinuierlich. Am Schleierwasserfall vorbei erreichen wir das Piffkar mit der Aussicht direkt hinüber zum Großen Wiesbachhorn. Beim Parkplatz Hochmais überfahren wir die Waldgrenze, schlängeln uns durch die Kehren der Hexenküche und erreichen kurz darauf am Törlgrat den ersten Paß in 2405 m Höhe. Trotz der auch hier schon überwältigenden Aussicht fahren wir natürlich noch vollends die knapp 2 Kilometer auf die Edelweißspitze hinauf

Von der Gletscherstraße zur Franz-Josephs-Höhe zeigt sich der Großglockner in seiner ganzen Pracht.

Höhepunkt einer Fahrt auf der Gletscherstraße: die Franz-Josephs-Höhe.

und studieren das Panorama vom höchsten Punkt der Straße und vom einzigen Zweieinhalbtausender Österreichs, der mit dem Auto «bestiegen» werden kann.

Am weitesten reicht der Blick nach Norden, dem zackigen Kamm des Brennkogels bis zum Großen Wiesbachhorn entlang. In der Verlängerung der tiefen Furche des Fuscher Tales leuchtet das blaue Auge des Zeller Sees herauf, überragt von den Leoganger Steinbergen und dem Steinernen Meer. Nach Osten und Süden begrenzen Goldberg- und Schobergruppe eine größere Fernsicht. Auch der eigentliche Star «Seine Majestät der Großglockner», macht sich noch rar. Nur sein oberstes «Spitzel» schaut hinter den breiten Schultern des Sonnenwellecks hervor.

Vom Fuscher Törl geht es zunächst wieder hinunter bis zur Fuscher Lacke und dann den Osthängen des Brennkogels entlang, langsam wieder steigend durch weite Geröllfelder, hinauf zum 2505 m hohen zweiten Paß, dem 311 m langen Hochtortunnel. Vom Parkplatz an seinem Südportal blickt man weit nach Süden hinaus, hinüber auf die Schobergruppe und hinunter ins Mölltal.

Durch weite Wiesenhänge und einen sanften Almboden fahren wir hinunter zum Wallackhaus und zum Fallbichel, wo der Sessellift zum Schareck abzweigt. Wer mag, kann von dort aus mit dem Sessellift nach Heiligenblut hinunterschweben. Wir fahren zügig weiter und lassen uns am Tauerneck vom ersten richtigen Blick auf den Großglockner überraschen. An der Guttalbrücke gibt es natürlich keine Frage: Wer die Gletscherstraße hinauf zur Franz-Josephs-Höhe ausläßt, bringt sich um den Höhepunkt der gesamten Fahrt!

Die Gletscherstraße ist wohl die schönste Sackstraße der Alpen, führt sie doch nicht nur zu dem mit rund 10 Kilometer Länge größten Gletscher der Ostalpen, sondern auch direkt unter den höchsten und wohl auch schönsten Berg der Alpenrepublik. Zunächst aber genießen

wir vom Parkplatz Palik den imponierenden Tiefblick auf Heiligenblut und steigen dann über die Schönwand und vorbei am Karl-Volkert-Haus der Franz-Josephs-Höhe entgegen, Glockner und Pasterze stets vor Augen.

Am Ende der Straße sind wir zwar «nur» 2369 m hoch, doch welch ein Platz! Etwa 150 Höhenmeter tiefer fließt der breite Eisstrom der Pasterze vorbei, und gegenüber türmt sich nahezu eineinhalbtausend Meter hoch die Ostwand des Großglockners bis in 3798 m Höhe auf. Mittendurch zieht sich als steile Eisbahn die berühmte Pallavicini-Rinne, in der man manchmal die Bergsteiger wie winzige Ameisen entdecken kann.

Niemand sollte es sich entgehen lassen, mit der Standseilbahn zur Pasterze hinunterzufahren oder vom Freiwandeck aus über den Promenadenweg zur Hofmannshütte und zur Randmoräne des Wasserfall-Finkelgletschers zu wandern (1 Stunde). Die Gamsgrube belohnt den Pflanzenliebhaber mit einer überreichen Flora, wie sie sonst kaum irgendwo in den Alpen zu finden ist; von der Hofmannshütte aus öffnet sich die überwältigende Weite des vergletscherten Hauptkammes.

Ein weiterer Halt ist schließlich während der Fahrt hinunter nach Heiligenblut am Kasereck (1913 m) fällig. Von hier können wir noch einmal das gesamte Glocknergebiet überblicken, gleichzeitig aber auch schon talwärts gegen Heiligenblut hinuntersehen. Nicht versäumen sollte man auch, von der Fleißkehre (1515 m) aus zum Fleißhof hinüberzuwandern. Er besteht seit über 1000 Jahren und ist der älteste Bauernhof Kärntens.

In Heiligenblut schließlich kommen alle Kunstfreunde auf ihre Kosten. Die im späten 14. Jahrhundert von «Goldgräbern» errichtete gotische Pfarrkirche St. Vinzenz birgt einen doppelten Wandelaltar. Ihn schufen Wolfgang Aßlinger und Max Reichlich, beide Schüler Michael Pachers. Bei geöffneten Flügeln zeigt der 10,60 m hohe Altar die Krönung Mariens.

Für die Rückfahrt nach Zell am See bietet sich der Felbertauerntunnel an. Da er weder fahrtechnische Schwierigkeiten noch besonders schöne Aussichten bereithält, kann man auch noch spät abends zurückfahren und zuvor noch einen abendlichen Bummel durch Osttirols Hauptstadt Lienz machen.

Die Großglocknerstraße erschließt auch noch im Spätherbst, wenn schon der erste Schnee gefallen ist, eine zauberhafte Welt. Hier der Blick von der Edelweißspitze zum Hochtor (Bild nächste Seite).

Von der Straße zum Felberntauerntunnel zweigt das romantische Iseltal mit den berühmten Umbalfällen ab.

8 Zum höchsten Berg Österreichs

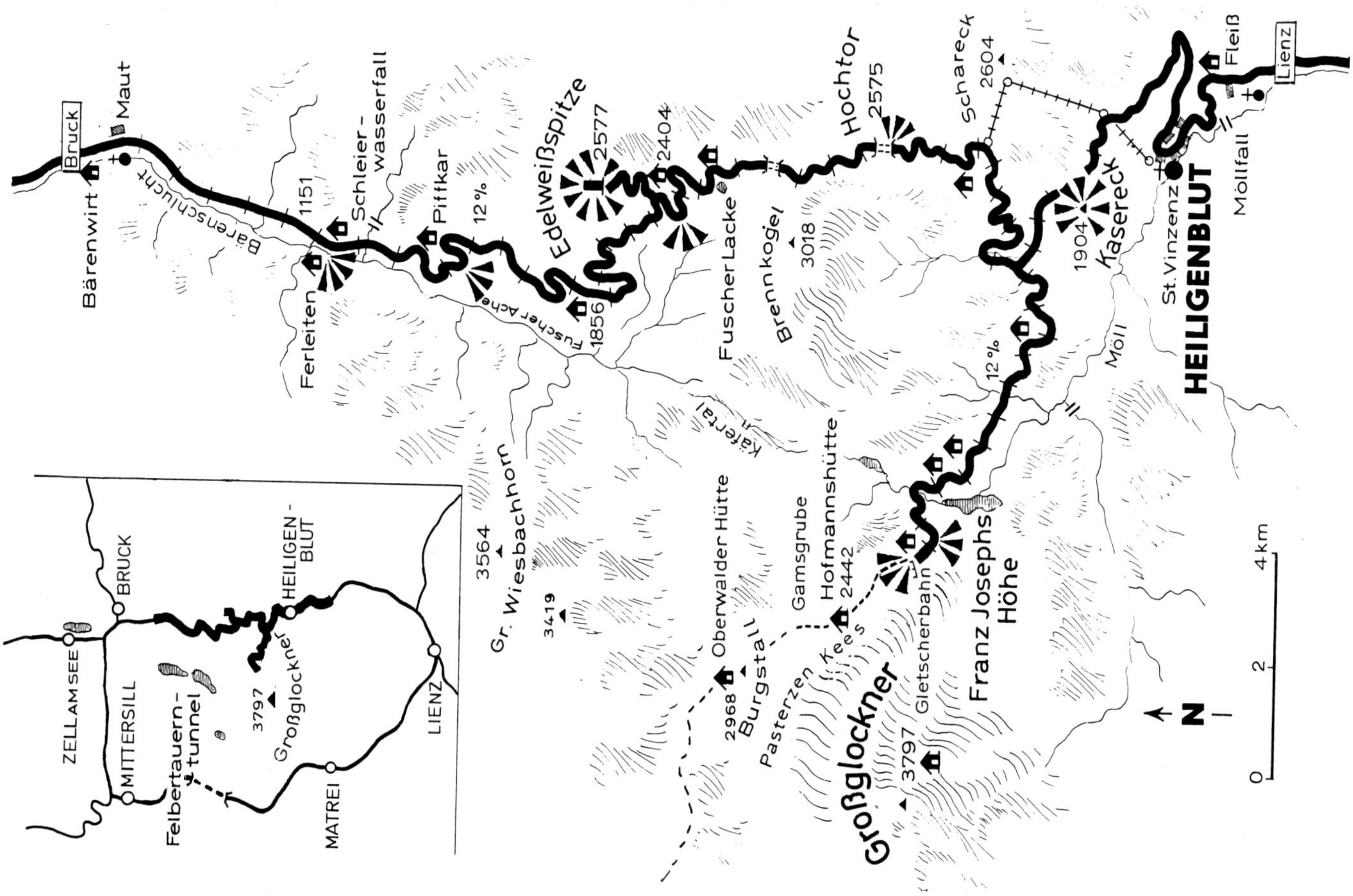

Technisches

Auf den 48 Kilometern zwischen Bruck (755 m) im Salzburger Pinzgau und Heiligenblut (1301 m) im Kärntner Mölltal überwindet die Glocknerstraße auf der Nordrampe 1750 Höhenmeter, auf der Südrampe 1204 Höhenmeter. Sie weist nie mehr als 12% Steigung auf, ist durchgehend asphaltiert und zwischen 6 und 8 m breit. Dennoch ist sie für Caravans nicht geeignet, da dem Zugfahrzeug zu leicht die Puste ausgeht. Vom Fuscher Törl (2428 m) zweigt die Stichstraße auf die Edelweißspitze (2577 m) ab, Länge 2 km, auf dem Gipfel Parkplatz. Von der Guttalbrücke (1859 m) zweigt die Gletscherstraße zur Franz-Josephs-Höhe (2369 m) ab. Länge 8,5 km, am Freiwandeck Parkhaus. Die gesamte Strecke ist mautpflichtig. Es gibt jedoch eine Rückfahrkarte, die auch für den Felbertauerntunnel gilt. Die Rückfahrt über Lienz–Felbertauerntunnel–Mittersill–Bruck ist 135 Kilometer lang.

Sehenswürdigkeiten

Heiligenblut: Pfarrkirche St. Vinzenz aus dem ausgehenden 14. Jahrhundert. Der Bau ersetzte die aus dem Jahre 1301 stammende Capella St. Vincentii. Ihr kostbarster Schatz ist der 10,60 m hohe Wandelaltar, der von Wolfgang Aßlinger in der Art Michael Pachers geschaffen wurde. Beachtenswert auch das Sakramentenhäuschen von 1494 im Chor und der Veronika-Altar von 1491 im nördlichen Seitenschiff. Reizvoll der Bergsteigerfriedhof.

Döllach: Im Schloß Großkirchheim Heimatmuseum, das dem Goldbergbau im Mölltal gewidmet ist.

Aguntum: Kurz vor Lienz Reste der Römerstadt Aguntum. Häusergrundrisse, Mosaikfußböden und Reste eines zentral geheizten Bades. Die Stadt hatte 50 n. Chr. Stadtrecht erhalten und war Bezirkshauptstadt in der Provinz Noricum. Sie wurde um 600 zerstört.

Lienz: Die gotische Stadtpfarrkirche St. Andreas wurde 1457 geweiht, geht jedoch auf eine frühchristliche Anlage aus dem 5. Jahrhundert zurück. Erhalten sind noch romanische Teile aus dem 13. Jahrhundert. Das Schloß Bruck am Eingang des Iseltales erbauten sich die Grafen von Görz 1280. Seine ältesten Teile sind der Bergfried, die Kapelle und der Palas. Reste romanischer Malerei aus dem Jahre 1270. Im Heimatmuseum im Schloß Originale des Malers Egger-Lienz und Exponate keltischer und römischer Funde in Osttirol.

Möglichkeiten für zusätzliche Unternehmungen

Heiligenblut: Fahrt mit dem Sessellift auf das 2604 m hohe Schareck. Die Wanderung vom Gipfel hinunter nach Heiligenblut ist sehr reizvoll.

Lienz: Fahrt mit der Seilbahn auf das 1812 m hohe Zettersfeld. Ausgedehnte Wandermöglichkeiten ohne allzu große Steigungen, stets prächtige Sicht auf die Lienzer Dolomiten.

Matrei: Kurz vor dem Südportal des Felbertauerntunnels Abzweigung zum Tauernhaus (1514 m), von dort Sessellift zum 1986 m hohen Venedigerblick. Großartige Aussicht auf die gesamte Venedigergruppe. Vom Tauernhaus aus Wanderung durch das Gschlöß zum Gletscherweg des Alpenvereins.

Kartenempfehlung

Österreichische Karte 1:50 000, Blätter 153, 154, 179, 152

Zweierlei Dolomiten

Die einen gehören zu den «echten» Dolomiten – gemeint sind die südwestlich von Sexten in den südlichen Himmel ragenden Sextener Dolomiten. Die anderen, die Lienzer Dolomiten, haben ihren Namen nur entlehnt. Genaugenommen heißen sie Gailtaler Alpen und sind ein Teil der Karnischen Alpen – was aber ihrem imponierenden Aussehen keinen Abbruch tut. Ähnlich wie die namensgebenden großen

9

Die Stiftskirche von Innichen ist neben dem Dom von Trient das bedeutendste romanische Bauwerk Tirols.

Brüder überragen sie mit schroffen Wänden den Talboden um immerhin 2000 Höhenmeter.

In Lienz treffen wir auf uralte Kultur- und Siedlungsgeschichte. Hier haben die Forscher das Zentrum des Königreichs Noricum lokalisiert, zu dem sich im 2. Jahrhundert v. Chr. 13 keltische Stämme zu einem losen Staatenbund zusammenschlossen. Auch die Römer wußten die angenehme Lage zu schätzen, wie die Ausgrabungen in Aguntum beweisen. Unter Kaiser Claudius (41–54 n. Chr.) gab es hier schon eine Stadt.

Quadratische Wehrtürme flankierten ihre doppelbahnige Hauptstraße. Heute noch erhalten sind überwölbende Bögen und die Reste einer Heizanlage sowie eines Tempels und einer gedeckten Pfeilerhalle, die als Sportplatz gedient haben dürfte. Recht gut zu erkennen sind auch noch die Reste eines Warm- und Schwitzbades, dessen einzelne Räume alle heizbar waren. In Lavant sind die Reste der aus dem 4. Jahrhundert stammenden Bischofskirche von Aguntum zu sehen. Mehr als 30 000 qm waren hier mit einem gut 7 m hoch aufragenden Befestigungsring gesichert.

Um das Lienzer Becken von oben anzusehen, gibt es eine besonders schöne Möglichkeit über die Hochstein Bergstraße. Sie zweigt in Leisach, der ersten Ortschaft nach Lienz, ab und führt uns zur 1975 m hoch gelegenen Bannberger Alm hinauf. Die letzten 100 Höhenmeter bis zum Gipfel des 2057 m hohen Hochsteins sind dann noch zu Fuß zu bewältigen, bevor wir in Ruhe die ganze Aussicht auf die direkt gegenüberliegenden Lienzer Dolomiten, auf die Schober Gruppe, die Tauern und das Drau Tal hinunter genießen können. Von Leisach aus fahren die Freunde schmaler Dorfstraßen über die Dörferlinie, die eine echte Panoramastraße an der Sonnseite des oberen Drau Tales ist. Wer schneller vorwärtskommen möchte, muß dafür den Verkehr auf der Bundesstraße in Kauf nehmen.

Nächste Station auf der Fahrt durchs obere Drau Tal sollte dann Thal-Aßling sein, wo in der kleinen Korbiniankirche aus dem 15. Jahrhundert einige Kostbarkeiten zu entdecken sind. An der Nordseite ist es ein Freskenzyklus von Andreas Peuerweg aus dem Jahre 1579. Ein spätgotisches Kruzifix und eine Madonna aus dem späten 15. Jahrhundert sind fast so sehenswert wie die drei gotischen Seitenaltäre. Der Passionsaltar ist von 1430 und wurde vom Meister von St. Sigmund geschaffen. Der Korbiniansaltar von 1480 und der Magdalenenaltar von 1498 stammen von Friedrich Pacher.

Im obersten Drau Tal erreichen wir wieder klassischen Boden. In der Mitte des 8. Jahrhunderts entstand in Innichen ein Kloster, aus dem die ehrwürdige Stiftskirche St. Kandidus und Korbinian hervorging. Sie ist neben dem Dom von Trient das bedeutendste romanische Denkmal Tirols. Der dreischiffige Raum mit Querhaus, Vierungskuppel und drei Apsiden vermittelt eine Klarheit und Geschlossenheit, wie sie nur die Romanik ausdrücken konnte. Einen ähnlichen Eindruck vermittelt die erst in letzter Zeit wieder freigelegte Krypta. Kostbarstes Stück in der Kirche ist das «Innicher Kreuz», das der Sage nach von Herzog Tassilo geschenkt worden ist (gleiche Kreuze gingen nach Polling und Wessobrunn). Die Kreuzigungsgruppe entstand um 1200 und schildert den Sieg über den Tod.

Von Innichen aus ist schon zu ahnen, was uns in den nächsten Stunden beeindrucken wird: die östlichsten «echten» oder Sextener Dolomiten. Über die Wälder im Süden lockt ihr nordöstlichster Pfeiler, die gewaltige, 3152 m hohe Dreischusterspitze. Je näher wir Sexten kommen, desto wuchtiger wächst dieser mächtige Koloß aus den Lärchen heraus. Und dann wird sie sichtbar – die berühmte Sextener Sonnenuhr mit Neuner, Zehner, Elfer, Zwölfer und Einser. Alle sind sie Riesen mit gewaltigen Wänden und mit Höhen um die 3000 Meter.

Die Krypta des Klosters Innichen vermittelt gut die Klarheit der Romanik (Bild oben).

Die Kreuzigungsgruppe in der Stiftskirche von Innichen entstand um 1200. Neben Christus als Sieger über den Tod Maria und Johannes (Bild rechts).

Es gibt zwei Möglichkeiten, die Sonnenuhr ausgiebig zu genießen: Bergungewohnte fahren von Moos aus (2 km hinter Sexten) zum Talschluß Fischleinboden in 1540 m Höhe. Hier ist man unmittelbar umgeben von den Wänden der verschiedenen Kofel und kann dennoch bequeme Spaziergänge machen. Für die Berggewohnten dagegen hat der neue Steig auf den Zehnerkofel oder die Sextener Rotwand, wie das Massiv auch heißt, eine Möglichkeit mit drei Sternen eröffnet, die zudem nur 1000 Höhenmeter Aufstieg erfordert. Ausgangspunkt ist die Bergstation des Liftes auf die Rotwandwiesen in 1925 m Höhe. Dort beginnt der «vertikale Promenadenweg», der uns in rund drei Stunden zum 2939 m hohen «Trapez» (es ist 16 m niedriger als der eigentliche Gipfel) hinaufführt und uns eine grenzenlose Aussicht beschert: Im Osten verlieren sich die Karnischen Alpen im Unendlichen, im Norden glänzen die vergletscherten Tauern, und im Westen nehmen einem die Dolomitenburgen fast den Atem.

Auch während der Auffahrt zum Kreuzberg Sattel lohnt es sich, ab und zu zurückzublicken, um keine Seite der

Sonnenuhr zu verpassen. Am Sattel selbst erreichen wir die Sprachgrenze, die bis 1919 gültige altösterreichische Grenze und die Wasserscheide zwischen Adria und Schwarzem Meer. Schon kurz hinter dem Sattel, bei der Fahrt hinunter in das tief eingeschnittene Val Comelico, wird die Welt unverkennbar italienisch. Malerische Winkel, kühn an die Hänge geklebte Häuser und ein großartiges Durcheinander unterschiedlichster Stile wollen entdeckt werden.

Spätestens hinter S. Stefano di Cadore beginnt bis hinüber nach Paluzza eine Strecke, die eigens für Entdecker geschaffen wurde, die das Schauen noch nicht verlernt haben. So tauchen etwa im oberen Piave Tal plötzlich alte Holzhäuser auf, die an Osttiroler Bauernhäuser erinnern. Das jetzt Sappada heißende Dorf ist denn auch nichts anderes als das vor gut 1000 Jahren von Siedlern aus dem Villgratental gegründete Bladen. Umgangssprache ist deshalb auch noch ein im Grunde deutscher Dialekt.

Am Plöcken Paß schließlich wird die Fahrt noch einmal alpin. Zwar ist der Übergang nur 1362 m hoch, doch erzwang der steile Südhang den Bau kühner Serpentinen, von denen sich immer wieder beeindruckende Tiefblicke ergeben. Auf der Nordseite geht es dafür dann gemächlicher in das Gail Tal hinunter zu den weiten Wiesen von Kötschach-Mauthen. Der Gailberg Sattel vermittelt uns zum Schluß noch einen schönen Rückblick auf die Karnischen Alpen, bevor wir das Drau Tal hinauf nach Lienz zurückfahren.

Weil Sappada im oberen Piave Tal vor einem Jahrtausend von Siedlern aus dem Villgraten Tal gegründet wurde, hat es Osttiroler Holzhäuser (Bild oben).

Der Plöcken Paß – eine grandiose Leistung der Ingenieure (Bild unten).

«Wallfahrt» zu den Drei Zinnen

10

Schwärmen Bergsteiger aus den Sextener Dolomiten vom «höchsten Himmel der Dolomiten», dann meinen sie keineswegs einen der ganz hohen Dolomitenriesen. Sie sprechen dann lediglich zärtlich von «ihren» Zinnen, von den drei Bergen also, die wohl zu den eindrucksvollsten überhaupt gehören. Ihre lotrechten Nordwände fordern auch heute noch – trotz perfekter Technik – von der Kletterelite der Welt Höchstleistungen. Die verschiedenen Direktanstiege durch die teilweise überhängenden Wände entfesselten ganze Glaubenskriege. So wurde einerseits geklagt, daß die Eroberung nur mit Mitteln erzwungen würde, «wie sie von Fassadenkletterern an Fabrikschornsteinen angewandt werden». Andererseits wurde gejubelt, nun seien die letzten Probleme der Klettertechnik gelöst. Wer hier recht hat, ist sicher noch lange nicht ausgemacht. Wie immer der einzelne die Sache aber auch sehen mag – packend ist es auf jeden Fall, den technisch perfekt gerüsteten Spinnen des Industriezeitalters zuzusehen, wie sie die Gesetze der Schwerkraft zu überlisten versuchen.

Unter die wuchtigen Zinnenwände kann man auf der Südseite mit dem Wagen

Im Seekofel, überm Pragser Wildsee, wartet die stolze Königin der Fanes auf ihre Erlösung. Doch die im See versunkenen silbernen Trompeten schweigen bis heute.

bis zur Auronzo Hütte hinauffahren und ist dort schon 2320 m hoch. Natürlich kann der Eilige diesen «Anstieg» direkt von Cortina oder Toblach aus angehen. Weitaus eindrucksvoller aber ist es, das Unternehmen langsam zu beginnen und auf einigen Umwegen zusätzliche Schönheit zu entdecken.

Wenn wir in Toblach, im obersten Pustertal, starten, fahren wir deshalb nicht direkt durchs Höhlensteintal nach Misurina, sondern vielmehr hinüber ins Pragser Tal. Schon in Außer Prags öffnet sich eine völlig neue, in ihrer Ursprünglichkeit noch (fast) ganz erhaltene Welt. Weite Wiesenhänge mit einzelnen, noch voll funktionierenden Bergbauernhöfen lassen ahnen, wie das Leben sich früher hier abgespielt haben mag, bevor die Berge als Freizeitparadies entdeckt wurden. Im hintersten Talwinkel, in 1493 m Höhe, ist der erste Höhepunkt unserer Fahrt versteckt: der sagenumwobene Pragser Wildsee, hinter dem unmittelbar die dunkle Seekofel-Nordwand aufsteigt. Wer es romantisch mag, kann um den See herumwandern und seine dunkle Botschaft zu verstehen versuchen.

Wieder in Außer Prags halten wir uns rechts und fahren hinein ins Altpragser Tal, hinein nach Inner Prags und hinauf zur Plätzwiese (1993 m). Während der ganzen Auffahrt schon haben wir links vor uns den Dürrenstein (2839 m) und rechts die

Cadin del Malcoira vom Tre Croci Paß aus. Die auch im Sommer «bleichen» Berge sind vom Forcella Staunies aus am schönsten zu sehen.

«Königin» der Pragser Dolomiten, die Hohe Gaisl (3139 m), die erst am 20. Juni 1870 zum ersten Mal bestiegen wurde. Die Plätzwiese selbst ist eine Mischung aus unberührtem Wald, einzelnen Zirben und Lärchen und Naturwiesen mit den schönsten Blumenteppichen.

Von der Plätzwiese führt ein schmaler Naturweg zwischen Strudelköpfen (links, 2307 m) und Knollköpfen (rechts, 2204 m) hinunter nach Schluderbach. Zwar ist der von den Österreichern einst als «Militärstraße» gebaute Weg wirklich schlecht,

Die Drei Zinnen sind in der ganzen Welt ohne Gegenstück. Wer ihre Prunkseite mit dem berühmten Profil sehen will, muß auf die Nordseite wandern (Bild vorhergehende Doppelseite).

doch entschädigt die wunderschöne Aussicht auf die Cristallo-Gruppe reichlich für so manches Schlagloch. Unter den Südwänden der Hohen Gaisl erreichen wir kurz hinter Schluderbach, am Sattel von Cimabanche (1529 m), die deutsch-ladinische Sprachgrenze.

In Podestagno zweigt eine der schwierigsten Bergstraßen der Alpen, die ehemalige Militärstraße, zum 2172 m hohen Limojoch ab. Um sie zu bewältigen und zu Joch und Fanesalm hinaufzukommen, muß man jedoch nicht nur sein Fahrzeug absolut beherrschen, sondern am besten auch Vierradantrieb haben. Wir fahren lieber das langsam weiter werdende Ampezzo-Tal hinaus und lassen uns von der Tofana di Mezzo (3244 m) und den Westabstürzen des Cristallo beeindrucken, bevor wir in Cortina die «Hauptstadt der Dolomiten» erreichen. Von allen Seiten treffen hier die berühmten Dolomitenstraßen zusammen, in allen Richtungen stehen die Kolosse der Ampezzaner Berge. Wo gibt es schon eine Stadt mit einem Dreitausender in jeder Himmelsrichtung? Hier bilden Cristallo (3216 m), Sorapis (3205 m), Pelmo (3168 m) und Tofana (3244 m) ein Amphitheater ohnegleichen, dessen Möglichkeiten auch in mehreren Urlauben nicht ausschöpfbar sind.

Und jetzt geht es auch wieder hinauf in die Berge. Die Auffahrt zum Tre Croci Paß (1809 m) gibt noch einmal den Blick frei hinüber zu Falzarego und Giau, und dann lockt die Seilbahn zur 2898 m hohen Forcella Staunies unterhalb des Cristallo. Wer mit ihr hinauffährt, wird mit einer großartigen Aussicht auf die «bleichen Berge» belohnt.

Kurz nach dem Tre Croci Paß, der selbst wenig Aussicht bietet, wird die Bühne frei für ein neues Bild: Es treten auf der tiefblaue Misurina See und darüber die Drei Zinnen. Zwar sind sie noch keineswegs ohne weiteres als drei einzelne Zähne zu erkennen, aber sie sind es trotzdem. Der Misurina See mag auf den ersten Eindruck manchmal wenig Besonderes an sich haben. Ihn muß man jedoch in unterschiedlicher Beleuchtung und von verschiedenen Seiten sehen. Von seinem Nordzipfel etwa bilden Sorapis, Monte Cacciagrande und seine Drei Schwestern eine eindrucksvolle, je nach Tageszeit in den unterschiedlichsten Farben leuchtende Kulisse.

Bei der Enzianhütte schließlich fängt das Klettern an. Zum einen können wir die erste Abzweigung nach links fahrend zum Monte Piana und zu der 2225 m hohen Angelo Bosi Hütte hinauffahren. 20 Minuten zu Fuß bringen uns vollends auf den 2324 m hohen Gipfel und zur berühmten Panoramasicht über die östlichen Dolomiten. Aber selbst von dort verweigern die Zinnen – obwohl unmittelbar gegenüber – ihr weltberühmtes Portrait. Wir müssen deshalb wieder hinunter bis zur Gabelung und dann hinaufklettern über die Drei Zinnen Straße zur Auronzo Hütte (2320 m), hinüberspazieren zur Lavaredo Hütte und die 100 Höhenmeter zum Paternsattel hinaufsteigen. Jetzt endlich zeigen sich die Zinnen so, wie «es sich gehört». Jetzt haben sie plötzlich ihre charakteristischen Nordwände und mittendrin die krabbelnden Ameisen, die sich Sestogradisten nennen.

Wer es ihnen nicht gleichtun kann, aber berggewohnt ist, für den gibt es von hier eine reizvolle Möglichkeit, zu einer noch eindrucksvolleren Sicht zu kommen. Er wandert unter den Westhängen des Paternkofels hinüber zur Drei Zinnen Hütte (= 1¼ Stunden von der Auronzo Hütte) und von dort durch den 600 m langen Stollenaufstieg im Innern des Paternkofels und hinauf zur 2650 m hohen Gamsscharte (1 Stunde ab Zinnen Hütte). Im Stollen sind ab und zu Fenster (dennoch Taschenlampe notwendig!), die phantastische Ausblicke auf die Zinnen freigeben.

Zurück nach Toblach haben wir schließlich noch 20 km zu fahren.

Der Paternkofel war einst heiß umkämpft und deshalb von Stollen durchlöchert. Einige sind noch heute begehbar (Bild rechts).

Im Misurina See spiegeln sich das Felskastell der Sorapis und der Monte Cacciagrande (Bild unten).

Zu Tofane, Sella und Langkofel

11

Weiden und reichen Wald – bis die stolze Königin der Fanes sich von den heilig gehaltenen Murmeltieren abwandte und deshalb samt ihrem Reich unterging. Königin und Tochter sitzen seither im Seekofel hoch überm Pragser Wildsee und warten darauf, daß die aus dem Fanes-Schatz gegossenen und im See versunkenen, silbernen Trompeten wieder ertönen, das Reich neu ersteht und die Königin auf dem Kronplatz hoch über Bruneck (einer der schönsten Aussichtspunkte auf die Dolomiten und auf die Zentralalpen) noch einmal ihre Krone erhält. Wer den Fanes – wenigstens optisch –

«Hier ist alles, was das Herz begehrt: die Stille des Bergwaldes, der sonnige Fels, der den Kletterer lockt, der Liebreiz einer blumenübersäten Almwiese, die Einsamkeit der Gipfel, die die Nähe Gottes ahnen läßt.» Luis Trenker, der dieses Loblied auf das Grödner Tal und sein Wahrzeichen, den Langkofel, singt, muß es wissen – schließlich ist er hier zu Hause. Und er wird sicher nichts dagegen haben, wenn sein Loblied auch auf die Umgebung des Langkofels, auf das Wunderland im Herzen der Dolomiten, ausgedehnt wird.

Wohl gibt es in den Dolomiten mehr als zwei einzelne Gipfel, und niemand wird sagen können, welcher von ihnen in dieser Märchenwelt aus Stein der schönste sei. Aber wie immer in der Welt, gibt es auch hier unter Gleichen noch Gleichere. Zu diesen gehört ganz ohne Frage nicht nur der Saslong, wie der Riesenfinger Langkofel bei den Ladinern heißt. Nicht weniger als rund 50 verschiedene Kletterrouten aller Schwierigkeitsgrade unterstreichen seinen Anspruch auf einen der vordersten Ränge. Oder die Sella, dieses in sich geschlossene Gebirge, das wie eine zweigeschossige Riesenburg wirkt, wie sie schöner kein Meister der Architektur entwerfen könnte. Oder die Marmolada mit ihren faszinierenden Südwänden und dem vergletscherten Nordrücken, der die Augen der Skifahrer aufleuchten läßt.

Sie alle und noch einige «Dreingaben» liegen am Weg, wenn wir von Cortina die «Große Dolomitenstraße» westwärts fahren, die Sella umrunden, Fedaia und Alleghe See besuchen und schließlich auch noch um die Cinque Torri herumkommen. Sechs Pässe – rechnet man die Auffahrt zum Pordoi Joch dazu, sind es gar sieben – ermöglichen es, den Kanten, Graten und Gipfelzacken nahezukommen.

Aus dem Ampezzaner Talkessel mit seinem ganzen Getriebe fahren wir direkt hinein in das Märchenreich der Fanes und ihrem Fürstensitz, den «Conturines». Dort, hoch oben in den Bergen, gab es saftige

Der 2665 m hohe Sassongher ist das Wahrzeichen von Corvara, wo die Straßen über das Grödner Joch und den Campolongo zusammentreffen.

Die malerische Kirche von Colfuschg, vor den Nordwänden des Sellamassivs, stammt aus dem Jahre 1449. Nach rechts führt das Tal zum Grödner Joch hinauf.

einen Besuch abstatten möchte, kann vom 2105 m hohen Falzarego Paß zum Kleinen Lagaznoi (2779 m) hinauffahren. Nach Norden zu breitet sich von hier ihr ganzes Reich aus. Nach Süden zeigen die Cinque Torri ihre stolzen Zacken, von Südwesten blinken die Firnfelder der Marmolada.

Über die kunstvoll an den Fels geklebte Westrampe (schönster Blick auf die Anlage der Straße vom Westportal des Tunnels) fahren wir hinunter nach Andraz, vorbei an der auf einem einzelnen Felsen stehenden Burgruine Andraz. Hierher hatte sich einst Kardinal Nikolaus von Kues vor Herzog Sigismund von Tirol geflüchtet. Nach Norden zu drohen die etwas finsteren Hänge des Col di Lana, auf dessen Gipfel am 17. April 1916 200 Kaiserjäger starben, als der italienische Generalstab den Gipfel samt Besatzung mit 5 t Dynamit in die Luft sprengen ließ.

In Arabba (1602 m) zweigt die Straße zum 1875 m hohen Campolongo Paß und nach Corvara ab. Beherrschend vom engen Talgrund aus ist hier das Massiv des 3151 m hohen Piz Boe, lohnend die Fahrt mit der Bahn zur Porta Vescovo (2546 m) hinauf. Von ihr hat man nicht nur einen wunderschönen Blick auf den Boe, sondern vor allem hinüber auf die Marmolada und hinunter zum Fedaia See. Wer lieber dem Tal treu bleibt, fährt weiter bis Colfuschg, dem letzten Ort an der Ostrampe des Grödner Joches. Dort gibt es die alte Dorfkirche aus dem Jahre 1419 zu besichtigen. Sie gehörte zur Pfarrei Lajen, was den Colfuschgern einen eigenen Friedhof verwehrte. Im Winter Verstorbene wurden deshalb in den Felshöhlen der Gardenazza bis zur Schneeschmelze aufbewahrt und erst dann zur Beerdigung nach Albeins gebracht.

Kurvenreich geht es weiter zum Grödner Joch (2121 m) hinauf. Der Paß besticht zwar nicht mit einer umfassenden Rund-, wohl aber mit einer prächtigen Direktsicht auf den Langkofel (3181 m). Wie in einem Fensterrahmen taucht am Joch seine rund 1000 m hohe und 2000 m breite Ostwand auf und gibt so ein ganz «ungewohntes» Bild vom sonst so vertrauten Wahrzeichen der Dolomiten. Unter den Steilhängen der Murfreittürme und der Murfreitspitzen schlängelt sich die Westrampe nach Plan de Gralba hinunter. Rechts geht es nach Wolkenstein und hinaus in das für seine Holzschnitzereien weltbekannte Grödner Tal, links beginnt der Aufstieg zum 2214 m hohen Sella Joch.

Schon die Auffahrt ist einmalig: Rechts zeigt der Langkofel stets neue Details seiner nahezu senkrechten Südostflanke, links zeigt die Sella ihre riesigen Westwände. Niemand sollte es versäumen, beim Sella Joch-Haus (2176 m) Halt zu machen und in eine der gelben Minigondeln der Bahn auf die Langkofelscharte (2679 m) umzusteigen. Über die «Steinerne Stadt», die auch eine Spielwiese von Zyklopen gewesen sein könnte, geht die Fahrt in einer knappen

Vom Sellajoch aus hat man den besten Blick auf (von links) Plattkofel, Grohmann-Spitze und Langkofel (Bild nächste Doppelseite).

Vom Falzarego oder Giau Paß aus locken die unter Kletterern hoch gerühmten Cinque Torri. Sie haben Führen aller Schwierigkeitsgrade.

Viertelstunde hinauf in die beinahe bedrohliche Enge der wuchtigen Wände von Langkofel und Fünffingerspitze. Marmolada und Civetta stehen von hier aus ebenso Parade wie Sass Pordoi. Auch die Trassenführung der Straßen auf Sella und Pordoi Joch sind hervorragend zu überblicken.

Unter den Hängen der Pordoi Spitze führt die Westrampe vom Sella Joch zum Pian Schiavaneis (1877 m) hinunter. Rechts geht es hinaus nach Canazei und ins Fassa Tal, links lockt der Abstecher zum 2239 m hohen Pordoi Joch. Ihn sollte sich niemand entgehen lassen, weil die Aussicht von dort oben fast noch schöner ist als vom Sella Joch. Besonders attraktiv ist zudem die Möglichkeit, mit der Seilbahn zum Sass Pordoi (2950 m) hinaufzufahren. Wer Bergschuhe dabeihat, kann in knapp 1½ Stunden von hier zum höchsten Punkt des Sella-Stockes, zum 3151 m hohen Piz Boe, wandern. Nur ganze 30 Meter überragt der Langkofel diesen einmaligen Aussichtsbalkon, der eine ungehinderte 360°-Panoramasicht über die gesamten Dolomiten bietet. Bei besonders klarem Wetter kann man von hier, links neben der Marmolada vorbei, sogar ein Stückchen der Adria erkennen.

Unsere Fahrt geht weiter über Canazei zum Fedaia See am Nordfuß der Marmolada. Unter der Südostwand hat man die Möglichkeit, mit der Seilbahn direkt zu ihren Firnfeldern hinaufzufahren. In Caprile wäre dann der nächste Abstecher fällig. Es lockt der Alleghe See, über dem die Nordwand der Civetta (3218 m) weit über 1000 Höhenmeter praktisch senkrecht in den Himmel steigt. Sie ist noch heute Prüfstein für die besten Kletterer aus aller Welt.

Vom Pordoi Joch aus ist die Langkofel-Gruppe besonders schön zu sehen. Von links: Grohmannspitze, Fünffingerspitze, der tiefe Einschnitt der Langkofelscharte und der Langkofel selbst.

Durch das Codalunga Tal nehmen wir das letzte Joch auf dieser Fahrt in Angriff. Noch einmal geht es hinauf bis auf 2236 m, zu dem weiten Wiesensattel am Gian Paß, noch einmal können wir die schönsten Dolomitenzacken bewundern: Monte Gusela, Tofana, Cristallo, Sorapis und natürlich die Marmolada. Besonders schön aber der Blick hinunter ins weite Becken des Ampezzo Tales mit Cortina, das wir von hier oben aus in weniger als einer halben Stunde wieder erreichen können.

11 Zu Tofane, Sella und Langkofel

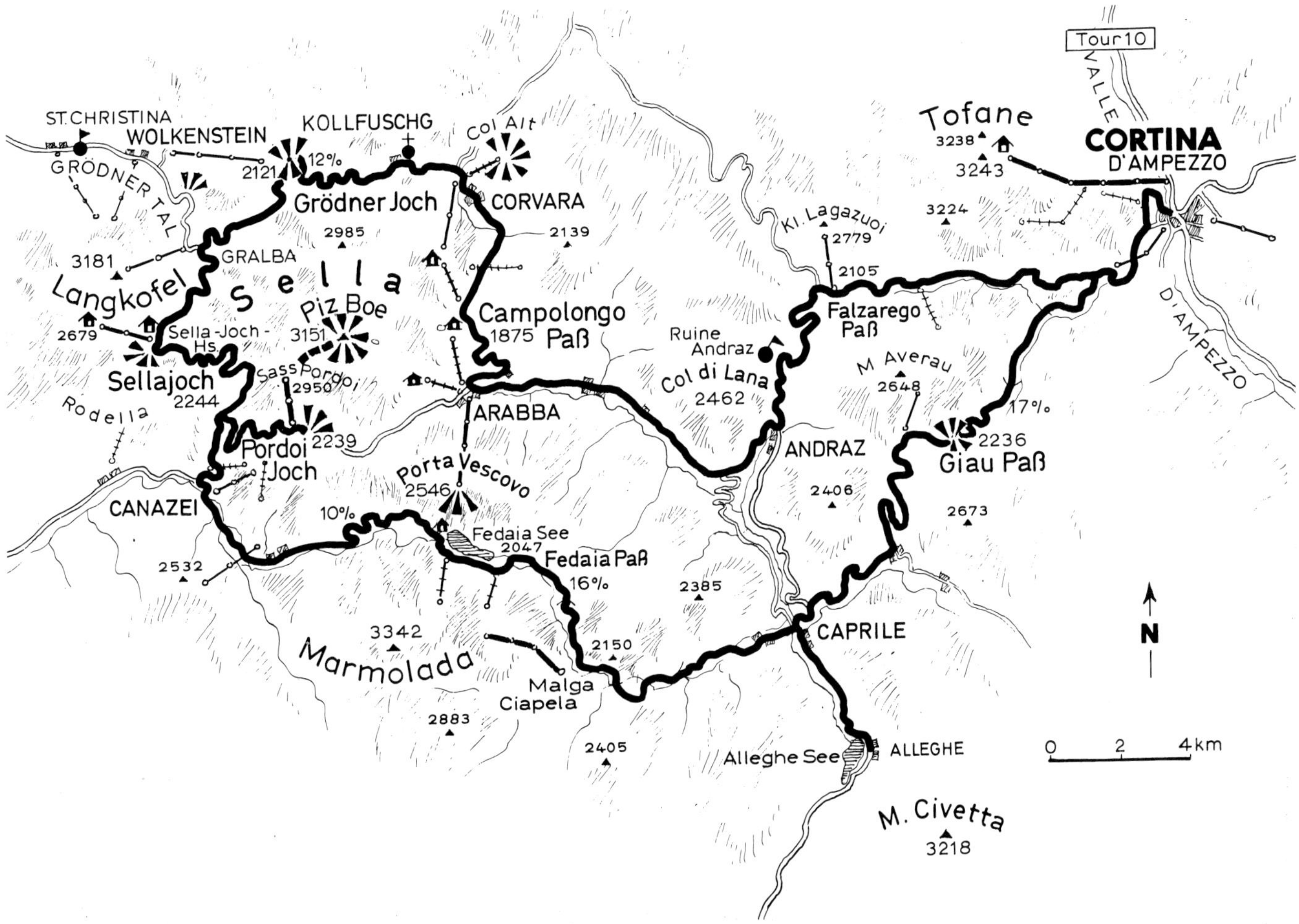

Technisches

Falzarego Paß: Der 2105 m hohe Paß hat auf seiner Ostrampe maximal 11%, auf der Westrampe maximal 8% Steigung. Insgesamt weist die Straße 38 Kehren auf, ist – soweit es die Schneelage erlaubt – ganzjährig befahrbar, mautfrei und für Caravans nicht geeignet.

Campolongo Paß: Der 1875 m hohe Paß ist die Verbindung aus dem Gader Tal zur Großen Dolomitenstraße. Nord- wie Südrampe haben eine maximale Steigung von 10%. Die Straße weist insgesamt 15 Kehren auf, ist ganzjährig befahrbar, mautfrei und für Caravans nicht empfehlenswert.

Grödner Joch: Der 2121 m hohe Paß hat auf der Ostrampe maximal 12%, auf der Westrampe maximal 8% Steigung. Die Straße weist 22 Kehren auf und ist – soweit es Schneelage und Lawinengefahr zulassen – ganzjährig geöffnet; sie ist mautfrei, für Caravans aber nicht geeignet.

Sella Joch: Der 2244 m hohe Paß hat auf der Nordrampe maximal 9%, auf der Südrampe maximal 11% Steigung. Auch diese Straße ist, soweit es Schnee und Lawinengefahr zulassen, ganzjährig geöffnet, mautfrei und für Caravans nicht geeignet.

Pordoi Joch: Der 2239 m hohe Paß hat auf beiden Seiten maximal 8% Steigung, dafür aber 50 Kehren. Soweit Schnee und Lawinen es zulassen, ist der Paß ganzjährig geöffnet, mautfrei und für Caravans nicht geeignet.

Fedaia Paß: Der 2047 hohe Paß hat auf der Westseite maximal 10%, auf der Ostseite maximal 16% Steigung. Die Straße hat 21 Kehren, ist vom 15.4. bis 30.11. geöffnet, mautfrei und für Caravans nicht geeignet.

Giau Paß: Der 2236 m hohe Paß weist auf der Südwestrampe 14%, auf der Ostrampe maximal 17% Steigung auf und hat 53 Kehren. Die Straße ist vom 1.5. bis 30.11. geöffnet, mautfrei und für Caravans nicht geeignet.

Sehenswürdigkeiten

St. Christina: Die Fischburg ist ein alter Sitz der Grafen von Wolkenstein. Engelbert Dietrich von Wolkenstein baute sie zwischen 1622 und 1641 als befestigtes Jagschloß. Sie ist das letzte Beispiel einer befestigten Wohnstätte in ganz Südtirol. Heute ist die Burg in Privatbesitz.

St. Ulrich: Ständige Ausstellung von Schnitzarbeiten aus dem gesamten Grödner Tal. Die Schnitzkunst hat hier eine Tradition, die bis ins 16. Jahrhundert zurückgeht.

Möglichkeiten für zusätzliche Unternehmungen

Da das gesamte Gebiet mit einem dichten Straßen- und beinahe noch dichteren Seilbahnnetz erschlossen ist, gibt es unendlich viele Möglichkeiten für Abstecher und zusätzliche Unternehmungen. Deshalb hier nur, was sich niemand entgehen lassen sollte.

Cortina: Fahrt mit der zweithöchsten Seilbahn der Dolomiten auf die 3243 m hohe Tofana di Mezzo.

Sella-Joch-Haus: Fahrt mit der Seilbahn in die 2679 m hohe Langkofelscharte.

Pordoi Joch: Fahrt mit der Seilbahn auf den 2950 m hohen Sass Pordoi.

Malga Ciapela: Fahrt mit der höchsten Seilbahn der Dolomiten zur Punta di Rocca (3270 m) auf der Marmolada.

Kartenempfehlung

Generalkarte 1:200 000, Blatt Südtirol

Über den Paß Thurn auf die Gerlos Platte

12

Der Wilde Kaiser oder die Hohen Tauern sind fast jedem ein Begriff. Fragt man dagegen, was dazwischen liegt, bleibt die Antwort meist aus. Da hier die faszinierenden Felswände ebenso fehlen wie die verlokkenden Gipfelaufbauten, sind die Kitzbüheler Alpen wohl Tiefschneespezialisten und Weitwanderfreunden, kaum aber einem größeren Publikum bekannt. Hingegen bietet das Bindeglied zwischen dem wilden «Minigebirge» im Norden und den Eisriesen der Zillertaler und der Tauern im Süden vieles, was man anderswo vergeblich sucht.

Was es hier alles zu entdecken gibt, erfährt man am deutlichsten, wenn man einmal um die hier noch weitgehend «heile Welt» herumfährt, von Kitzbühel aus den Paß Thurn erklimmt, den oberen Pinzgau genießt, auf der Gerlos die Wanderschuhe anzieht und über Ziller-, Inn- und Brixental zurückfährt.

Idealer Ausgangspunkt für die Fahrt über 2 Pässe und durch 5 Täler ist das schon 1165 belegte und 1271 mit Stadtrecht versehene «Chitzbühel», das früher seinen Reichtum dem Bergbau verdankte und heute bei den Urlaubern aller Schattierungen so beliebt ist. Bergfreunde zieht hier der weltberühmte Hahnenkamm (1655 m) oder das majestätische Kitzbüheler Horn (1996 m) an. Von beiden gibt es eine wunderschöne Aussicht auf die Kitzbüheler Alpen, das weite Wiesenbecken um die Ache herum und hinüber zu den Südwänden des Wilden Kaisers. Wer nicht so weit hinauf mag oder das Wasser vorzieht, dem sei ein Spaziergang hinüber zum Schwarzsee empfohlen. Von hier aus den Wilden Kaiser im warmen Abendlicht leuchten zu sehen, ist ein Erlebnis für sich.

Auf der Fahrt nach Süden gibt es bald die erste Überraschung: schon kurz hinter Aurach öffnet sich zum ersten Mal der Blick auf die imposante Venedigergruppe. Den besten Standplatz für ein Foto hat man hinter dem malerischen Kirchlein in Jochberg. Ein Stückchen noch durch den Wald, und kurz darauf ist in 1274 m die Scheitelhöhe am Paß erreicht. Da vom Paß selbst die Aussicht nicht besonders schön ist, nutzen wir die Gelegenheit und fahren mit dem Sessellift auf die 1728 m hohe Resterhöhe. Von hier hat man einen ungehinderten Blick über den gesamten oberen Pinzgau und auf das direkte Gegenüber, den 3674 m hohen Großvenediger.

Kitzbühel, die Heimat Toni Sailers, ist ein recht altes Städtchen. Sein Stadtrecht geht auf das Jahr 1271 zurück. Seinen Reichtum verdankte es einst dem Bergbau. Heute zieht es im Sommer wie im Winter die Urlauber an.

Im Schwarzsee bei Kitzbühel spiegeln sich die Berge östlich der Jochberger Ache. Vom gegenüberliegenden Ufer aus wären es die Steilwände des Wilden Kaisers (Bild links).

Bei der Fahrt hinunter nach Mittersill können wir vom Parkplatz Tauernblick aus noch einmal die Aussicht auf die Tauern genießen, bevor wir am Schloß Mittersill vorbeifahren. Da das Schloß Privatbesitz ist, kann der spätgotische Flügelaltar in der Kapelle leider nicht besichtigt werden. Dafür wartet aber hinter Mittersill am Oberlauf der Salzach eine Dreisterne-Sehenswürdigkeit, die früher glücklicherweise niemand wollte und heute keiner bekommt, weil sie unter strengstem Schutz steht: die vierhundert Meter hohen Krimmler Wasserfälle.

Nicht weniger als zwölf Gletscher schicken ihre Schmelzwasser in dieses in den ganzen Alpen einmalige Wassertheater. Über drei Stufen und in drei Kaskaden stürzt sich die Krimmler Ache über das Blockgelände und beeindruckt den Besucher mit immer neuen Kapriolen. Dank den Wegebauern des Alpenvereins ist es uns möglich, gefahrlos zu den schönsten Stellen am tobenden Wasser zu spazieren und uns auf den Aussichtskanzeln naßspritzen zu lassen.

Nach dem feuchten Spaziergang können wir uns auf der ausgezeichnet ausgebauten Gerlosstraße erholen. Hängebrücken, Dämme und Lawinenschutzbauten lassen etwas von den Schwierigkeiten ahnen, die die Straßenbauer meisterten, um die Straße wintersicher und ganzjährig befahrbar zu machen. Immer wieder öffnen sich schöne Ausblicke auf den oberen Pinzgau, die allerdings von der Kehre am Handl-Eck (1478 m) in den Schatten gestellt werden. Hier nämlich gibt es nicht nur einen schönen Tiefblick auf die Anlage der Straße, sondern auch noch einmal einen Einblick in den wasser- und gischtgefüllten Hexenkessel der Wasserfälle.

Am Parkplatz Filzsteinalpe erreichen wir in 1641 m Höhe den Gerlos-Sattel, der sich als ziemlich weites Plateau entpuppt. Trotz der Höhe gibt es hier ein ausgedehntes Moorgebiet mit der dafür typischen Flora. Den zweitschönsten Ausblick von der Gerlos hat, wer zum Filzstein-Hof über die etwa ein Kilometer lange Stichstraße fährt. Großvenediger-Gruppe und Zillertaler präsentieren sich ebenso von ihrer besten Seite wie die Dreiherrnspitze, die die Grenze zwischen Salzburg, Nord- und Südtirol markiert. Die mit Abstand schönste Aussicht aber hat man, wenn man von der Paßhöhe erst ein Stückchen durch das Moorgelände hinunter und dann nach Norden die Stichstraße nach Königsleiten hinauffährt. Am Straßenende übernimmt der Königsleitenlift den Weitertransport auf knapp über 2000 m Höhe. Wer sich die geringe Mühe macht, vollends auf die Königsleiten (2316 m) hinaufzuwandern, wird mit einem Panoramablick belohnt, der seinesgleichen sucht. Von der Glockner- und Granatspitz-Gruppe schweift der Blick zum Großvenediger, der Dreiherrnspitze, der Wildkarspitze und schließlich in die östlichen Zillertaler mit der Reichen- und Wildgerlosspitze.

Bei der Abfahrt über die Westrampe der Gerlosstraße zeigen sich überm Speicher Durlaßboden die Firnfelder der Reichenspitzgruppe noch einmal im besten Licht, bevor es endgültig ins Zillertal hinuntergeht. Nächster Halt sollte in Zell am Ziller sein, denn dort gibt es in der Pfarrkirche St. Veit eines der großartigsten Kuppelfresken des ausgehenden 18. Jahrhunderts zu sehen.

Bergfreunde werden es nun natürlich nicht schaffen, einfach talauswärts zu fahren – zu verlockend ist es für sie, näher an die Zillertaler Eisriesen heranzukommen. Die Skifahrer unter ihnen werden sich die Gelegenheit nicht entgehen lassen, dem Sommerskigebiet am Hintertuxer Gletscher unterm Olperer (3476 m) einen Besuch abzustatten. Die anderen werden in einen der drei übrigen Zillertaler «Gründe» hineinfahren: in den Zemmgrund zum Schlegeisspeicher (1805 m), in den Stillupp Grund zum Stillupp Speicher (1116 m) oder in den Zillergrund, aus dem die Ziller kommt.

Wir jedoch fahren durch die topfebenen Wiesen des breiten Zillertales hinaus nach Straß und hinüber in das mittelalterliche Rattenberg, das ehemals der Grenzort zwischen Bayern und Tirol war. Von der ursprünglich von den Bayern gebauten, von den Tirolern aber immer wieder eroberten Burg ist zwar nur noch eine Ruine erhalten, das Städtchen aber mit seinen wohlerhaltenen Bürgerhäusern aus dem 15. und 16. Jahrhundert lohnt einen Besuch allemal. Dabei darf auch ein Blick in die Pfarrkirche nicht vergessen werden. Diese spätgotische Hallenkirche hat – wie die Pfarrkirche von Hallstatt – zwei Schiffe und zwei Chöre. Die nördliche Hälfte war den Bürgern, die südliche den Bergleuten vorbehalten.

In Wörgl biegen wir in das freundliche Brixen-Tal ab. Hier finden sich besonders schön die für die ganze Gegend charakteristischen Einhöfe mit Mittelflur. In Hopfgarten wie in Brixen können wir schöne Rokoko-Kirchen besichtigen. Noch verlockender aber dürfte eine Fahrt mit dem Lift auf die Hohe Salve (1829 m), von Hopfgarten aus sein. Von ihr haben wir nicht nur einen besonders schönen Blick auf die Nordseite der Kitzbüheler Alpen, sondern auch inntal-aufwärts gegen Rofan und Karwendel, und den Wilden Kaiser haben wir gegen Norden als direktes Gegenüber.

Natürlich versäumen wir es auch nicht, dort oben der Kapelle des Hl. Johann einen Besuch abzustatten. Sie stammt aus dem Jahre 1612 und hat einen Hochaltar aus dem ausgehenden 17. Jahrhundert.

Bis Kitzbühel zurück sind es schließlich noch knapp 20 Kilometer.

Im Zillertal findet sich dem Urlauberstrom zum Trotz noch mancher unverfälschte, alte Bauernhof. Dieser steht bei Hintertux (Bild rechts).

Rattenberg am Inn ist ein noch ganz mittelalterliches Städtchen an der früheren Grenze zwischen Tirol und Bayern. Seine Burg hatten die Bayern gebaut und die Tiroler gestürmt (Bild oben).

Das liebliche Brixen-Tal und die Rokokokirche von Hopfgarten sind im schönsten Einklang. Die ursprünglich gotisch angelegte Kirche wurde 1758 begonnen. Im Innern sind eindrucksvolle Deckengemälde zu sehen (Bild links).

In drei Kaskaden stürzt das Wasser von zwölf Gletschern als Krimmler Ache zu Tal. Der Wasserfall ist über eine vorbildliche Steiganlage sehr gut zugänglich (Bild rechts).

12 Über den Paß Thurn auf die Gerlos Platte

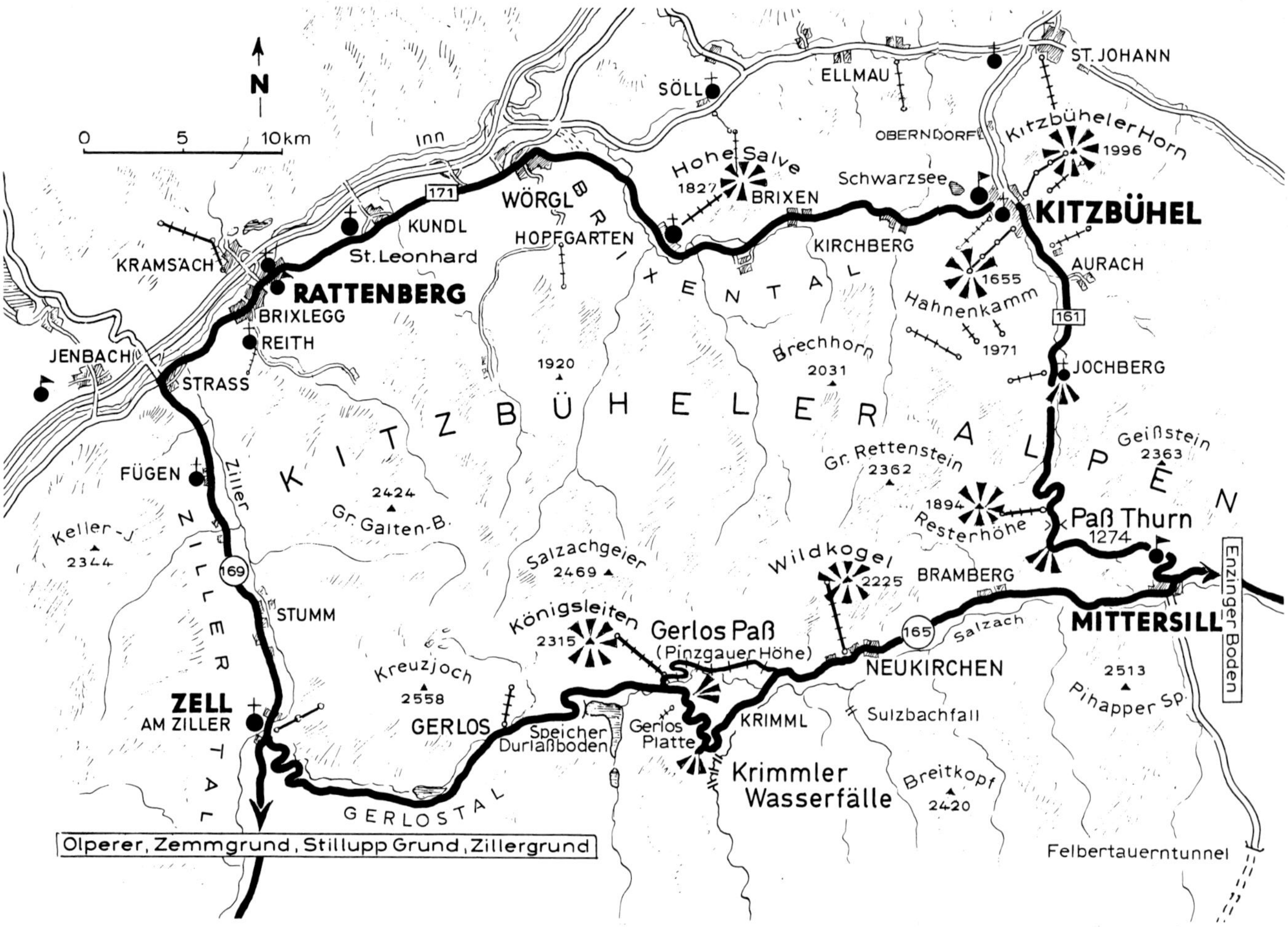

Technisches

Paß Thurn: Entfernung von Kitzbühel 18 km; Paßhöhe 1274 m. Maximale Steigung auf der 511 m ansteigenden Straßennordseite 8%; die Südrampe überwindet auf 10 km 483 Höhenmeter und hat maximal 7% Steigung. Die Straße ist ganzjährig befahrbar, mautfrei und für Caravans geeignet.

Gerlosstraße: Die Gerlos-Bundesstraße (B 165), mautfrei, ist zwischen Krimml und der Abzweigung Gerlos Platte schmal, kurvenreich und in keinem sehr guten Zustand. Dafür ist sie mautfrei. Im Winter und bei Lawinengefahr ist dieses Stück gesperrt. Bequemer zu fahren und vor allem auch aussichtsreicher ist die von der Großglockner Alpenstraße AG betriebene Mautstrecke. Sie ist 17 km lang, weist eine maximale Steigung von 9% auf, ist ganzjährig geöffnet und für Caravans verboten.

Sehenswürdigkeiten

Kitzbühel: Pfarrkirche von 1435, 1785 barockisiert. Im Chor Fresken aus dem 15. Jahrhundert, der Hochaltar ist von 1663. Im Heimatmuseum, untergebracht im alten Getreidekasten, findet sich Tiroler Volkskunst.

Krimml: Bedeutendste Wasserfälle der Ostalpen. Das Wasser von 12 Gletschern stürzt in drei Stufen über insgesamt 400 Höhenmeter zu Tal.

Zell am Ziller: Die Pfarrkirche, von der nur der Turm noch aus der Gotik stammt, ist wegen ihres kreisrunden Mittelraumes interessant. Er ist mit einer mächtigen Kuppel überwölbt. Sie wurde 1779 mit einem prächtigen Kuppelfresko geschmückt.

Rattenberg: Mittelalterliches Städtchen, wie es sich sonst kaum irgendwo in Österreich erhalten hat. Die behäbigen Bürgerhäuser mit schönen Erkern und breiten Portalen stammen zum Teil noch aus dem 15. Jahrhundert. Die Pfarrkirche wurde 1443 erbaut. Von der alten Grenzburg, die im 11. Jahrhundert von den Bayern errichtet worden war, ist nur noch die Ruine erhalten.

Kundl: Die Wallfahrtskirche St. Leonhard auf der Wiese geht auf eine Stiftung von Kaiser Heinrich II. zurück. Sie wurde 1020 geweiht. Zwischen 1480 und 1512 entstand, was heute zu sehen ist. Eindrucksvoll die spätgotische Deckenbemalung (um 1520) und die auf 1481 datierte Steinfigur des Hl. Leonhard.

Möglichkeiten für zusätzliche Unternehmungen

Mittersill: Abstecher über Uttendorf zum 24 km entfernten Enzinger Boden. Von dort Fahrt mit der Seilbahn zum Tauernmoossee (2023 m) und zur Rudolfshütte am Weißsee (2352 m). Von dort prächtige Ausblicke auf die Hohen Tauern.

Neukirchen am Großvenediger: Fahrt mit dem Sessellift auf den 2099 m hohen Bergerkopf. Von dort in einer halben Stunde zu Fuß auf den 2227 m hohen Wildkogel, den berühmten Aussichtsberg im oberen Pinzgau. Er bietet ein fast ungehindertes 360°-Panorama.

Zell am Ziller: Von Hippach aus Fahrt über die Zillertaler Hochalmenstraße bis in 2050 m Höhe. Die Straße schlängelt sich an den Osthängen der Tuxer Alpen entlang und bietet für passionierte Bergfahrer eine 50 km lange Genußfahrt mit wunderschöner Aussicht.

Kartenempfehlung

Österreichische Karte 1:50 000, Blätter 122, 151, 150, 120, 121

Münchner Hausberge auf Schleichwegen

13

Das Rofan ist zwar ein kleines, dafür aber hochinteressantes Gebirge. Gut 1700 Höhenmeter ragt es über die Furche des Inntales auf. Besonders morgens verbirgt sich der Inn häufig im Dunst.

Da es durchaus Münchner gibt, die auch noch das Kitzsteinhorn als einen ihrer Hausberge ansehen, vorweg eine Lagebeschreibung: Gemeint sind jene waldreichen Vorberge und ersten Felsbastionen im bayerisch-tiroler Grenzgebiet zwischen Achensee und Achenpaß im Westen und dem Ursprung Paß im Osten. Dazu gehören im Norden so berühmte Berge wie der Wallberg, die Rotwand oder der Wendelstein. Im Süden, hoch über Achensee und Inntal, sind es die wilden Zacken des Rofan, dessen Name nicht umsonst vom lateinischen «ruina» stammt: Wuchtige Wände aus hellgrauem Kalk mit tiefen Scharten zwischen den einzelnen Gipfeln sorgten schon zur Römerzeit für diesen Namen.

Dennoch sind es Vorberge, auch wenn man auf dem Vorderen Sonnwendjoch (2224 m) gut 1700 Höhenmeter überm Inntal wie auf einem Götterthron sitzt, auch wenn der Wallberg und der Wendelstein Aussichtsbalkone sind, die selbst in hochalpinen Regionen ihresgleichen suchen. Entsprechend ist auch der Charakter einer Fahrt durch und um diese Berge. Der Achenpaß ist lediglich 940 m, der Ursprung Paß nur 849 m hoch. Den höchsten Punkt erreichen wir am Spitzing Sattel in 1128 m. Doch lassen wir uns nicht täuschen: Weder die Straße in die Valepp noch die Verbin-

Von der Erfurter Hütte blickt man über den Achensee weit ins Karwendel hinein (Bild rechts).

dung von Brandenberg nach Steinberg sind breit ausgebaute Schnellstraßen. Die erste ist eine schmale Forststraße, die zweite ein Holzfuhrweg, bei dem auch schon einmal ein Weidegatter geöffnet (und bitte auch wieder geschlossen) werden muß.

Günstiger Startort ist Rottach-Egern am Südzipfel des so malerisch gelegenen Tegernsees. An seinen Ufern gefiel es schon den mittelalterlichen Mönchen. Bereits im 11. Jahrhundert hatten hier die Benediktiner eines der bedeutendsten Kulturzentren Europas gebildet. Schreibkunst und Buchmalerei erreichten unter ihrer Regie absolute Höhepunkte. Und Moderne taten es ihnen nach: Ludwig Thoma lebte hier von 1908–1921. Sein Grab ist, wie das von Ludwig Ganghofer (†1920), Heinrich Spoerl (†1955) und Olaf Gulbransson (†1958), im Friedhof von Egern zu finden.

Mitten in Rottach halten wir uns links und vertrauen uns dem Forststräßchen in die Valepp an. Nach Enterrottach sind wir schlagartig mit der kleinen Rottach allein. Hinter den Wiesen der Sutten, am Wechsel, überfahren wir den ersten «Paß» dieses Tages (1013 m) und haben nun wiederum ein Bächlein neben uns, das in unserer Fahrtrichtung fließt: die Weiße Valepp. Über der Blauwandhütte schauen die mächtigen Wände des Bayerischen und des Österreichischen Schinders aus dem Wald, kurz darauf kommt die Einmündung der Roten Valepp und damit die Abzweigung zum Spitzing See.

Glücklicherweise verlegen die Münchner nur an Winterwochenenden ihren Stadtverkehr an den hübsch gelegenen See vor dem Spitzing Sattel. Wohl ist es auch im Sommer hier nie still, ein beschaulicher Spaziergang am See aber ist noch immer möglich. Die Auffahrt mit der Seilbahn zum Taubenstein (1694 m) eröffnet bequeme Wandermöglichkeiten nordwärts zum Jägerkamp oder südwärts zur Rotwand. Auf der Westseite bietet die Stümpflingbahn Aufstiegshilfe für einen Spaziergang hinüber zur First Alm oder zur Brecher Spitze (1685 m) an.

Wer die Parade der schönsten oberbayerischen Bauernhöfe abnehmen möchte, macht von Aurach aus einen Abstecher nach Fischbachau und Dürnbach, besucht das alte Wallfahrtskirchlein in Birkenstein und läßt sich dann vielleicht zu einer einsamen Wanderung auf den weniger besuchten Breitenstein (1623 m) verführen. Wer lieber mit der Seilbahn fährt und «prominente» Berge vorzieht, fährt bis Osterhofen und benutzt die Bahn auf den Wendelstein (1838 m), um Oberbayern von oben zu studieren.

Aus dem Talkessel von Bayrischzell führt die Deutsche Alpenstraße zum Sudelfeld hinauf. Ausblicke hinüber zum Kaiser und der Wasserfall beim Tazelwurm winken als Belohnung für die Auffahrt. Wir halten uns wieder rechts und fahren durch weitläufige Wälder hinauf zum Ursprung Paß (Grenze). Kurz hinter Landl folgen wir dem Wegweiser nach Hinterthiersee, damit wir den Blick von oben auf den Thiersee mit dem Wilden Kaiser als Hintergrund gewinnen.

Kufstein mit seiner imposanten Festung aus dem 12. Jahrhundert liegt schlagartig vor uns, wenn wir vom Thiersee hinunterfahren. Wer auf die Besichtigung der Heldenorgel im Bürgerturm und des Heimatmuseums verzichtet, fährt schon bei der ersten Abzweigmöglichkeit rechts und folgt kurz darauf dem Wegweiser nach Mariastein. Unterm Pendling schlängelt sich ein schmales Sträßlein in die Wiesen und unter die Felshänge. Kurz vor Langkampfen sind links die Segelflieger zu Hause. Wer schon lange einmal «in die Luft gehen» wollte – hier sollte er seinen Traum wahrmachen.

Die Fahrt geht weiter auf dem schmalen Mittelgebirgsstreifen oberhalb des Inntals, über den bis ins 16. Jahrhundert die einzige Straße von Innsbruck nach Rosenheim führte. Hier überrascht uns eine der interessantesten Kultstätten der Alpen, die Wallfahrtskirche Mariastein. Sie versteckt sich in einem 42 m hohen Bergfried auf einer 12 m hohen senkrechten Felsnase. 1630 errichteten die in Schwaz sitzenden Ritter von Freundsberg die Burg zur Überwachung des Verkehrs. Schon um 1450 entstand die aus Holz geschnitzte thronende Madonna mit Kind, und schon damals fand das Gnadenbild seinen heutigen Platz im obersten Geschoß des Turmes.

Wer die Kapelle besuchen möchte, darf sich zunächst im Treppensteigen üben. Immerhin 150 Stufen sind in dem fünfeckigen, verwinkelten Turm zu bewältigen. Da aber auf halber Höhe auch noch der älteste Kapellenraum und darüber der Rittersaal mit einer Kassettendecke aus der 2. Hälfte des 16. Jahrhunderts zu entdecken sind, vergißt man die Anstrengung. Im Rittersaal ist heute eine kleine Schatzkammer untergebracht. Hier findet sich ein gemaltes Evangelienbuch von 1602, ein seidengesticktes Meßgewand von 1610 und die Landesinsignien Szepter und Tiroler Erzherzogshut. Ein Stockwerk höher betreten wir die Kreuzkapelle mit gotischer Kassettendecke (um 1540). Und noch ein weiteres Stockwerk höher kommen wir schließlich in die eigentliche Wallfahrtskirche.

In Breitenbach fahren wir hinter der Kirche wieder rechts, bis kurz hinter Mosen der Reinthaler See aufblitzt. Vorbei am Krumm See kommen wir nach Achenrain und zur Abzweigung der Straße nach Brandenberg hinauf. Nach dem weiten, sonnigen Wiesenplateau wird es noch einmal eng. Ein kurzes Stück folgt der Weg der Brandenberger Ache, bis wir am Pinegg der Abzweigung zur Erzherzog-Johann-Klause folgen können. Unmittelbar danach zweigt unser weiterer Weg in Richtung Steinberg ab. Zwei einzelne Höfe noch, und die Welt scheint förmlich aufzuhören.

Aber keine Sorge, es kommt zwar manches scharfe Eck, und manchmal geht es auch neben dem Weg recht steil zu der tief unten rauschenden Steinberger Ache hinunter – aber immer führt der Weg weiter und überrascht mit stets neuen, wunderschönen Ausblicken auf die Zinnenmauer des Rofan. Hier muß man im Herbst fahren, wenn die ersten Blätter gefallen sind, der Blick durch vergoldete Rahmen geht und die leuchtenden Kalkzacken vor unendlich tiefem Blau stehen!

Unverhofft kommen wir doch noch wider Erwarten hinaus nach Steinberg, haben wieder eine «normale» Straße und versäumen es nicht, ab und zu nach rückwärts zu schauen. Dort nämlich ragt als stolzer Hexenzahn die Guffert Spitze (2195 m) einsam aus den waldigen Hügeln und strahlt in der Abendsonne. Bei Achental schließlich treffen wir auf die Bundesstraße, über die wir in einer halben Stunde wieder am Tegernsee sein können.

Burg Mariastein, ein fünfeckiger Wohnturm aus dem 14. Jahrhundert, birgt im obersten Geschoß eine Gnadenkapelle mit einer geschnitzten Muttergottes von 1470 (Bild links Mitte).

Schloß an der Tür zum Rittersaal in Mariastein (Bild links unten).

Auf ihrem Weg nach Süden hat die Brandenberger Ache die Kaiserklamm geschaffen (Bild unten).

13 Münchner Hausberge

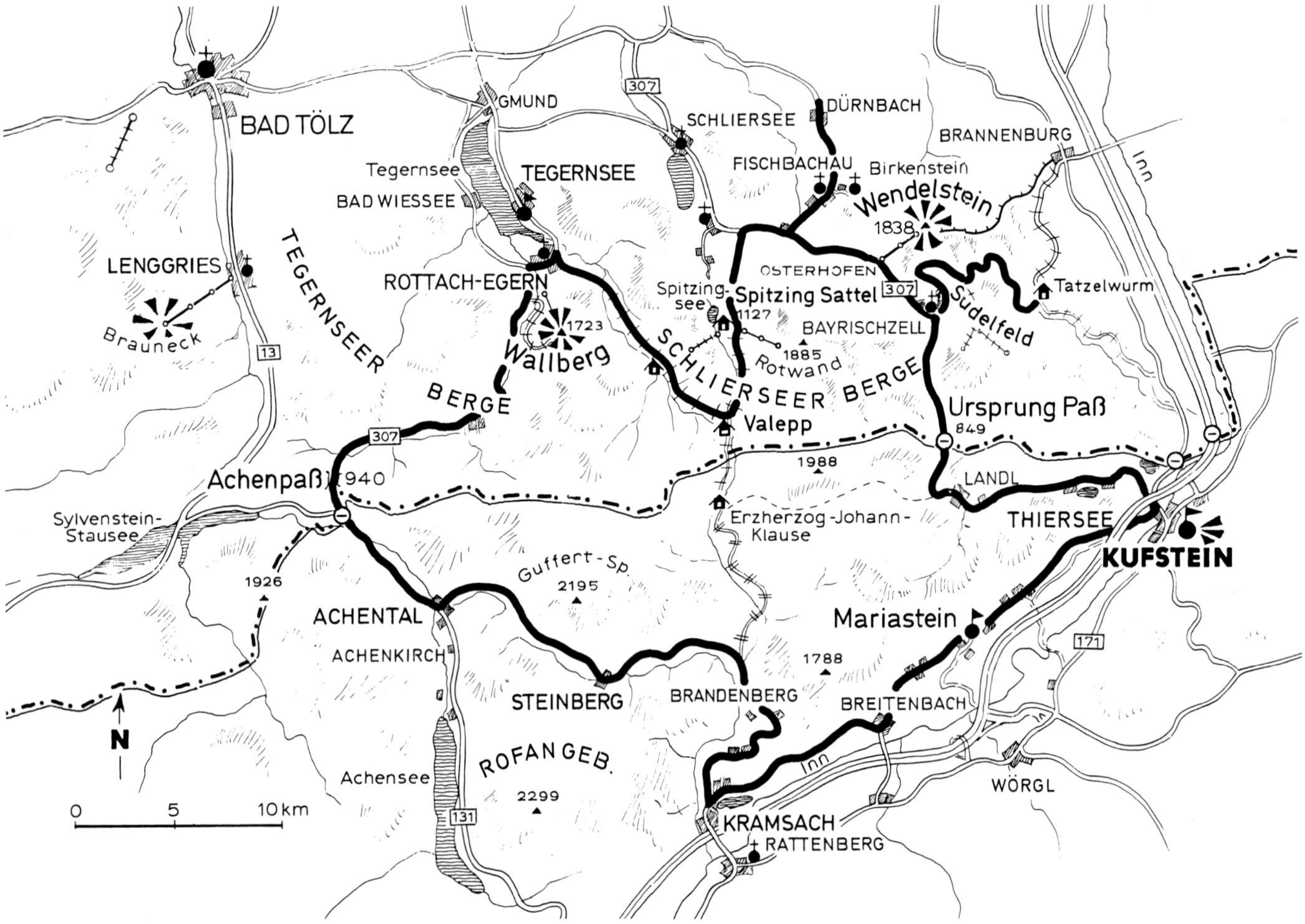

Technisches

Spitzing Sattel: Der 1127 m hohe Paß ist nur auf der Nordseite ganzjährig befahrbar. Dort ist die Straße mit einer maximalen Steigung von 15% gut ausgebaut und mautfrei. Die Zufahrt von Rottach-Egern ist vom 1. 5. bis 31. 10. geöffnet, hat im ersten Stück bis zu 13% Steigung, ist meist einspurig, aber mit ausreichenden Ausweichen. Für Caravans ist dieses Stück (mautpflichtig) nicht geeignet.

Ursprung Paß: Die 849 m hohe Verbindung zwischen Tirol und Bayern ist immer dann der geeignete Schleichweg, wenn in Kufstein an der Grenze «nichts mehr geht». In der übrigen Zeit ist es ein einsamer Übergang mit maximal 15% Steigung, der ganzjährig geöffnet ist. Auch mit Caravans kann er befahren werden. Westlich von Landl zweigt eine 6 km lange Stichstraße ab, die zu der Sonnwendalm (1400 m) führt. Diese Stichstraße hat maximal 16% Steigung, ist vom 1. 5. bis 31. 10. geöffnet und kostet Maut.

Verbindung Oberberg–Steinberg: Der 1013 m hohe Übergang ist eine wenig ausgebaute und auch nicht asphaltierte Forststraße, die in der schneefreien Zeit mautfrei befahren werden kann. Die maximale Steigung beträgt 20%. Mit Caravans ist diese Strecke nicht befahrbar.

Achenpaß: Der 940 m hohe, gut ausgebaute Paß ist Teil der Deutschen Alpenstraße, weist eine maximale Steigung von 14% auf, ist mautfrei und ganzjährig befahrbar. Für Caravans in der schneefreien Zeit geeignet.

Sehenswürdigkeiten

Tegernsee: Die heutige Pfarr- und ehemalige Benediktinerklosterkirche stammt aus den Jahren 1684–89. Die Stukkaturen und Fresken schuf H.G. Asam, die charakteristische Doppelturmfassade wurde von L. v. Klenze 1817 neu gestaltet. Besonders schön die Benediktus-Kapelle.

Kufstein: Auf dem Felsen am Inn stand schon im 12. Jahrhundert eine Burg, die das damals bayerische Städtchen sicherte (Bayerisches Stadtrecht von 1393). Erst 1504 wurde Kufstein von Maximilian I. für Tirol erobert. 1703 brannten die Bayern dafür Stadt und Burg nieder. Dennoch stammen noch weite Teile der heutigen Burg (Bürgerturm, Kaiserturm) aus den Jahren 1505–22. Der tiefe Brunnen zum Grundwasserspiegel entstand 1546. Sehenswert die Heldenorgel und das Heimatmuseum.

Mariastein: Fünfeckiger Wohnturm, um 1350 durch die Ritter von Freundsberg errichtet. In den beiden obersten Geschossen sind die Kreuzkapelle und ganz oben die Wallfahrtskapelle untergebracht. Im Rittersaal ist nicht nur der Tiroler Erzherzogshut, 1602 von Erzherzog Maximilian III. gestiftet, sondern auch eine Kassettendecke aus der 2. Hälfte des 16. Jahrhunderts zu bewundern.

Möglichkeiten für zusätzliche Unternehmungen

Rottach-Egern: Fahrt mit der Seilbahn auf den Wallberg. Von der Bergstation (1615 m) in knapp 30 Minuten auf den 1723 m hohen Gipfel, von dort prächtige Aussicht auf ganz Oberbayern.

Osterhofen: Fahrt mit der Seilbahn auf den 1838 m hohen Wendelstein, von dort ebenfalls ungehinderte Aussicht nach Norden.

Kramsach: Fahrt mit der Sesselbahn auf den 1800 m hohen Roßkopf, von dort ausgedehnte Wandermöglichkeiten im Rofan, etwa auf das Vordere Sonnwendjoch mit prächtiger Aussicht auf die Zillertaler Alpen und die Hohen Tauern.

Kartenempfehlung

Österreichische Karte 1:50000, Blätter 88, 89, 120, 119

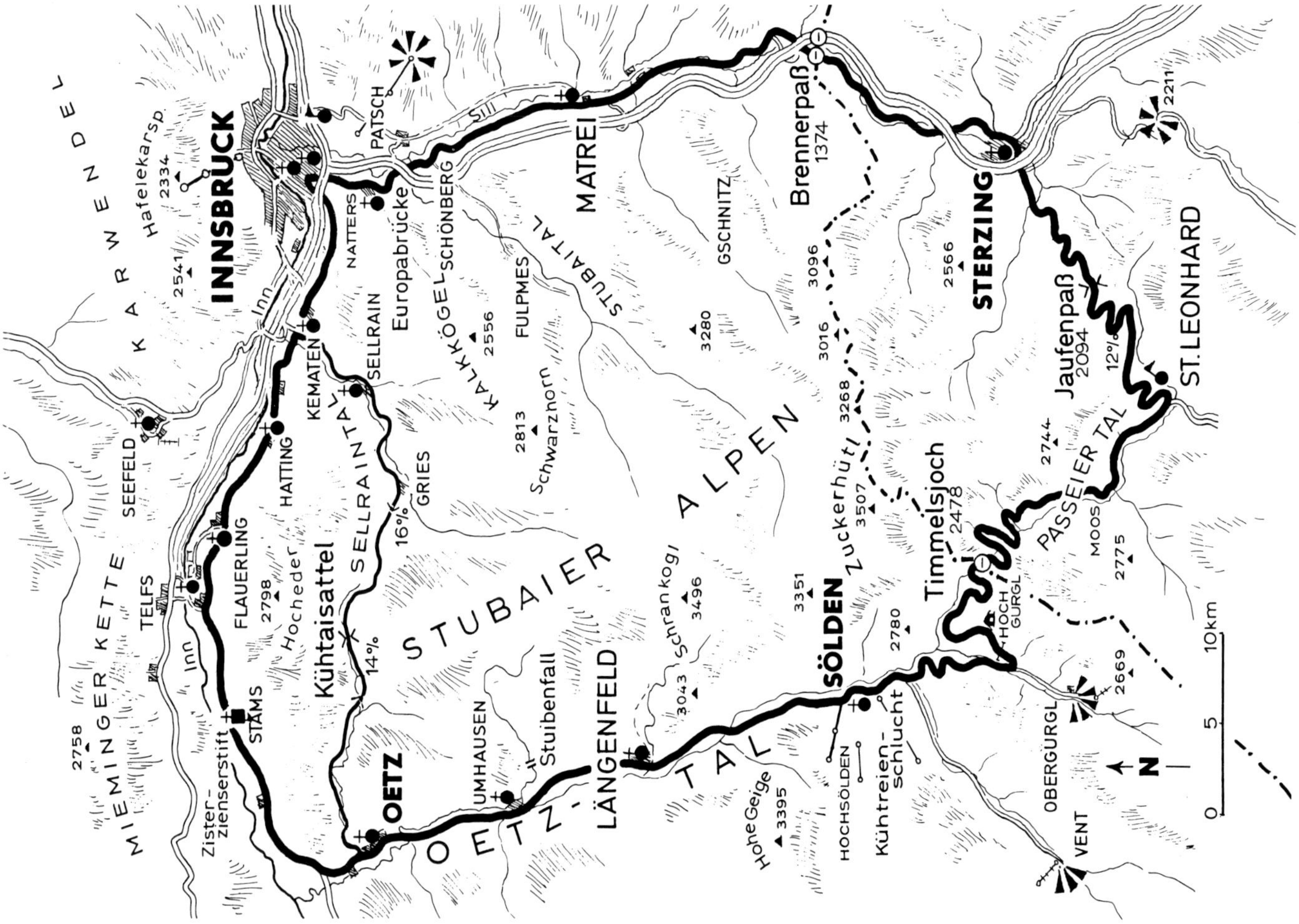

Technisches

Kühtai: Der 2017 m hohe Sattel ist von Zirl 27 km und von Ötz 18 km entfernt und ganzjährig geöffnet. Die maximalen Steigungen betragen 16% und 14%. Für Caravans nicht geeignet.

Timmelsjoch: Die Straße von Ötz durch das Ötztal bis Obergurgl (1927 m) ist 50 km lang und ganzjährig geöffnet. 2 km vor Obergurgl zweigt die Timmelsjochstraße ab. Sie ist in der Regel vom 1. 6. bis 15. 10. geöffnet und bis zur Paßhöhe (2478 m) mautpflichtig. Die Entfernung Obergurgl–Joch beträgt 13 km bei einer maximalen Steigung von 12%, die Entfernung Joch–St. Leonhard i.P. beträgt 31 km bei einer maximalen Steigung von 13%. Für Caravans nicht geeignet, ab Grenze nach Süden Anhängerverbot.

Jaufenpaß: Die Strecke von St. Leonhard i.P. (693 m) zum Paß (2094 m) und hinunter nach Sterzing (948 m) ist 39 km lang und weist eine maximale Steigung von 12% auf. Sie ist in der Regel vom 1. 5. bis 15. 11. geöffnet, kostet keine Maut, hat aber absolutes Anhängerverbot.

Brenner: Wahlweise Autobahn (auf beiden Seiten mautpflichtig, 50 km) oder Bundesstraße (mautfrei, 53 km) über den 1374 m hohen Paß. Beide Straßen sind ganzjährig geöffnet und für Caravans geeignet.

Sehenswürdigkeiten

Flauerling: Pfarrkirche mit Grabstein von Hofkaplan Ris, Flügelaltar in der Riskapelle.

Stams: Zisterzienserstift, das 1273 von Meinhard II., Graf von Tirol, und Elisabeth von Bayern gestiftet wurde. Der größte Teil der Anlage entstand gegen Ende des 17. Jahrhunderts. Prunkstück der 1284 geweihten Klosterkirche ist der 1613 entstandene Hochaltar.

Längenfeld: An der 1303 erstmals erwähnten und später noch mehrmals umgebauten Pfarrkirche der Hl. Katharina ist an alter Bausubstanz noch der gotische Turm und das ebenfalls gotische Westportal erhalten. Spätgotisch ist auch das kleine, der Hl. Dreifaltigkeit geweihte Kirchlein am Kropfbühel.

St. Leonhard: Unterhalb des Dorfes der Hof des Sandwirtes Andreas Hofer mit der Jahreszahl 1698 und einer goldenen Krone über der Tür. 1767–1809 lebte hier der streitbare Wirt und Viehhändler, bis er am 28. Januar 1810 von den Franzosen gefangen und dann in Mantua füsiliert wurde.

Sterzing: Heimeliger Markt mit Häusern aus dem 15. und 16. Jahrhundert. Der im Renaissancestil getäfelte Ratssaal ist städtisches Museum mit dem «Lusterweibchen» als Glanzstück. Die Reste des berühmten Multscher Altares, der zwischen 1456 und 1459 entstanden ist, sind im Spitalsgebäude zu sehen. Den zwölf Meter hohen Flügelaltar schmückten einst nicht weniger als 35 Bildwerke.

Möglichkeiten zu zusätzlichen Unternehmungen

Sölden: Fahrt über die 13 km lange Gletscherstraße bis zur Zunge des Rettenbachfernerss. Die Straße ist mautpflichtig und führt zu einem beliebten Sommerskigebiet.

Schönberg: Fahrt durch das 32 km lange Stubaital zur Talstation der Stubaier Gletscherbahn (1728 m). Sie führt in 2 Sektionen zur 2895 m hohen Bergstation Eisgrat und damit mitten hinein in die Stubaier Gletscherwelt (Sommerskigebiet). Die Straße ist mautfrei und während der Betriebszeit der Bahn geräumt.

Kartenempfehlung

Österreichische Karte 1:50 000, Blätter 146, 173, 174, 175, 148

Um die Stubaier Alpen herum

14

«Über die höchsten Gebirge geht ein Weg wie in der Stube. Alle halben Stunden sieht man ein großes Wirtshaus, wo auch kein Dorf ist, an dem Fuß erschrecklich schöner Berge, wo Sauberkeit und Überfluß regiert. Betten sind allenthalben so viel man haben will, und allenthalben wird man mit silbernen Messern und Gabeln bedient.» Wer dieses Schlaraffenland wo entdeckt hat? Kein Geringerer als der Kunsthistoriker Johann Joachim Winckelmann war es, der im Oktober 1755 auf der Fahrt nach Rom über den Brenner reiste und so von seiner Reise berichtete.

Sicher werden nicht alle seine Zeitgenossen diese Ansicht geteilt haben, gab es doch damals noch Widernisse aller Art auf der zehnstündigen Strecke von Innsbruck nach Sterzing. Dennoch stimmt natürlich eines: Der Brenner ist mit seinen 1374 m Höhe der tiefste Einschnitt im gesamten Alpenhauptkamm, damit der einfachste Übergang und deshalb wohl auch einer der ältesten. Schon die Illyrer hatten zwischen ihren beiden Stämmen, den Venosten im Vintschgau und den Breonen im Inntal einen Saumpfad als ersten Verkehrsweg «gebaut». Den Römern war der Paß willkommenes Ausfallstor für die Eroberungszüge nach Norden. Bei der Errichtung der Provinz Rätien wurde der inzwischen zum Karrenweg ausgebaute Paß, Teil der Römerstraße von Augsburg nach Aquileja, die wichtigste Nachschublinie. Noch heute künden Meilensteine und Reste der Geleisestraße von dieser ersten «Verkehrsspitze» am Brenner.

Im Mittelalter wurde der Paß zur Reise- und Heerstraße von Kaisern und Königen (allein über 60mal zogen Könige hinunter und kamen als gekrönte Kaiser zurück). Die Kreuzfahrer zogen ebenso über ihn wie die Rompilger oder später die Kunstfreunde, die seit der Renaissance die Kunstwerke Italiens entdecken wollten. Nicht unterschlagen werden sollen dabei aber auch die endlosen Wagenkolonnen und Tragtierkarawanen, die von altersher den Frachtverkehr über den Paß bewältigten und erst in der Mitte des vorigen Jahrhunderts ihre wirtschaftliche Basis an die Eisenbahn verloren.

Heute tragen gleich drei Verkehrswege (Autobahn, Bundesstraße und Eisenbahn) der Bedeutung dieses Verbindungsweges zwischen Nord und Süd Rechnung. Gäbe es die vom Zoll verursachten, häufigen Stauungen nicht, man könnte besonders bei der Fahrt über die Autobahn übersehen, daß man überhaupt einen Paß gefahren ist.

Das passiert sicher keinem, der die Fahrt über Österreichs ältesten mit der über seinen jüngsten Paß verbindet. Auf dem 2483 m hohen Timmelsjoch, der hochalpinen Grenze zwischen Stubaier und Ötz-

taler Alpen, gibt es keinen Zweifel, wann der höchste Punkt der Fahrt erreicht ist. Auch läßt schon der erste Blick hinunter in die südlichen Tiefen die Frage verstummen, warum erst im September 1965 die letzte Sprengung die Verbindung zwischen der italienischen Süd- und der Tiroler Nordrampe herstellte. Die Schwierigkeiten im Gelände waren einfach zu groß. Inzwischen ist die Südrampe dieser herrlichen Höhenstraße zwar noch keineswegs fertiggestellt, aber doch gut befahrbar, so daß man von Innsbruck aus über das Joch, den Abstieg ins Passeier, den Aufstieg über den Jaufen und schließlich die Fahrt über den Brenner die gesamten Stubaier Alpen umrunden kann (Gesamtstrecke 223 km).

Zur Umrundung starten wir in Innsbruck in westlicher Richtung. Für die Freunde stiller Seitentäler und schmaler Bergstraßen gibt es das kurz hinter Innsbruck abzweigende Sellrain und den 2017 m hohen Kühtai-Sattel mit einer Hotelsiedlung um das ehemalige Jagdschloß Kaiser Maximilians. Das kaiserliche Jagdrevier ist heute durch einen Sessellift erschlossen und mit seinen zahlreichen Bergseen ein beliebtes Wandergebiet. Über die Westrampe kommen wir direkt nach Ötz hinunter.

Gemächlicher kann man die große Stubaier Runde angehen, wenn man dem Inntal bis zur Einmündung der Ötztaler Ache treu bleibt. Wählt man die ganz auf der rechten Talseite gelegene «Dörferlinie», sollte man einen Blick in die Pfarrkirche von Flauerling werfen. Der Grabstein vom Hofkaplan Ris zeugt vom hohen Stand mittelalterlicher Bildhauerkunst, in der Riskapelle ist ein spätgotischer Flügelaltar zu entdecken. Wenig später taucht die imponierende Anlage des Zisterzienserstiftes Stams auf. Die Stiftskirche hat ein gutes Dutzend Altäre, der Hochaltar reicht bis zum Scheitel des Gewölbes.

Erster Ort im mit 60 Kilometer längsten Seitental des Inn ist das dem ganzen Tal den Namen gebende Ötz. Es liegt noch im Bereich saftigster Wiesen und wogender Getreidefelder. Je weiter wir in das Tal hineinfahren, desto schmaler und karger werden diese Talböden, die durch Höhenstufen und Engstrecken voneinander abgesetzt sind. Da es allein vom Talausgang bis Obergurgl im innersten Tal gut 1200 m Höhenunterschied sind, durchfahren wir schon auf dieser Strecke alle Vegetationszonen.

Bevor wir endgültig in die karge Hochgebirgsregion hinauffahren, bewundern wir bei Umhausen Tirols höchsten Wasserfall, den 150 m hohen Stuibenfall. Etwas westlich von Längenfeld wartet am Kropfbühel die Dreifaltigkeitskapelle auf einen Besuch. Das 1661 erbaute Kirchlein mit seinem achtseitigen Helm ist ein gutes Beispiel für spätes gotisches Bauen in Tirol. Kostbar sind vor allem die Schnitzereien am Seitenaltar, die aus dem späten 18. Jahrhundert stammen.

Schnee- und Skifans werden in Sölden den Abstecher zum Rettenbachferner machen und das dortige Sommerskigebiet begutachten. Wir fahren durch die Zirben der Kühtreiber Schlucht zum Zwieselstein (1472 m), wo sich das Tal verzweigt (Zwiesel = Astgabel). Den Abstecher nach rechts hinüber nach Vent überlassen wir den Freunden von Steigeisen und Eispickel und fahren hinauf in eines der höchsten Kirchdörfer der Ostalpen, in das Gletscherdorf Obergurgl (1930 m). Sessel- und Schlepplifte nach allen Seiten zeugen vom Betrieb, der hier im Winterhalbjahr herrscht. Eine Fahrt auf die Hohe Mut (2670 m) oder ins Roßkar (2642 m) mit Aufstieg auf den 3060 m hohen Festkogel sollte niemand versäumen.

Die Europabrücke vor der stolzen Serles ist mit 180 m Höhe Europas höchste Autobahnbrücke und gleichzeitig der Beweis, daß moderne Technik sehr wohl vorteilhaft in die Landschaft integriert werden kann.

Die wuchtigen Wände der Kalkkögel überwachen den Eingang zum Stubaital bei Telfes. Schon um die Jahrtausendwende gab es hier eine Pfarrei.

Und dann geht es endgültig hinauf zum Timmelsjoch, dem einzigen gletscherfreien Joch zwischen Brenner und Reschenpaß. Bei Hochgurgl (Hotelsiedlung in 2150 m) genießen wir den Blick zurück auf die hohen Ötztaler. Über den Dächern von Obergurgl blinken die Ferner um den Großen Randkogl. Weiter nach rechts leuchten über Hochsölden die Silberschneide und die Hohe Geige. Über die gut ausgebaute Mautstraße erreichen wir kurz darauf das Joch, das uns mit einer Aussicht über die Sarntaler Berge hinweg bis hinüber zu Schlern, Langkofel und Marmolata überrascht.

Die Fahrt über die noch nicht so gut ausgebaute Südrampe hinunter ins Passeier Tal verlangt einige Aufmerksamkeit, wirklich gefährliche Stellen gibt es jedoch nicht mehr. Dafür um so schönere Ausblicke hinüber zum Hohen First (3405 m) und zum Seewerferner! In St. Leonhard treffen wir auf die von Meran heraufkommende Straße, die über den Jaufen nach Sterzing führt. Je weiter wir über ihre weiten Schleifen hinauffahren, desto mehr weitet sich der Blick zurück über das Passeier Tal und voraus auf die hohen Stubaier. Den schönsten Blick auf sie haben wir von dem nach Westen an den Paß anschließenden Rükken. Die wenigen Aufstiegsminuten sollte niemand scheuen. Erst durch Lärchen-, dann durch dichten Fichtenwald erreichen wir kurz darauf das schöne, beinahe mittelalterlich anmutende Sterzing, dessen Zwöl-

Die Südrampe des Timmelsjoches erschließt die Aussicht auf den Granatenkogel und die Seewerspitze (Bild oben).

Von der Auffahrt zum Jaufenpaß öffnet sich das Passeier Tal mit St. Leonhard. Das Tal ist die Heimat des Landwirtes und Tiroler Nationalhelden Andreas Hofer.

ferturm mit der Sonnenuhr nicht umsonst schon so manchen Bildband zierte. Natürlich lassen wir uns hier weder die prächtigen Fresken an der Spitalskirche noch das berühmte Lüsterweibchen im Rathaus entgehen.

Wer es eilig hat, kann nun natürlich die wenigen Kilometer über die Autobahn nach Innsbruck brausen. Wer es interessanter mag, zuckelt über die alte Bundesstraße, bewundert dann und wann die Kunst der Autobahnbauer, läßt sich von den überraschendsten Ausblicken auf die Stubaier Berge beeindrucken und vom Durcheinander am Brenner selbst nicht ärgern. Spätestens in Matrei ist dann wieder ein Halt fällig. In seiner «Altstadt» (unterhalb der Ortsdurchfahrt) steht die Pfarrkirche, in der Fresken aus dem ausgehenden 15. Jahrhundert entdeckt wurden. Der Schmerzensmann am Hochaltar entstand um 1350.

In Matrei vertauschen wir auch die Bundesstraße mit dem Sträßlein über Ellbögen nach Patsch, das uns mit den schönsten Ausblicken zunächst auf die Ostseite der Stubaier und später auf die südlichste Karwendelkette (die die Innsbrucker Nordkette nennen) belohnt. Von Patsch bewundern wir Europas höchste Autobahnbrücke (180 m hoch bei einer Länge von 850 m), fahren über sie hinüber nach Schönberg und von dort wieder über die Bundesstraße nach Innsbruck. Das bringt uns zweierlei: Zum einen können wir die Kühnheit der Brückenbauer auch noch von unten bestaunen, zum anderen öffnet sich schlagartig der Blick auf die grünen Turmhauben der Stadt im Gebirge, die für sich allein schon immer eine Reise wert ist, auf das heimelige Innsbruck.

Von den Hängen oberhalb von Sterzing sieht man hinüber zum Zinseler, an dessen Nordwesthängen sich die Straße über den Jaufen entlangschlängelt (Bild links).

Sterzing ist berühmt für seine malerischen Gassen und seine Gastlichkeit. Das eine bezeugt der Stadtturm, auf das andere weist der einladende Aushänger des Roten Adlers hin (Bild unten).

Auf der Via Claudia Augusta

15

Strategische Überlegungen der Militärs oder ökonomische Bedürfnisse der Handelsherren waren seit jeher die besten Triebfedern für den Bau befestigter Straßen durch die einst so gefürchteten Berge. So scheuten die Römer vor fast zweitausend Jahren keine Mühe, durch das zwar nicht sehr hoch gelegene, aber dafür äußerst unwegsame Bergsturzgebiet am heutigen Fernpaß eine Nachschublinie für die von ihnen auf der Alpennordseite eroberten Gebiete auszubauen. Genauso wenig scheuten in späteren Jahrhunderten die Kaufleute Mühen und Gefahren des Weges über den Fernpaß, bedeutete er doch zusammen mit dem «Unteren Weg» (= Brenner) oder dem «Oberen Weg» (= Reschen) die kürzeste Verbindung zwischen Augsburg und Venedig.

Der Sicherung des Weges diente schon früh Burg Ehrenberg bei Reutte. Um 1290 errichtet, wurde sie Mitte des 17. Jahrhunderts im Auftrag des Erzherzogs Ferdinand Karl durch den Festungsbaumeister Elias Gumpp ausgebaut. Er fügte Bastionen und Sperrmauern hinzu sowie eine Straßenschanze und begann mit den Forts St. Claudia und Schloßkopf auf den beiden nächsten Kuppen – alles in Dimensionen, als gälte es, die Türken abzuhalten. Dafür dauerte der Traum aber auch nur 100 Jahre; 1782 bereits wurde die Festung aufgegeben und die Bauten versteigert. Heute sind nur noch Ruinen übrig.

Mehr erhalten ist dafür in Reutte. Sein interessantestes Gebäude steht in der Untersteig 1, ist mit reicher Malerei (Figuren und Ornamente) geschmückt und gehörte der im 17. und 18. Jahrhundert hier ansässigen Malerfamilie Zeiller. Am Ober- und Untermarkt stehen stattliche Bürgerhäuser. Neben dem Haus Ehrenheim – hier erinnert ein Bildmedaillon an den Besuch von Papst Pius VI. im Jahre 1782 – bildet der geschwungene Giebel des Gemeindeamtes einen reizvollen Kontrast zu den übrigen Häusern. Recht sehenswert sind auch die Goldene Krone (Kutschenfresko von 1777) und der Schwarze Adler (Auferstehung Christi als Giebelfresko).

Am östlichen Rand des Tales liegt – ein wenig unscheinbar – Breitenwang, die älteste Siedlung in diesem Gebiet und lange der Hauptort des Tales. Seine Pfarrkirche St. Peter und Paul geht auf eine bereits 1094 urkundlich erwähnte Kirche zurück, die zuletzt 1685 umgebaut wurde. In der daran anschließenden Totenkapelle ist eine reliefartige Darstellung des Totentanzes sehenswert. Die alte, den Heiligen Rochus und Sebastian geweihte und 1526 erbaute Kapelle wurde 1954 zwar als Kriegergedächtniskapelle umgestaltet, doch blieb der gotische Charakter unangetastet.

Ein erster Abstecher wäre eigentlich hier in Breitenwang schon fällig. Vorbei

am idyllisch gelegenen Plansee sollten wir zum intimsten Schlößchen des legendären, bayerischen Märchenkönigs fahren, nach Linderhof. Hier fand Ludwig II. sein Refugium in der Einsamkeit, hier ließ sich der Träumer wie Wagners Traumritter Lohengrin beim Mondschein durch die Venusgrotte rudern. Georg Dollmann errichtete Linderhof in den Jahren 1870–79 als eine einmalige Illusion aus Gips und Gold, aus Rosenholz und Elfenbein und gab damit den Träumen seines Königs eine bis heute bewunderte Wirklichkeit.

In Bichlbach sollten wir die auf einem Felsen gelegene, berühmte Kirche St. Joseph besuchen. Die zweigeschossige Kirche entstand 1710 als Zunftkirche der Zimmerleute, besitzt zwei quadratische Räume und darunter zwei achteckige Gruftkapellen.

Kurz nach dem Ort öffnet sich eine neue Welt: Über der topfebenen und nahezu kreisrunden Wiese von Ehrwald ragen die bleichen, senkrecht anmutenden Westwände des Zugspitzmassivs in den Himmel. Ihnen etwas näherzukommen, fahren wir um den Wiesenkessel herum nach Ehrwald.

Hier bieten sich wieder einmal zwei Möglichkeiten: Die Gipfelstürmer werden mit der Tiroler Zugspitzbahn auf den höchsten deutschen Gipfel (der Berg gehört nur zur Hälfte nach Österreich, Ausweis erforderlich!) fahren (2961 m) und von dort bis zur Bernina, zum Glockner und zum Dachstein schauen. Wer lieber zu Fuß geht, wird mit dem Sessellift zur Ehrwalder Alm (1493 m) hinaufschaukeln und gemächlich

Aus der topfebenen Schwemmfläche bei Ehrwald ragen die Westabbrüche des Zugspitzmassivs in den Morgenhimmel.

in knapp 1½ Stunden zum Seeben See (1657 m) hinüberwandern. Von seiner Südseite haben wir einen wunderschönen Blick auf die Wände der Zugspitze und des Wettersteins. Wüßte man es nicht besser, man könnte meinen, die Felsen würden aus dem Wasser wachsen. 250 Höhenmeter und eine knappe Gehstunde weiter oben schließlich gäbe es noch den unter den wuchtigen Wänden des Drachen- und Tajakopfes versteckten Drachensee zu entdecken.

Und dann geht es endgültig hinauf zum Fernpaß und hinein in das in den ganzen Alpen einmalige Bergsturzgebiet, das vor rund einer halben Million Jahren entstand. Riesige Blöcke, seltsame Hügel und romantische Seen in den Vertiefungen zeugen noch von der «Naturkatastrophe», die ihresgleichen sucht. Wer hier oben baden möchte, sollte gleich hinter Biberwier – bis 1810 gab es hier Biber – aufpassen: Hinterm Gasthaus Lärchenheim ist der Zugang zum Mittersee. Er hat als einziger der vielen Seen am Fernpaß erträgliche Temperaturen. Alle anderen sind eher badenden Eisbären vorbehalten.

Der wenig höher liegende Blindsee eignet sich gut als tintenblauer Vordergrund beim Fotografieren der Zugspitze oder des Wamperten Schrofens. Dann können wir die Kamera getrost bis nach der Paßhöhe einpacken. Interessant wird es erst wieder auf der Südseite des Passes, wenn die grünschimmernden Somaranger- und Fernsteinseen auftauchen. Mitten im Fernsteinsee ist auf einem Felsen die Ruine des um 1460 erbauten Jagdschlosses von Erzherzog Sigismund von Tirol übriggeblieben. Ludwig II. hätte daraus nur zu gern noch eine weitere «Zuckerbäckerburg» gebaut, doch weigerten sich die Tiroler, ihm die Ruine zu verkaufen.

Das alte Schloß Fernstein aus dem 13. Jahrhundert diente einst der Kontrolle der 1543 erbauten Straße. Im Schloß sind noch alte Kassettendecken und Freskenmedaillons aus dem beginnenden 18. Jahrhundert zu sehen, in der Kapelle von 1478 ein Altar aus der Mitte des 18. Jahrhunderts.

Wer auf den Spuren des Mittelalters wandeln möchte: An der Paßhöhe zweigt der alte Karrenweg rechts ab (blau markiert), berührt die Kapelle zu den 14 Nothelfern (Altar aus der Mitte des 17. Jh.) und mündet am Schloß Fernstein.

Die nächste Station sollte im schon 763 als «oppidum humiste» belegten Imst sein. In dem hübsch auf der Sonnenseite des Inntales gelegenen Städtchen gibt es prächtige Patrizierhäuser zu sehen. Besonders schön sind das Berggerichtshaus in der Floriangasse 1, das Pfarrhaus und das alte Rathaus (Heimatmuseum). In der mächtigen Pfarrkirche ist von den ursprünglich vorhandenen Fresken leider nur noch ein großer Christophorus (1495) erhalten und in der Friedhofskapelle gibt es ein gotisches Fresko (Michael und Daniel) von 1490 zu entdecken.

Im oberen Teil von Imst schließlich zweigt die Straße zum Hahntennjoch ab. Durch alten Hochwald, aus dem heraus es immer wieder schöne Ausblicke auf das obere Inntal, den Lechtaler Kamm und den Tschirgant gibt, windet sich die schmale Straße mitten in die Lechtaler Berge hinein. Auf dem 1894 m hohen Joch bieten sich nicht nur schöne Einblicke in die Heiterwand und den Sparketgrat, sondern auch ausgedehnte Wandermöglichkeiten.

Vorbei am kleinen Weiler Pfafflar (1357 m) führt die Fahrt durch das romantische Bschlaber Tal hinunter zum jungen Lech, hinunter nach Elmen. Nach Reutte ist es von hier aus nur noch ein Katzensprung, deshalb noch ein Vorschlag für einen kleinen Abstecher: Nur 11 km sind es hinüber nach Elbigenalp, in die älteste Pfarrei des gesamten Lechtales. Besonders sehenswert ist der doppelgeschossige Martinskarner aus der Gotik, dazu vier ebenfalls gotische Fresken und zarte Totentanzbilder von Anton Falger, der letztlich dieses Dorf berühmt gemacht hat und aus dessen Zeichenschule eine Schnitzschule hervorging. Sie hat einen solchen Ruf, daß sogar Schnitzer aus dem Grödner Tal hierher zum Lernen kommen. Der Nachlaß des Künstlers ist im Falger Museum zu besichtigen.

Im Schloß Linderhof fand der bayerische Märchenkönig Ludwig II. sein romantisches Refugium (Bild links oben).

Die Zunftkirche der Zimmerleute in Bichlbach ist eines der ganz seltenen Beispiele für eine Zunftkirche im Alpenraum (Bild links unten).

Einst führte die Straße über den Fernpaß mitten durch die Feste Fernstein (Bild unten).

So malerisch wie der Weißensee sind alle Seen am Fernpaß in den Hochwald eingebettet (Bild folgende Doppelseite).

15 Auf der Via Claudia Augusta

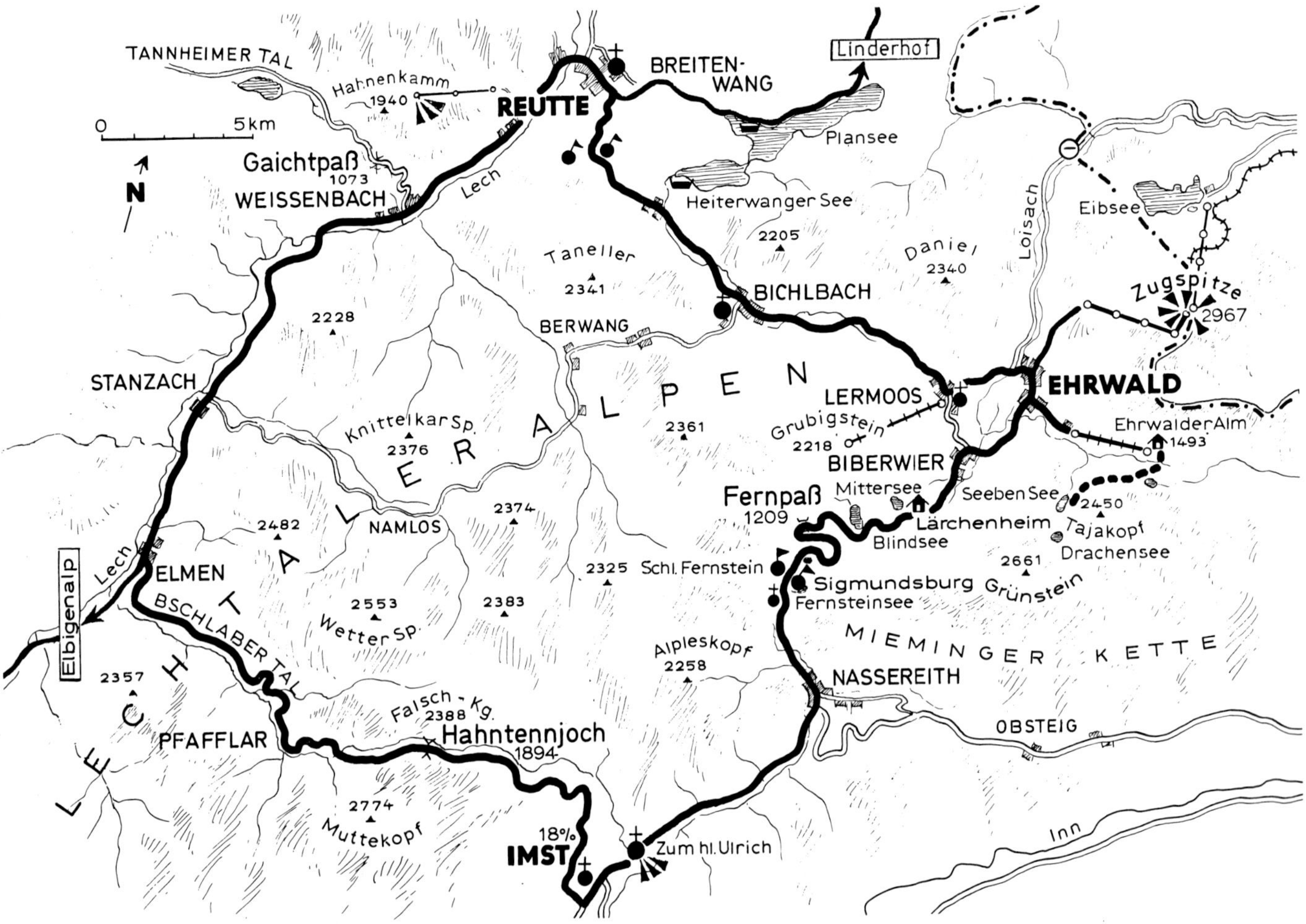

Technisches

Ammersattel: Die Straße von Reutte über den 1118 m hohen Sattel nach Linderhof hat maximal 14% Steigung, ist ganzjährig befahrbar, mautfrei und für Caravans nicht zu empfehlen. Achtung: Der Grenzübergang ist nachts geschlossen!

Fernpaß: Der 1209 m hohe Paß geht auf die alte Via Claudia Augusta zurück, die schon wenige Jahre nach Christi Geburt von den Römern ausgebaut worden war. Heute ist der Übergang als Teil der Route über den Reschenpaß und das Timmelsjoch nach Süden gut ausgebaut. Die Straße hat auf der Nord- und Südseite maximal 8% Steigung, ist ganzjährig befahrbar, mautfrei und auch mit Caravans befahrbar.

Hahntennjoch: Der 1894 m hohe Paß hat durchgehend maximal 11% Steigung, mit Ausnahme eines kurzen Stückes in Imst mit 18%. Neben 14 Kehren gibt es immer wieder unübersichtliche Kurven. Die Straße ist vom 1.6. bis 31.10. geöffnet, mautfrei und für jeglichen Anhänger verboten.

Sehenswürdigkeiten

Reutte: Das Haus an der Untersteig 1 war der Sitz der Malerfamilie Zeiller. Sehenswert auch das Haus Ehrenheim und daneben das Gemeindeamt mit seinem geschwungenen Giebel. An der Goldenen Krone Kutschenfresko von 1777, am Schwarzen Adler Darstellung der Auferstehung Christi.

Breitenwang: In der an die Pfarrkirche angebauten Totenkapelle eindrucksvolle Totentanzdarstellungen.

Linderhof: Lustschloß des bayerischen Märchenkönigs Ludwig II. Es wurde 1870–79 von Georg Dollmann als Rokokoschlößchen gebaut. Besonders im 1. Stock prunkvolle Ausstattung, schöner Park.

Bichlbach: Zunftkirche der Zimmerleute, von Andreas Hofenegger 1710 erbaut. Die Kirche hat 2 quadratische Räume über 2 achteckigen Gruftkapellen.

Imst: Schöne Patrizierhäuser, allen voran das Berggerichtshaus (Floriangasse 1), das Pfarrhaus und das alte Rathaus. In der Pfarrkirche großes Christophorus-Fresko von 1495. In der Friedhofskapelle ein gotisches Wandfresko von 1490. In der Johanneskirche ein frühbarocker Altar von Hans Patsch (1630).

Möglichkeiten für zusätzliche Unternehmungen

Ehrwald: Fahrt mit der Seilbahn auf die Zugspitze (2967 m) oder mit dem Lift zur Ehrwalder Alm (1493 m) oder von Lermoos aus Fahrt mit dem Lift zum Grubigstein Haus und Aufstieg zum 2218 m hohen Grubigstein.

Stanzach: Abstecher in das Namloser Tal, das so abgeschieden war, daß der kleine Weiler Namlos in 1263 m Höhe bei einer frühen kartografischen Erfassung Tirols einfach vergessen wurde. Für Freunde einsamer Bergwege ist die kleine Straße, die mit maximal 20% Steigung nach Bergwang und Bichlbach hinüberführt, eine willkommene Alternative für die Rückfahrt nach Reutte (ohne Caravan).

Weißenbach: Hier zweigt die Straße zum 1073 m hohen Gaichtpaß ab. Über ihn kommt man hinauf ins Tannheimer Tal, zum lieblichen Haldensee und in die Tannheimer Berge. Auf beiden Seiten des Tales gibt es ausgedehnte Wandermöglichkeiten. Mit dem Wagen kann man durch das Vilstal bis zum romantisch gelegenen Vilsalpsee fahren.

Kartenempfehlung

Generalkarte Österreich 1:200 000, Blatt 8

Auf den Arlen Berg

16

Von Graf Hugo von Montfort stammt die Urkunde, mit der zur Zeit der Kreuzzüge Feldkirch eine Kapelle «in St. Marienthal mit dem Walde, der sich an den Arle anschließt» zum Geschenk erhielt. Der Arle aber, der mit Legföhren (= Arle) bewachsene Berg, war nichts anderes als der Berg, von dem der heutige Arlbergpaß seinen Namen hat. Seit 1279 hauste auf der Arlenburg in Nasserein, dort wo heute eine kleine Kapelle übers Tal lugt, Ritter Otto vom Arlen als Wächter über Kreuzfahrer und Pilger. Das unmittelbar benachbarte und heute weltweit bekannte St. Anton dagegen gibt es erst ab 1691, damals nur als kleine Kapelle. Als offizieller Gemeindename wurde es gar erst 1927 «legalisiert».

War der Name Arle schon von altersher nicht auf einen bestimmten Gipfel bezogen, so gilt das heute mehr denn je. Wer heute «an den Arlberg» fährt, kann sein Ziel auch in Zürs oder in Lech haben, auch wenn dann schon die Flexenstraße zusätzlich zu überwinden ist. Zwar gilt der Name nicht mehr ganz so weit wie damals, als er einem ganzen Bundesland den Namen gab, aber das Gebiet um die Valluga gehört ebenso dazu wie der östliche Teil des Quellgebiets vom Lech.

Die heute so blühenden Gemeinden am Arlberg gehen auf uralte Siedlungen der Walser (Lech und Warth) und der Rätoromanen (Zürs) zurück. Kleines und Großes Walsertal gehörten einst zusammen und hatten ein gemeinsames Gericht, das auf dem Tschiergenboden bei Hochkrumbach am Hochtannbergpaß tagte. Herzog Sigismund von Tirol riß 1453 dieses Gericht mit Waffengewalt an sich. 1563 erfolgte schon die Abtrennung des Kleinen Walsertales.

Was über Jahrhunderte als bäuerliches Leben am Arlberg funktioniert hatte, war vor 100 Jahren praktisch am Aussterben. Selbst im Sommer blieben die Feuerstellen kalt, bis Technik und Ski eine rasante Entwicklung verursachten. Zum einen war es der Bau der Eisenbahn durch den Arlberg – am 20. September 1884 weihte Kaiser Franz Joseph den Tunnel auf einer Durchfahrt mit seinem Hofzug ein – und die Fertigstellung der Flexenpaß-Straße (1900 bis Lech). Zum anderen war es die Erfindung des Skilaufens – Pfarrer Müller aus Warth im Lechtal versuchte sich 1890 in der neuen Kunst zwar heimlich, aber dafür als erster. Sehr schnell stellte sich heraus, daß der Arlberg dem Skifahrer nicht nur anderthalb-

Vom Bödele aus sind die Gegensätze des Bregenzer Waldes gut zu überblicken. Rund 1400 Höhenmeter überragt die Kanisfluh den Boden des Bregenzer Achentales.

Blick über den Widderstein nach Süden auf die Almregion um den Hochtannbergpaß mit dem Körbersee.

tausend Höhenmeter hindernisfreie Hänge zu bieten hat, sondern auch noch vom Wetter besonders begünstigt wird: Kaum irgendwo in vergleichbarer Höhe gibt es so viel Schnee wie hier.

Den Arlberg nicht direkt, sondern «hintenherum» anzufahren, lohnt sich wegen der dort versteckten kunsthistorischen und landschaftlichen Schmankerln. Wer von Bludenz aus in Richtung Großes Walsertal startet, findet das erste in Bludesch, einem kleinen Dorf unterm Dünserberg. Die kleine Nikolauskirche ist die älteste Kirche im Walgau. Ihr behelmter Turm mit drei gotischen Schallöchern stammt aus dem 14. Jahrhundert. In der Apsis wurden romanische Freskenreste freigelegt. Sehenswert sind auch die mittelalterlichen Blockbänke und die Fresken im Schiff.

In der alten Walsersiedlung Damüls wartet die 1448 erbaute Pfarrkirche auf einen Besuch. Erst 1952 wurden ihre Fresken freigelegt, mit denen vor über 500 Jahren nahezu die gesamte Kirche geschmückt worden war. Am Chorbogen thront das Jüngste Gericht (Christus hat das apokalyptische Richtschwert im Munde) über dem Chor der Heiligen und dem Höllendrachen mit den Verdammten. An den Seitenwänden Bilderzyklen vom Einzug in Jerusalem bis zum Abstieg zur Vorhölle. Die prächtige Holzkassettendecke stammt aus dem Jahre 1693.

In Au treffen wir auf die Bregenzerwald-Straße, die zum Hochtannbergpaß hinaufführt. Hier war nicht nur um 1600 ein Zentrum der Wiedertäuferbewegung, sondern etwas später auch der Sitz der berühmten Vorarlberger Bauhandwerkerzunft. Ihre Meister schufen in Bayern und in der Schweiz bedeutende Barockbauten. Nur 3 km weiter, in Schoppernau, fahren wir mit dem Lift auf den 2015 m hohen Didamskopf hinauf. Kanisfluh und Hoher Ifen, Widderstein und Braunarl Spitze sowie nahezu der ganze Bregenzer Wald sind von dort oben zu sehen.

Unvermittelt geht es nach Schoppernau wieder in den Wald und in die wildromantische Schlucht der Bregenzer Ache. Hopfreben mit seiner Schwefelquelle lädt zur Trink- oder Badekur ein, danach führt die Straße endgültig wieder hinauf in die Bergregion. Den Auftakt bringt die Tannbergbrücke: Die 100 m lange und 60 m hohe Brücke überwindet die tiefe Schlucht des Seebaches. Danach geht es Kurve um Kurve hinauf, bis wir kurz nach dem Kalbelesee den 1676 m hohen Paß erreichen. Halt machen sollten wir aber an dem kleinen See und den Wanderweg hinüber zum Körbersee genießen. In 45 Minuten erreichen wir den im Naturschutzgebiet Hochtannberg malerisch gelegenen See in 1656 m Höhe.

Der eigentliche Paß ist in weite Wiesenhänge eingebettet, die das nahe Allgäu verraten. Wer mehr davon sehen möchte, braucht lediglich beim Gasthof Adler, kurz hinterm Paß, die Bergschuhe anzuziehen und in zwei Stunden zum 2533 m hohen Widderstein hinaufzusteigen (nicht ohne Ausweis, weil Zollgrenze zum Kleinen Walsertal). Von ihm gibt es eine wunderschöne Aussicht auf das ganze Arlberggebiet, den Allgäuer Hauptkamm und hinunter auf die Streusiedlungen des Kleinen Walsertales, die direkt aus dem Spielzeugland stammen könnten.

In Warth – den Häusern sieht man es an, daß auch hier die Walser zu Hause sind – erreichen wir die Landesgrenze zwischen Vorarlberg und Tirol und die Abzweigung zur Flexenstraße, die das Lechtal mit dem Arlberg verbindet. Kurz darauf erreichen wir Lech, den zweitgrößten Ort im Arlberggebiet, dem heute sicher niemand mehr ansieht, daß vor 100 Jahren niemand mehr ganzjährig dort gewohnt hatte. Von früher Blüte aber zeugt noch die Pfarrkirche St. Nikolaus, deren Schiff und Turm noch aus dem Ende des 14. Jahrhunderts stammen.

In Lech können wir auf zwei Arten in die Berge kommen: Die Gipfelliebhaber fahren mit der Seilbahn auf den Rüfikopf (2363 m) oder zum Zuger Hochlicht (2370 m); die Wanderfreunde finden ein wunderschönes Wanderrevier, wenn sie in Lech die Abzweigung nach Zug nehmen und direkt ins Lechquellgebiet fahren. An der Tannläger Alm (1610 m) geht das Weglein links hinauf zum Spuller See (1827 m). Von dort ist es noch eine knappe Stunde zu Fuß bis zur Ravensburger Hütte unter der Roggalspitze (2673 m) mit ihrer unter extremen Kletterern berühmten Kante. Geradeaus führt der Weg zum fast noch schöneren Formarin See (1789 m). Von der Formarin Alm (1871 m) ist es nur ½ Stunde zur Freiburger Hütte (1918 m) am Rauhen Joch hoch überm Kloster Tal.

Durch das im Sommer fast verlassene Hoteldorf Zürs (1717 m), das ursprünglich eine rätoromanische Siedlung war, erreichen wir wenig später den Flexenpaß (1773 m). Seine «Schokoladenseite» beginnt unmittelbar hinter dem Paß. Hier hat der Stubenbach eine tiefe Schlucht gerissen, die selbst für einen Fußweg zu wild zu sein scheint. Den Straßenbauern blieb denn auch keine andere Wahl, als die Trasse auf weiten Strecken in den Berghang hinein zu legen. Tunnels und Lawinengalerien lassen die Straße deshalb beinahe wie eine militärische Befestigungsanlage aussehen. Durch die «Schießscharten» aber gibt es faszinierende Tiefblicke hinunter ins Klostertal und auf das heimelige Stuben. Vom Parkplatz unterhalb der Lawinengalerien gute Fotografiermöglichkeit.

An der Alpe Rauz wäre es eigentlich schade, direkt in das Klostertal hinunter und nach Bludenz zurückzufahren, wo es doch nur noch 3 km bis auf den Arlbergpaß sind. Ganz knapp unterhalb des Passes liegt das 1386 von Heinrich Findelkind gegründete Hospiz St. Christoph. Von Herzog Leopold hatte das aus Kempten stammende Findelkind zwar die Lizenz, aber kein Geld bekommen. Um sein Hospiz unterhalten zu können, gründete er die St.-Christophorus-Brüderschaft und zog durch ganz Europa, um Spenden zu sammeln. Jeder Spender durfte sich in das Bruderschaftsbuch eintragen. Und so ist es zu erklären, daß darin die bedeutendsten kirchlichen und weltlichen Herren seiner Zeit mit Namen und Wappen verzeichnet sind. Die gewichtigen Bände gehören heute zu den berühmtesten heraldischen Sammlungen.

In St. Christoph versäumen wir natürlich nicht die Gelegenheit, über den Galzig und den Vallugagrat zu dem Gipfel hinaufzufahren, der den gesamten Arlberg beherrscht, die 2808 m hohe Valluga. Sie ist das westliche Bollwerk des gut 60 km langen Gipfelkammes, der das Lechtal gegen Süden abriegelt und ein einzigartiger Aussichtsberg dazu. Nach allen Seiten liegt ein beinahe unendliches Gipfelmeer vor uns, das allenfalls aus dem Flugzeug noch schöner zu sehen wäre.

Von St. Christoph aus können wir über die Westrampe des Arlberges direkt nach Bludenz zurückfahren. Wer auch noch die Ostrampe kennenlernen möchte und die Maut für den Autotunnel nicht scheut, fährt ins mondäne St. Anton hinunter und durch den Tunnel zurück.

Stuben ist auch heute noch das heimeligste Dorf am Arlberg. Das gilt um so mehr, seit der Arlberg-Tunnel die Paßhöhe spürbar entlastet (Bild übernächste Seite).

Um die Flexenstraße wintersicher zu machen, mußte sie auf weiten Strecken in den Berg gelegt oder überdacht werden. Gerade das aber macht die Fahrt besonders interessant.

16 Auf den Arlen Berg

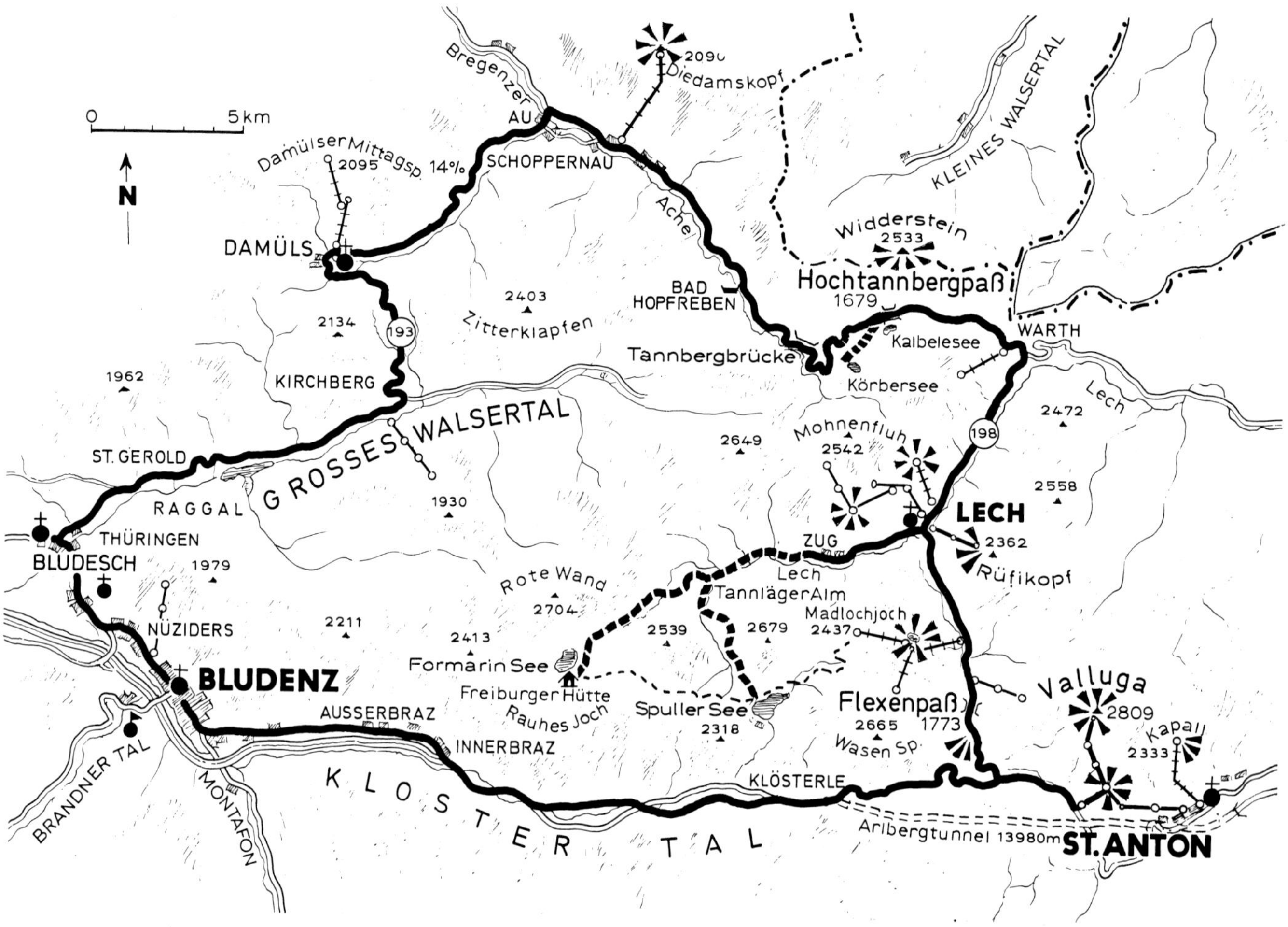

Technisches

Großwalsertal-Straße: Der 1486 m hohe Übergang verbindet den Walgau mit der Bregenzerwald-Straße. Die Steigung beträgt maximal 14%, die Straße ist ganzjährig geöffnet, mautfrei und für Caravans nicht geeignet. Zwischen Damüls und Au für Caravans verboten.

Hochtannbergpaß: Der 1679 m hohe Paß hat auf seiner Westrampe maximal 14%, auf der Ostseite maximal 9% Steigung. Die Straße ist, soweit es Schneelage und Lawinengefahr zulassen, ganzjährig geöffnet, mautfrei und für Caravans nicht geeignet.

Flexenpaß: Der 1773 m hohe Übergang verbindet das Lechtal mit der Arlberg-Straße. Auf der Nordseite hat die Straße maximal 7%, auf der Südseite maximal 10% Steigung. Sie ist, je nach Schneelage und evtl. bestehender Lawinengefahr, ganzjährig geöffnet, mautfrei und für Caravans nicht geeignet. Der Abschnitt Warth–Lech ist besonders im Frühjahr häufig wegen Lawinengefahr gesperrt.

Arlbergpaß: Der 1793 m hohe Paß ist die wichtigste Verbindung zwischen Tirol und Vorarlberg. Die 1884 fertiggestellte Eisenbahnlinie durch den Arlberg (Tunnel zwischen St. Anton und Langen) war bis vor kurzem im Winter oft die einzige Verbindung zwischen den beiden Ländern. Seit Ende 1978 bietet der beinahe 14 km lange Autotunnel (Maut) eine weitere, wintersichere Verbindung. Die Strecke über den Paß hat auf der Westseite maximal 10%, auf der Ostrampe maximal 13% Steigung. Die Straße ist je nach Schneelage und möglicher Lawinengefahr ganzjährig geöffnet, mautfrei und für Caravans bedingt geeignet.

Sehenswürdigkeiten

Bludesch: Die Nikolauskirche ist die älteste Kirche im Walgau. Sie hat ein romanisches Schiff, birgt Reste romanischer Fresken, besitzt einen behelmten Turm und weist im Schiff sehenswerte Fresken auf.

Damüls: Die 1484 erbaute Pfarrkirche ist nahezu voll ausgemalt mit wunderschönen Fresken. Allein auf der linken Seite des Schiffes ist ein Zyklus mit 20 Bildern erhalten. Am Chorbogen hält Christus mit dem apokalyptischen Richtschwert Gericht. Rechts unter ihm der Chor der Heiligen, links der Höllendrachen mit den Verdammten. Die Kassettenholzdecke stammt aus dem Jahre 1693. Außerdem gibt es einen Pestchristus von 1640 und einen Hl. Theodul von 1350.

Bludenz: → Tour 17.

Möglichkeiten für zusätzliche Unternehmungen

Sonntag: Abstecher auf die 10 km entfernte und 1209 m hohe Metzgertobel Alm. Die vom 1.6. bis 30.9. geöffnete Mautstrecke hat zwar bis zu 18% Steigung, Engstellen und unübersichtliche Kurven, führt aber in einen wunderschönen Talgrund.

Schoppernau: Fahrt mit dem Lift auf den 2090 m hohen Diedamskopf.

Hochtannbergpaß: Wanderung vom Kalbelesee zum Körbersee im Naturschutzgebiet Hochtannberg.

Lech: Abstecher mit dem Wagen zum Spuller See und/oder Formarin See.

St. Christoph: Fahrt mit der Seilbahn auf die 2809 m hohe Valluga. Faszinierende Aussicht über ein ganzes Meer von Gipfeln.

Kartenempfehlung

Generalkarte 1:200 000, Blatt 8

Ins Herz der Silvretta

17

Die nach der Glocknerstraße vielleicht zweitschönste, technisch interessanteste und landschaftlich abwechslungsreichste Höhenstraße Österreichs ist gleichzeitig die jüngste, die bis in diese Höhe führt. Erst 1953 wurden das Vorarlberger Montafon und das Tiroler Paznaun durch einen Stausee in 2036 m Höhe miteinander verbunden. Genau auf der Paßhöhe zwischen beiden Tälern, auf die sich vorher nur Wanderer, Bergsteiger und Skifahrer verirrt hatten, entstand nämlich als Wasserspeicher der Ill-Werke der Silvretta-Stausee. Weil die von den Silvretta-Gletschern gespeiste Ill hier genau auf die europäische Wasserscheide zwischen Rhein und Donau traf und bei der einzuschlagenden Richtung launisch war, mußte der See von beiden Seiten her gestaut werden und zwang so die Straße noch über die eigentliche Paßhöhe hinaus.

Die Straße selbst ist zwar sozusagen nur ein Abfallprodukt des Kraftwerkbaues, ein Abfallprodukt aber, das sich zu einer richtigen Touristenattraktion entpuppt hat. Schließlich führt die hervorragend ausgebaute Straße in ein grandioses Stück der Hochalpen, wo Fels und Firn in einer optischen Harmonie sind, wie kaum irgendwo sonst in den Alpen. Weder die reinen Firn- noch die bloßen Felsberge dominieren hier. Schroffe, rotbraun oder graugrün schimmernde Felsgrate sind durch sanfte Firnfelder gemildert, «harmloser» wirkenden Bergen kommen imposante Gletscher zu Hilfe. Nicht weniger als 74 Gipfel ragen südlich des Stausees über die 3000-Meter-Marke hinaus, brüderlich zwischen Österreich und der Schweiz geteilt. Und: Zu keinem dieser hohen Silvretta-Gipfel führt bis jetzt eine Seilbahn!

Recht guter Startort für die Fahrt in diese Bilderbuch-Berge ist die Fünftälerstadt Bludenz am Eingang zum Montafon. Das quirlige Städtchen verrät heute nichts mehr davon, daß es ursprünglich am Sumpf entstand. 940 nämlich erhielt der Churer Bischof Waldo von König Otto I. eine Kirche «in loco plutenes» (palus = lateinisch der Sumpf). Heute sind von der einst mächtigen Stadt – von 1418–1806 war sie Amtssitz der Habsburger Vögte – nur noch der Pulverturm, zwei Tore der Stadtmauer, die Pfarrkirche mit ihren zwei schwarzen Marmoraltären und die 1472 erbaute Spitalkirche erhalten.

Der Lüner See ist das Juwel des Rätikons. Über dem 1960 m hoch gelegenen See ragt die 2965 m hohe Schesaplana, der höchste Gipfel des Rätikons, in den Himmel (rechts mit Firnfeld, links die Kanzelköpfe). Um den See führt ein bequemer Wanderweg.

Wer es fertigbringt, in Bludenz früh genug aufzubrechen, sollte die Fahrt eigentlich mit einem Umweg beginnen: mit dem Abstecher in das alte Walserdorf Brand am Fuße der nahezu 2000 m höheren Schesaplana und zum Ende der Schattenlagantstraße (insgesamt 18 km). Eine gut 400 m hohe, nahezu senkrecht anmutende Felswand riegelt das Tal ab und verbirgt das darüber liegende Juwel des Rätikons, den Lüner See, völlig. Erst die Fahrt mit der Seilbahn hinauf zu diesem in seiner Art wohl einmaligen Hochalpensee offenbart, was hier alles verborgen ist.

150 ha Seefläche breiten sich hinter dem 1979 m hohen Felsriegel aus. 1000 m darüber erhebt sich der höchste Gipfel des Rätikons, die 2965 m hohe Schesaplana. Der See verdankt sein Entstehen zwar eiszeitlicher Gletscherarbeit, doch erlebte er auch schon andere Zeiten. Am Seegrund gefundene, riesige Hirschgeweihe (16-ender), Skelette und Holzreste beweisen, daß es vor über 5000 Jahren um den See herum Hochwald gab, der von Hirschen und anderem Großwild belebt war! Um den See herum führt übrigens ein bequemer Spazierweg (1½ Stunden), den sich niemand entgehen lassen sollte.

Im kleinen St. Anton i. M. beginnt, kurz hinter Bludenz, das Montafon, von dem die geschäftstüchtigen Vorarlberger nicht zu Unrecht behaupten, sie hätten daraus den «Alpenpark Montafon» gemacht. Ob in Schruns-Tschaguns, St. Gallenkirch, Gaschurn oder Partenen – überall finden sich die hübschen Montafoner Häuser, finden sich Lifte und Aufstiegshilfen

Durch das steile Vorarlberger Illtal windet sich die Silvretta-Hochalpenstraße mühsam bergwärts, ermöglicht dafür aber prächtige Tiefblicke.

aller Art, findet sich Sommer wie Winter das bunte Urlaubervölklein.

Hinter Partenen aber wird es ernst. Hier, in immerhin schon gut 1000 m Höhe, beginnt die eigentliche Silvretta-Straße. Auf nur 3 Kilometer Luftlinie muß sie 700 Höhenmeter zum 1753 m hoch gelegenen Vermuntstausee hinauf überwinden. Ermöglicht wurde das dadurch, daß die Straße über 25 Kehren auf 9 km Länge gestreckt und die Steigung so auf maximal 10% gedrückt wurde. Am Vermuntstausee entlang zieht sich die Straße dafür 1 km eben entlang und ermöglicht prächtige Ausblicke auf das Große Seehorn (3121 m) und den Großlitzner (3109 m). Hinterm Obervermuntwerk am Südzipfel des Sees beginnt die Straße noch einmal zu steigen, doch verteilen sich die restlichen 283 Höhenmeter auf gut 5 km. Nur 5 Kehren gilt es noch zu überwinden, bis die westliche Staumauer des Silvretta-Sees auftaucht. Über das flache Großvermunt fahren wir schließlich vollends zur Krone der Staumauer hinauf.

Wer nur die schöne Rundsicht genießen möchte, muß zu dem etwa 100 m vom Hotel Silvrettasee gelegenen «Veesenmeyerstein» spazieren. Von dort ist der gesamte See zu überblicken. Der Kleine und der Große Piz Buin (3321 m) sind von dort ebenso zu sehen wie der Ochsentaler Gletscher. Wer sich mehr zum Wasser hingezogen fühlt, kann den See mit dem Motorboot überqueren oder um ihn in knapp 2 Stunden herumspazieren. Wen es dagegen eher in die Höhe zieht, für den gibt es zwei Möglichkeiten:

Der Wanderer kann in 2½ Stunden am See entlang und durch das Ochsental zur Wiesbadener Hütte (2443 m) hinauf wandern und so Ochsentaler- und Vermuntgletscher näherkommen. Wer mit den Bergen vertraut und trittsicher genug ist (nie ohne Bergschuhe), kann sich an der Vallüla (2813 m, im Nordosten der Bieler Höhe, 3 Stunden) versuchen. Auch wer den Gipfel nicht ganz erreicht (im oberen Teil braucht man schon die Hände), wird doch mit einer wunderschönen Aussicht auf das gesamte Nordpanorama der Silvretta belohnt. Vom Gipfel kann man zudem noch das gesamte Montafon und Paznaun überblicken.

Am Ostdamm des Stausees überfahren wir nicht nur die Landesgrenze zwischen Vorarlberg und Tirol, sondern auch die Sprachgrenze zwischen alemannischem und Tiroler Dialekt. Der nächste Gletscher, den wir auf der weiteren Fahrt sehen, heißt deshalb auch folgerichtig Ferner.

Zunächst gilt unsere Aufmerksamkeit aber der Abzweigung der Stichstraße zum Zeinisjoch (1842 m) und zum Stausee Kops

Der Silvretta-Stausee liegt genau über der Paßhöhe. Er hat deshalb sowohl auf der Ost- wie auf der Westseite einen Damm. Über dem südlichen See-Ende ragt die Schattenspitze (3202 m) in den Himmel.

Die Margaretha-Kapelle in Pians stammt aus dem 14. Jahrhundert. Die Fresken am Choreingang, im Chorbogen und im Gewölbe stammen aus dem frühen 15. Jahrhundert.

(1800 m). Nach 5 km erreichen wir den 44 Mio. m^3 Wasser fassenden Speicher mit seiner 600 m langen und 122 m hohen Staumauer. Vom Ende der Stichstraße gibt es noch einmal eine schöne Sicht hinunter ins Montafon.

Eine noch weitaus schönere Sicht beschert uns der Mathoner Grat (knapp 2200 m), zu dem von Tschafein aus ein ausgebauter Güterweg hinaufführt. Von hier oben, nur 450 m unterm Gipfel des Predigberges (2645 m), liegt das ganze Paznaun bis hinüber zum Hohen Riffler dem Betrachter zu Füßen. Wer mit dem Auto schon genügend geklettert ist, fährt der munter plätschernden Trisanna entlang das freundliche Wiesental auswärts, bestaunt im Zurückschauen die mächtige Ballunspitze, die mit ihren 2671 m Galtür markant überragt und überlegt, ob in Ischgl das Auto mit der Seilbahn vertauscht werden soll.

Den Ausflug von Ischgl aus hinauf auf die Idalpe (2320 m; Seilbahn) und weiter hinauf zum Idjoch (2763 m; Sessellift) wird sicher niemand bereuen. Schon die Auffahrt ist ein Erlebnis für sich, schwingt sich die Seilbahn doch über das 2 km breite Fimbertal ohne Stütze und gut 250 m hoch überm Talboden. Nicht zu verachten ist auch die Möglichkeit, vom Joch nach Samnaun, in die Zollfreizone, hinunterzufahren.

Durch die Gfällschlucht kommen wir schließlich aus dem Paznaun heraus und bewundern noch das talüberspannende Viadukt der Arlbergstraße. Bevor wir durch den Arlbergtunnel zurückfahren, werfen wir in Pians noch einen Blick in die Kapelle der Hl. Margaretha. Sie stammt aus dem 14. Jahrhundert und birgt wunderschöne Fresken aus dem Anfang des 15. Jahrhunderts.

17 Ins Herz der Silvretta

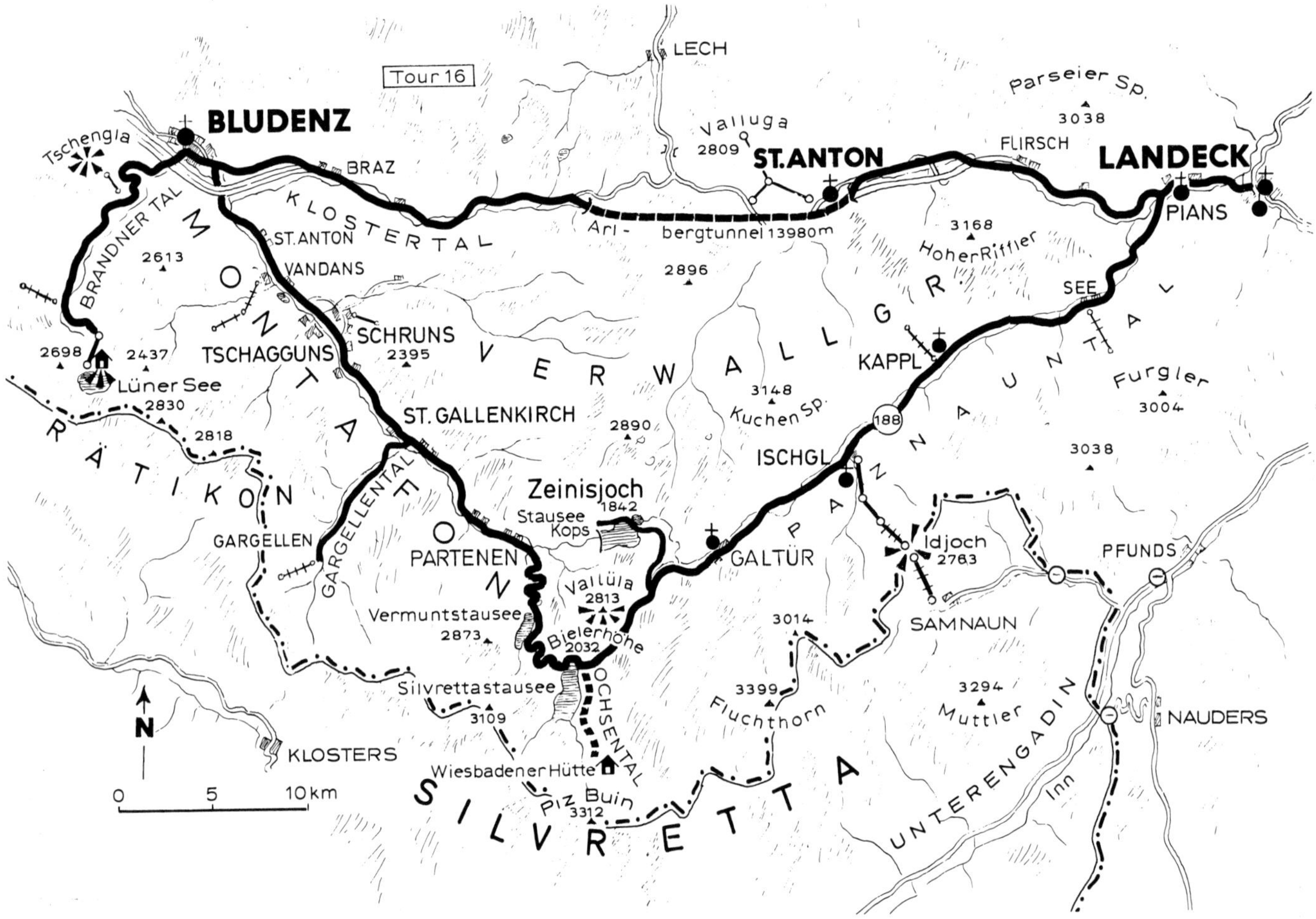

Technisches

Schattenlagantstraße: Von Bludenz bis Brand (1037 m) ganzjährig, von Brand bis Lüner See-Bahn-Talstation (1565 m) jeweils von Pfingsten bis 30. 10. befahrbar. Ab Brand maximale Steigung 15%. Die gesamte Strecke ist mautfrei, aber wegen zahlreicher Engstellen für Caravans ungeeignet.

Silvretta-Hochalpenstraße: Die 89 km lange Straße überwindet zwischen Bludenz und der Bielerhöhe (2032 m) 1452 Höhenmeter bei einer maximalen Steigung von 10%. Zwischen der Bielerhöhe und Pians sind es 1172 Höhenmeter bei einer maximalen Steigung von 11%. Zwischen Partenen und Galtür ist die Straße Eigentum der Vorarlberger Ill-Werke. Diese Strecke ist vom 1. 6. bis 15. 11. geöffnet, mautpflichtig und für Caravans verboten. Bis Partenen und Galtür ist die Strecke ganzjährig befahrbar, mautfrei und für Caravans geeignet.

Zeinisjochstraße: Die 5 km lange Stichstraße zum Speicher Kops zweigt oberhalb von Galtür in 1720 m Höhe nach Norden ab. Sie ist geöffnet wie die Silvretta-Straße, mautpflichtig und ebenfalls für Caravans verboten.

Sehenswürdigkeiten

Bludenz: Das alte Städtchen, das von 1418 bis 1806 Amtssitz der Habsburger Vögte war, hat noch schöne Laubengänge, einen Nepomukbrunnen von 1730 und aus der alten Stadtbefestigung zwei Tore und den Pulverturm. Sehenswert ist auch die Pfarrkirche St. Laurentius (1514). Besonders schön die Altartafel und die Marmoraltäre.

Lüner See: 1979 m hoch gelegener, 150 ha großer See zu Füßen der 2965 m hohen Schesaplana, dem höchsten Gipfel des Rätikons. Der See ist durch eine Seilbahn am Ende der Schattenlagantstraße leicht zu erreichen.

Pians: Die Kapelle der Hl. Margaretha stammt aus dem 14. Jahrhundert, hat ein Rippengewölbe und wunderschöne Fresken aus dem Anfang des 15. Jahrhunderts.

Landeck: Die um 1200 entstandene Burg oberhalb des Städtchens wurde 1949 teilweise restauriert. In der Kapelle Fresken aus dem beginnenden 16. Jahrhundert. In der Burg ist ein Heimatmuseum zu besichtigen. Sehenswert auch die Pfarrkirche. Sie ist eine der bedeutendsten gotischen Hallenkirchen Nordtirols. Die 1521 fertiggestellte, dreischiffige Kirche hat prächtige Gewölbe. Das Westportal und der Taufstein stammen von 1506. An der Südwand sind zwei geschnitzte Totenschilde von 1497 und 1588 erhalten.

Möglichkeiten für zusätzliche Unternehmungen

St. Gallenkirch: Fahrt über die 11 km lange Gargellen-Hochtalstraße nach Gargellen (1423 m) und Vergalden (1550 m). Bis Gargellen hat die Straße maximal 9% Steigung, auf dem letzten Stück bis 20%. Für Caravans bis Gargellen möglich.

Ischgl: Fahrt mit der Seilbahn auf die Idalpe (2320 m) und weiter mit dem Sessellift zum Idjoch (2763 m), auf den Grenzgrat zwischen Österreich und der Schweiz. Vom Idjoch aus Anschluß an die Seilbahn, die aus der Zollfreizone Samnaun heraufkommt.

Kartenempfehlung

Österreichische Karte 1:50000, Blätter 142, 169, 170, 143

Audienz bei «König Ortler»

18

«Auch der furchtloseste Wanderer kann sich des Grauens nicht erwehren, wenn er auf der hochgebahnten Straße über steile Felsenwände in den schwarzen Schlund hinunterblickt und nirgends den Grund zu entdecken vermag, aus dessen Tiefe jenseits wieder dunkle Felsmassen hoch und schroff emporsteigen und mit ihren mannigfaltig gestalteten Klippen, Spalten und Kuppen den düsteren und schauerlichen Charakter dieser engen Talgegend noch ungemein steigern. Auf der Höhe fühlt man sich über alle irdischen Sorgen und Kleinigkeiten erhaben, das Herz erhebt sich über das Gewirre der Menschen und wird hingerissen zum Anstaunen der ewig unergründlichen Natur sowie auch zur Bewunderung der Kühnheit des Menschen, der es wagte, eine Fahrstraße bis in jene Höhe zu bahnen, wo alle Vegetation erloschen ist und der Winter seinen beständigen Thron aufgeschlagen hat.»

Was der K.K. Kreisingenieur Joseph Baumgartner 1827, also 3 Jahre nach Fertigstellung der Straße, über das Stilfser Joch schrieb, mag so mancher noch heute ähnlich empfinden. Zu groß sind einfach die Gegensätze, auf die der Paßfahrer zwischen Spondinig (885 m) im Vintschgau, dem 2757 m hohen Joch zu Füßen des fast Viertausenders Ortler (3905 m) und dem malerischen Bormio (1225 m) im obersten Veltlin trifft.

Dabei ging es den Erbauern der Straße überhaupt nicht um die Erschließung von Schönheiten, sondern vielmehr ganz prosaisch um die Bewältigung des innerösterreichischen Verkehrs zwischen Tirol und dem damals zu Österreich gehörenden westlichen Oberitalien. Erst nachdem 1859 die Lombardei an Italien fiel, verlor die Straße ihre ökonomische Bedeutung. Unserem Jahrhundert war es schließlich vorbehalten, sie als Panoramastraße und Touristenattraktion neu zu entdecken.

Der schönste Auftakt zur Fahrt über den fast ein Jahrhundert lang höchsten Paß der Alpen ist die Fahrt über die Via Claudia Augusta, die Kaiser Augustus um Christi Geburt anlegen ließ, um Germanien von Verona aus möglichst rasch zu erreichen. Der heute als Reschenpaß bekannte Übergang nämlich bringt uns den ersten Fernblick auf König Ortler und nach der Überwindung der dunklen Waldschlucht mit ihren senkrechten Felswänden die erste zarte Ahnung südlichen Lichtes. Im weiten Wiesenplateau von Nauders werden die Kunstfreunde der kleinen Leonhard-

Pfunds, im hier schon recht engen Inntal, ist der Ausgangspunkt für unsere Fahrt zum Reschenpaß und zu König Ortler.

Die 1160 geweihte Krypta der Benediktinerabtei Marienberg birgt wunderbar erhaltene Fresken, beispielsweise diese Darstellung des Hl. Petrus.

kapelle einen Besuch abstatten und die romanischen Fresken bestaunen; die Naturfreunde werden durchfahren bis zum Reschensee, um das Auftauchen des Ortlers und der Königsspitze gebührend zu genießen, bevor sich die Straße über die Malser Heide hinunterwindet.

Zweierlei dürfen wir uns hier nicht entgehen lassen: Zum einen ist es Mals, ursprünglich der Ort mit den sieben Türmen, wo es St. Benedikt zu entdecken gilt. Die Filiale des Klosters in Müstair weist Fresken aus dem 9. Jahrhundert auf, die neben denen von St. Proculus bei Naturns zu den ältesten Wandmalereien Tirols zählen. Zum anderen ist es dann Glurns mit seiner alten Stadtanlage, mit Mauern, Tortürmen und Wehrgang die einzige, vollständig erhaltene Stadtbefestigung Tirols. Schon 1304 erhielt Glurns das Stadtrecht und seine Befestigung mit der gleichen Ausdehnung wie heute.

Über Schluderns, vorbei an der Churburg und über Spondinig oder direkt über Prad gewinnen wir das Trafoier Tal – der Sturm auf die 1900 m Höhendifferenz und der Kampf mit den 48 Haarnadelkurven könnte beginnen, gäbe es in Gomagoi nicht die Abzweigung nach Sulden. Sie darf nicht versäumen, wer dem Ortler und der Königsspitze von Osten näherkommen oder am Cevedale Gletscherbekanntschaft machen möchte (Bergstation der Cevedale Seilbahn in 3200 m Höhe).

Die eigentliche Paßstraße beginnt in Gomagoi, dessen alte Häuser die Italiener 1915 sprengten, um freies Schußfeld für ihre Kanonen zu bekommen. Nur waren letztlich die Österreicher schneller. Sie besetzten und hielten die Stellung den Krieg hindurch, ohne daß ein Schuß fiel. Von hier aus ist übrigens talauswärts schon die Weißkugel, der zweithöchste Ötztaler Berg, zu sehen. Kurz vor Trafoi dann gibt das bisher enge Tal den ersten richtigen Blick auf die Ortlergruppe frei. Eindrucksvoll zeigt sich hier die Trafoier Eiswand (3553 m) und der Untere Ortlerferner.

Wer es nicht so eilig hat (und hier darf es eigentlich niemand eilig haben), sollte in Trafoi die Gelegenheit nutzen und auf den Kleinboden zur Furkelhütte (2153 m) hinauffahren. Von dort hat man den zweitschönsten Blick auf den direkt gegenüberliegenden Ortler (und zudem noch recht schöne Wandermöglichkeiten).

Hinter Trafoi geht es endgültig in den «Kurvenkampf». Beim «Weißen Knott» hat man die nächste besonders schöne Aussicht, danach geht es den Berghang über gemauerte Kehrkurven solange im Zickzack hinauf, bis der ganze Hang überwunden und das Joch schließlich doch noch erreicht ist.

Aber noch reicht die Höhe nicht: Genau 77 m müssen nämlich noch, wenn auch zu Fuß, erklommen werden. Erst dann, auf der 2834 m hohen Dreisprachenspitze, ist der Punkt mit der schönsten Aussicht erreicht. Hier, wo bis 1919 die Länder- und Sprachgrenzen Österreichs, Italiens und der rätoromanischen Schweiz zusammentrafen, schweift der Blick nicht nur über die gesamte Ortlergruppe, sondern auch hinüber zur Bernina und zu den Ötz-

taler Alpen. Mit Bergschuhen kann man als Dreingabe sogar einen ganz leichten Dreitausender erklimmen: die 3078 m hohe Rötelspitze. Sie ist in knapp einer Stunde über die Gratverlängerung von der Dreisprachenspitze aus erreichbar.

Nicht weniger interessant ist es auf der Südseite des Joches. Wer Skier dabei hat (oder sie leihen mag), kann sich ins sommerliche Skivergnügen stürzen. Wer lieber der Seilbahn und seinen eigenen Beinen vertraut, fährt zur Livrio Hütte (3177 m) und steigt in einer guten Stunde, quer durch den Skibetrieb, auf die 3465 m hohe Geisterspitze hinauf. Von dort gibt es nicht nur eine wunderschöne Weitsicht, sondern vor allem reizvolle Tiefblicke über und in die Gletscher reihum und hinunter ins Zebon-Tal.

Drei Kilometer hinter dem Joch schon kommt die Abzweigung zum Umbrail Paß (2502 m) oder Wormser Joch, wie der schon vor zweitausend Jahren bekannte Übergang früher hieß. Über 34 Kehren kurven wir nach St. Maria im Münstertal hinunter. Hier wird unweigerlich ein Abstecher fällig: Ganze 5 km sind es zu einem der glänzendsten Juwelen der Alpen: dem Benediktinerinnenkloster Müstair. Der bedeutendste Kirchenbau vor der Jahrtausendwende in der Schweiz wurde zwischen 780 und 790 von Karl dem Großen gegründet. Er enthält einen einzigartigen Zyklus karolingischer Wandmalerei, der um 800 entstanden ist. Die erst vor knapp 30 Jahren freigelegte Bemalung zieht sich teppichartig über alle Kirchenwände. Daneben zeugen spätgotische Wandmalereien und eine plastische Hochaltargruppe, die zu den besten frühbarocken Bildwerken Graubündens zählen, von dem Können der Menschen früherer Zeiten.

Die Naturfreunde kommen schließlich auf der Weiterfahrt über den 2149 m hohen Ofenpaß auf ihre Rechnung – allerdings nur, wenn sie sich zu Fuß an die Eroberung des Schweizer Nationalparkes machen. Seit 1909 ist nördlich des Passes ein 150 km² großes Waldgebiet absolutes Schutzgebiet, in dem die Natur vor jedem Eingriff des Menschen verschont bleibt. Wer Glück hat, erlebt hier nicht nur Steinböcke, sondern auch noch Steinadler.

Eine Welt für sich öffnet sich zum Schluß hinter Zernez im Unterengadin. Eines der Glanzlichter ist hier Guarda an der alten Straße hoch über dem Talboden. Nicht umsonst wird diesem einmaligen Dörflein nachgesagt, es habe «eines der eindrucksvollsten und besterhaltenen Ortsbilder der Schweiz». Nirgendwo sonst gibt es so dekorative Sgraffiti, nirgendwo sonst so zahlreiche romanische Inschriften, Denksprüche und Wappensteine an den Häusern – und das alles hoch überm Tal des jungen Inn und vor einem mehr als beeindruckenden Hintergrund, gebildet aus lauter Dreitausendern. Ob Ftan, Sent oder Ramosch (älteste Pfarrei des Tales), all das wäre allein einen ganzen Urlaub wert!

Hinter Martina fangen uns zum Schluß noch einmal die Berge mit aller Gewalt ein: In der Schlucht von Finstermünz entdekken wir plötzlich in den lotrechten Wänden die Straße, die wir anfangs hinaufgefahren sind. An der Kajetansbrücke schließt sich der Kreis vollends.

48 Kehren gilt es bei der Auffahrt zum Stilfser Joch zu bewältigen (links am Horizont die Weißkugel; Bild oben).

Das Kloster Müstair ist eine Gründung Karls des Großen. Die einzigartigen Freskenzyklen entstanden um 800 (Bild unten).

Guarda wird das «besterhaltene Ortsbild der Schweiz» nachgesagt (Bild übernächste Seite).

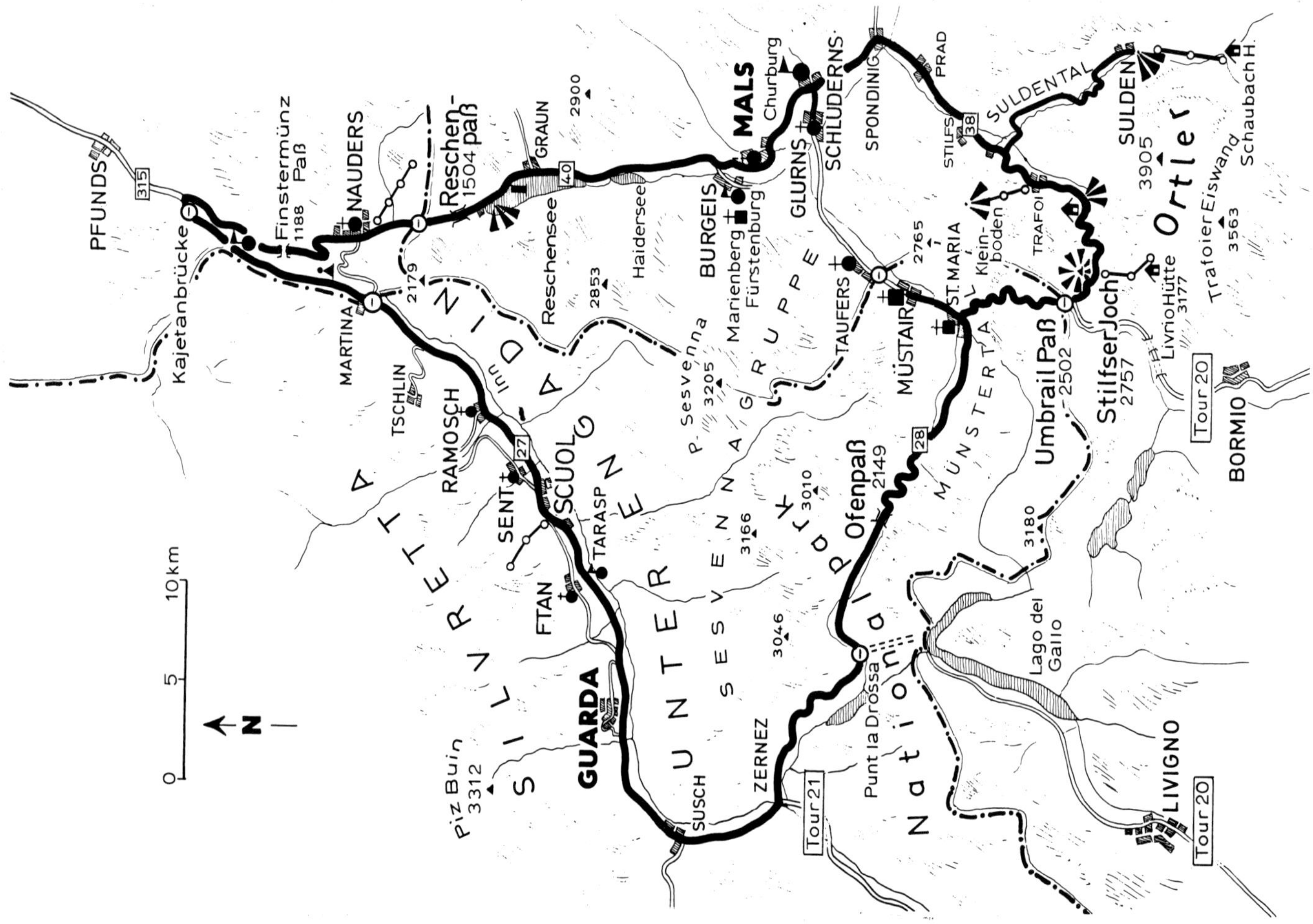

Technisches

Reschenpaß: Der 1504 m hohe Übergang war zur Römerzeit der «Obere Weg» (der «Untere Weg» war der Brenner). Die heutige Trasse durch die Hänge über der Innschlucht entstand zwischen 1850 und 1854. Die Nordrampe hat maximal 9%, die Südrampe maximal 7% Steigung. Die Straße ist ganzjährig befahrbar, mautfrei und für Caravans geeignet.

Stilfser Joch: Die mit 2757 m höchste Paßstraße der Ostalpen entstand 1820 als Verbindung zwischen Tirol und der damals österreichischen Lombardei. Auf der Ostseite überwindet die Straße auf 28 km über 48 Kehren 1870 Höhenmeter. Die Steigung beträgt hier, wie auf der Westrampe, maximal 12%. Die Westrampe weist eine Höhendifferenz von 1540 m auf. Sie wird auf 22 km und 39 Kehren überwunden. Die Straße ist vom 1.6. bis 3.11. geöffnet, mautfrei und für Caravans nicht geeignet.

Umbrail Paß: Der 2502 m hohe Paß verbindet das Veltlin mit dem Münstertal. Die Nordrampe hat maximal 11%, die ½ km lange Südrampe (danach trifft sie auf die Stilfser-Joch-Straße) hat maximal 8% Steigung. Die Straße ist vom 1.6. bis 15.11. geöffnet, mautfrei und für Caravans ungeeignet. Die Grenze am Paß ist nachts geschlossen!

Ofenpaß: Die 2149 m hohe Paßstraße weist auf beiden Seiten maximal 10% Steigung auf, ist ganzjährig geöffnet, mautfrei und für Caravans nicht zu empfehlen. Die Nordrampe quert den Schweizer Nationalpark.

Sehenswürdigkeiten

Nauders: Romanische Kapelle des Hl. Leonhard. Die 1391 erwähnte Kirche ist mit im Jahre 1951 freigelegten romanischen Fresken geschmückt.

Burgeis: Die Burg Fürstenberg, Ende des 13. Jahrhunderts von den Churer Bischöfen erbaut, hat eine sehenswerte «Fürstenwohnung». Hoch überm Tal das Kloster Marienberg mit einer dreischiffigen, romanischen Kirche, die 1201 geweiht wurde. Das kostbarste Kunstwerk findet sich in der 1160 geweihten Krypta unter dem Hochaltar. Die dort erhaltenen Fresken zeigen noch byzantinischen Einfluß und sind vergleichbar mit den Wandmalereien in der Apsis von Niederzell auf der Reichenau.

Mals: In St. Benedikt, einer Filiale des Klosters in Müstair, sind Fresken aus dem 9. Jahrhundert erhalten. Sie zählen zu den ältesten Wandmalereien Tirols.

Glurns: Die einzige vollständig erhaltene Stadtbefestigungsanlage Tirols. Das Städtchen erhielt schon 1304 Stadtrecht, die Befestigungsanlagen entstanden um 1580. Am Turm der Pfarrkirche Fresko von 1496: Das Jüngste Gericht.

Müstair: Im Benediktinerinnenkloster St. Johannes, das Karl der Große zwischen 780 und 790 gründete, ist das bedeutendste Zeugnis karolingischer Malerei zu bewundern. Der großartige Bilderzyklus entstand um 800, die Kirche, ein Saalbau mit drei parallelen Apsiden, ist das bedeutendste Zeugnis karolingischer Architektur in der Schweiz.

Guarda: Eines der besterhaltenen Ortsbilder der Schweiz. Die Häuser sind mit dekorativen Sgraffiti, Inschriften und Wappensteinen geschmückt.

Möglichkeiten für zusätzliche Unternehmungen

Gomagoi: Abstecher nach Sulden (1950 m) und Fahrt mit der Seilbahn zur Schaubachhütte und unter den Cevedale.

Punt la Drossa: Fahrt durch den 3,5 km langen Tunnel (Maut) nach Livigno ins italienische Zollausschlußgebiet.

Finstermünz: Abstecher in das schweizerische Zollausschlußgebiet Samnaun (1846 m).

Kartenempfehlung

Generalkarte 1:200 000, Blatt Südtirol

Im Trentino

19

«Ein Chaos von wild zerklüfteten, zerrissenen Thürmen, Nadeln und Zacken, eine kleine wunderbare Bergwelt für sich, unvergleichlich in ihrer Art, zauberhaft in Form, Farbe und Aufbau. Unmittelbar, schroff und kühn steigen die gigantischen Felsriesen empor, umgürtet von graugelben Schuttströmen und grünen, blumengeschmückten Hängen, überall die größten Contraste und doch ein unbeschreibliches Schönheitsganzes!» Der Beschreibung aus einem alten Bergbuch wäre eigentlich nur noch anzufügen, daß die Brenta als westlichster Ausläufer der

Dolomiten und von diesen durch das breite Etschtal getrennt, nicht nur ein Modell-Gebirge, sondern auch Zentrum einer Modell-Landschaft ist.

Ob «Sestogradist» mit Fortbewegungsdrang nur in der Lotrechten, ob Spaziergänger mit Vorliebe für Wege durch Reben, ob Freund von Zeugnissen alter Kultur – sie alle könnten zwischen Madonna di Campiglio, Trient und Bozen für Jahre hinaus lohnende Ziele finden. Neben der Brenta ist es vor allem der Nonsberg südlich des Mendel Passes und westlich des Kalterer Sees. In diesem Grenzbereich zwischen deutschem und romanischem Kulturbereich sind sagenumwobene Burgen und uralte Heiligtümer in eine Landschaft gestreut, die fast ausschließlich aus paradiesischer Fruchtbarkeit zu bestehen scheint.

Bester Auftakt für eine Tour in dieses «gelobte Land» ist die Fahrt aus dem Etschtal über das 1518 m hohe Gampen Joch. Die richtige Einstimmung liefert hier die sicher schönste spätgotische Kirche des ganzen Etschlandes, die 1492 geweihte Pfarrkirche in Niederlana. In ihr steht als kostbarer Schatz ein zwischen 1503 und 1511 entstandener, vierzehn Meter hoher Schnitzaltar. Sein Entwurf stammt vom schwäbischen Maler Hans Schnatterpeck, der den Altar auch selbst bemalt hatte (im 19. Jahrhundert teilweise übermalt). In mehreren Etagen ist in vielen Einzelszenen vielfältiges Geschehen aus der Heiligen Schrift dargestellt.

Die Brenta, der westliche Ausläufer der Dolomiten, ist ein weit gerühmtes Modellgebirge, in dem es für jeden Geschmack vieles zu entdecken gibt. Hier locken Cima Brenta und Cima Tosa.

Zwischen der tief eingeschnittenen Sarca und den Südwänden der Brenta liegt San Lorenzo mitten in einer fein gegliederten Hügelwelt.

Während der Auffahrt zum Gampen Joch darf ab und zu ein Blick zurück nicht fehlen, breitet sich doch schon bald das ganze Meraner Becken vor dem Betrachter aus. Vor dem zweiten Tunnel gibt es eine besonders schöne Sicht ins Tal hinunter. Von Osten her zeigen sich Schlern, Rosengarten und Latemar. Das Joch selbst bietet dann keine Aussicht.

Gleich nach dem Joch wird es dagegen wieder interessant. Unter der Laugenspitze erwartet uns ein uralter Ort: die Wallfahrtskirche «Unsere Liebe Frau im Walde». Schon 1184 ist hier ein Ordenshospiz belegt. Die heutige Kirche wurde 1432 begonnen, der Turm dagegen ist noch romanisch. Der dreischiffige Innenraum weist gleich fünf Altäre auf. Der Rokoko-Hochaltar trägt im goldenen Schrein das Gnadenbild.

Hinter St. Felix wird die Welt schlagartig romanisch. Zwar ist die Landschaft unverändert, doch um so mehr fällt der romanische Charakter der Dörfer auf, die über die weiten Westhänge des Nonsberges verstreut liegen. Unter uns öffnet sich die ganze Weite, Üppigkeit und Fülle des Landes um den Noce. Hier muß man im Herbst genießen, wenn über den Höfen, Dörfern, Burgen und Schlössern die Schleier der Kartoffel- und Kastanienfeuer träge ziehen, den tiefblauen Himmel noch weiter entrücken und die bleichen Wände der Brenta vollends unwirklich erscheinen lassen. Niemand wird dann zweifeln, daß hier wirklich ein Stück Himmel zu finden ist, das auf die Erde gefallen ist.

Genauso gut sind wir hier aber auch in einem ganz besonderen Herrenland. Auf jedem hervorragenden Plätzchen findet sich eine Burg, grüßt ein Schloß oder träumt wenigstens eine Ruine. Anmutiges Beispiel ist das kleine Schloß in Castelfondo, das seit 1471 den Grafen von Thun, einem der ältesten Adelsgeschlechter Tirols, gehört. 1492 bauten sie das Schlößchen um, das heute einen schönen zweigeschossigen, mit Säulen gestützten Arkadengang im Schloßhof aufweist. Im Innern beeindrucken vor allem die riesigen Stammbäume an den Wänden mit ihrer kunterbunten Mischung aus Dichtung und Wahrheit.

Am Nordende des St.-Giustin-Stausees vorbei erreichen wir bei der alten Zollstätte Mostizollo (der Name soll von dem deutschen «Mußt hier zahlen» kommen) das Tal des Noce. Bis Dimaro steigt es stetig durch weite, von einzelnen Dörfern und Weilern aufgelockerte Waldhänge. Langsam steiler würde es erst gegen den Tonalepaß. Schöner aber wird es im Meledriotal, das kurz hinter Dimaro nach Süden abzweigt und uns zum Campo Carlo Magno (1682 m) und nach Madonna di Campiglio führt.

Das Meledriotal beweist recht schnell, in welch grandioser Bergwelt wir uns hier bewegen. Nach acht weiten Kehren in uraltem Lärchenwald wird der Blick schlagartig frei auf die Westwände der Brenta-Dolomiten. Cima Sassara (2892 m) und Pietra Grande (2936 m) geben einen Vorgeschmack auf die faszinierenden Dolomitformationen, die die Brenta noch für uns bereit hat. Schon kurz danach, am Paß Campo Carlo Magno, erhalten wir dafür den nächsten Beweis: Monte Spinale und Cima di Croste (2897 m) beeindrucken mit ihren scharfen Zacken und Rippen.

Die Bergfreunde werden sich natürlich die Gelegenheit nicht entgehen lassen, dem 200 Millionen Jahre alten Korallengestein etwas näher zu rücken. Ganz leicht macht das die Seilbahn vom Paß zum 2443 m hohen Grostépaß. Dort beginnt der Sentiero Alfredo Benini, der dem schwindelfreien Bergwanderer auf dem Weg zur Bocea di Tuckett hinüber ein dreieinhalbstündiges Staunen beschert. Nach dem Abstieg zum Tucketthaus (2279 m, der weitere Weg über den berühmten Sentiero delle Bocchette Alte ist erfahrenen Bergsteigern vorbehalten) führt der Weg Nr. 316 in zwei Stunden bequem zum Ausgangspunkt zurück. Wer nur die schönste Aussicht auf die Brenta genießen möchte, sollte von Madonna die Campiglio aus zum 2093 m hohen Monte Spinale hinauffahren, um die zackigen Grate, Zinnen, Türme und Nadeln zu studieren.

Durch das Valle di Campiglio geht es wieder talwärts. Durch die Lärchen leuch-

ten immer wieder die Brentagipfel. Cima Brenta (3150 m) und Cima Tosa (3173 m) verabschieden sich mit Bilderbuchansichten. Von rechts tauchen die Firnfelder von Presanella (3556 m) und Adamello (3554 m) auf, und bei Carisolo wartet das gotische Kirchlein St. Stefano. Karl der Große soll es anstelle einer von ihm zerstörten Burg errichtet haben. Die Fresken stammen von 1519. Auch St. Vigil, kurz vor Pinzolo, ist einen Besuch wert. Die um 1000 gegründete Kirche hat an der Westfassade einen großartigen Totentanz als Fresko aufzuweisen.

Der Sarca entlang und vorbei an Tione di Trento erreichen wir die engen Wände der Sarcaschlucht und schließlich Ponte d'Arche, wo wir der Abzweigung zum See von Molveno auf der Südostseite der Brenta folgen. Zunächst über weite Wiesenhänge, dann über tiefe Schluchten und entlang senkrechter Wände geht es langsam wieder in die Höhe. In Molveno lockt der Lift zum Palon di Tovre, in Andalo der zur Paganella (2125 m) mit besonders schöner Aussicht hinüber zur Brenta und hinunter ins Etschtal.

Auf der Ostseite führt die Straße über die Mendel durch steile Felsabbrüche hinunter ins breite Etschtal nach Bozen und zum Weinland um den Kalterer See.

Wieder im Tal des Noce sollte man eigentlich so recht das Bummeln anfangen, zu dem einen oder anderen kleinen Dörflein hinauffahren, Kirchen, Burgen und Schlösser entdecken (z. B. das große Schloß Thun bei Tres oder Burg Valer bei Tasullo), wandern oder auch nur träumen. Keinesfalls versäumt werden darf ein Besuch der Einsiedelei von St. Romedius, oberhalb von Sanzeno. In fünf übereinandergebauten und durch Treppen miteinander verbundenen Kirchen und Kapellen finden sich langobardische Kapitelle, ein karolingisches Portal, Fresken aus 6 Jahrhunderten (8.–13. Jahrhundert), gotische Gewölbe, barocke Altäre und Stuck aus dem Rokoko.

Ein letzter Höhepunkt erwartet uns am Mendel Paß. Hat man vom Paß selbst schon eine prächtige Aussicht auf Überetsch, Etschtal und hinüber zu den Dolomiten, so bietet die Stichstraße zum 1737 m hohen Penegal eine großartige Panoramasicht, die nach Westen vom Ortler über die Presanella bis zur Brenta reicht, im Norden die Sarntaler, die Ötztaler und die Zillertaler und im Osten die Dolomiten zeigt. Eineinhalbtausend Meter tiefer ist das Gewühle in den Straßen Bozens zu ahnen.

Auf der Ostseite des Mendel Passes windet sich die Straße durch steile Abbrüche in zahllosen Kehren hinunter in freundlichere Gefilde, ins weite Becken von Bozen oder hinüber ins Überetsch, zum Kalterer See und nach Tramin, dem Herzen des Südtiroler Weinlandes.

Am Kalterer Berg steht das Kirchlein St. Nikolaus. Seine Gewölbefresken wurden 1529 von Bartholomäus Riemenschneider, dem Sohn des berühmten Schnitzers, geschaffen.

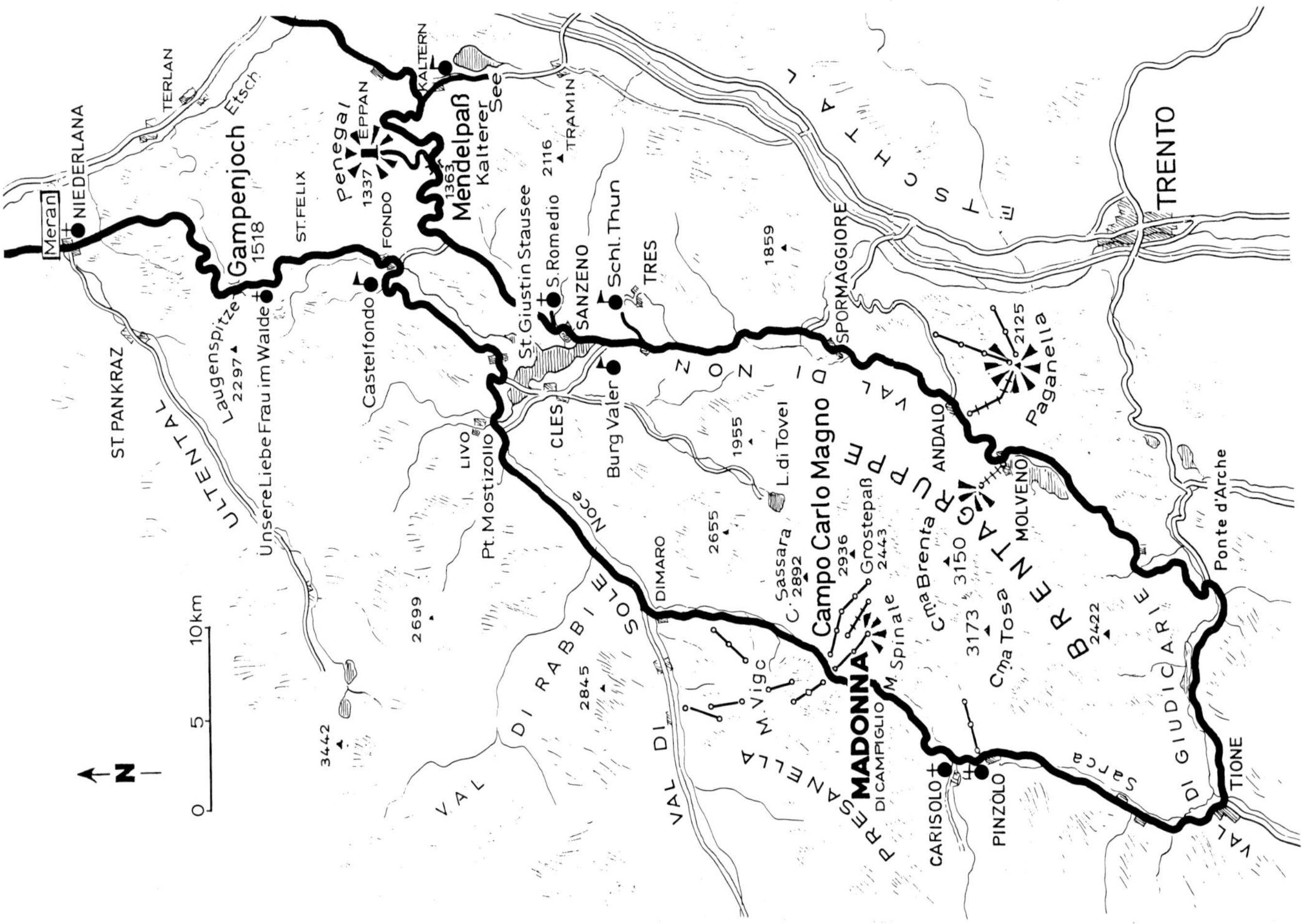

Technisches

Gampen Joch: Der 1518 m hohe Übergang verbindet Meran mit dem Tal des Noce im nördlichen Trentino. Die ganzjährig befahrbare Straße hat auf der Nord- und Südseite maximal 9% Steigung, ist mautfrei und für Caravans geeignet.

Campo Carlo Magno: Der 1682 m hohe Paß ist die Verbindung aus dem Val di Sole nach Brescia und die Grenze zwischen Adamello und Brenta. Die Straße ist ganzjährig befahrbar, hat auf der Nordrampe maximal 9%, auf der Südrampe maximal 11% Steigung. Sie ist mautfrei und für Caravans nur bedingt geeignet.

Molveno Sattel: Der 1042 m hohe Übergang erschließt die Südostseite der Brenta. Die Straße ist ganzjährig geöffnet, hat durchgehend maximal 10% Steigung, ist mautfrei und trotz der 18 Kehren für Caravans bedingt geeignet.

Mendel Paß: Der 1363 m hohe Paß verbindet Bozen mit dem Tal des Noce. Der ganzjährig befahrbare Paß hat auf seiner Ostrampe maximal 10%, auf der Westrampe maximal 8% Steigung. Die Straße ist mautfrei und wegen der unübersichtlichen Kehren und der schmalen Streckenabschnitte für Caravans nicht geeignet.

Sehenswürdigkeiten

Niederlana: Die 1492 geweihte Pfarrkirche ist die schönste spätgotische Kirche an der Etsch. Ihr 14 Meter hoher Seitenaltar entstand zwischen 1503 und 1511. Der Entwurf und Teile der Ausführung stammen von dem schwäbischen Maler Hans Schnatterpeck. Der Altar zeigt mehrere Szenen aus der Heiligen Schrift.

St. Felix: Die Wallfahrtskirche «Unsere Liebe Frau im Walde» geht in ihrer jetzigen Form auf das Jahr 1432 zurück, doch ist an der gleichen Stelle schon 1184 ein Ordenshospiz belegt. Der Kirchturm ist noch romanisch. Sehenswert die 5 Altäre.

Tres: Schloß Thun ist das größte Haus der Herren von Thun, einem der ältesten Adelsgeschlechter Tirols. Das um einen Innenhof gebaute Schloß ist von einer wehrhaften Ringmauer mit trutzigen Türmen, Wehrgang und Graben geschützt. Im Bischofszimmer eine Kassettendecke von 1670.

Sanzeno: 3 km oberhalb des Dorfes, im Wald, die fünfzehn Jahrhunderte alte Einsiedelei St. Romedius. In fünf übereinandergebauten Kirchen finden sich Stilelemente von der Romanik bis zum Rokoko und Fresken aus sechs Jahrhunderten. Die ältesten stammen aus dem 8. Jahrhundert.

Möglichkeiten für zusätzliche Unternehmungen

Madonna di Campiglio: Fahrt mit der Seilbahn von Campo Carlo Magno zum Grostépaß (2443 m) und Wanderung über den Sentiero Alfredo Benini zur Tucketthütte. Der drahtseilgesicherte, großartige Weg führt bis auf eine Höhe von 2900 m. Er ist schwindelfreien Wanderern mit Bergausrüstung vorbehalten. Wer nur schauen möchte, fährt vom Ort aus mit der Seilbahn zum Monte Spinale (2093 m). Prächtige Aussicht auf die Brenta-Dolomiten und auf die Presanella.

Andalo. Fahrt mit dem Lift auf die Paganella (2125 m). Schönster Aussichtspunkt für die Südostseite der Brenta. Aussicht aber auch hinunter ins Etschtal.

Mendel Paß: Fahrt auf den 1337 m hohen Penegal. Vom 25 m hohen Aussichtsturm gibt es die Super-Panoramasicht über ganz Südtirol und das Trentino. Nordwärts reicht die Sicht bis zum Alpenhauptkamm, südwärts verliert sie sich in der Unendlichkeit.

Kaltern: Abstecher zum Kalterer See (6 km) und Besuch des Weinmuseums im Schloß Ringberg über dem Kalterer See.

Kartenempfehlung:

Generalkarte 1:200 000, Blätter Südtirol und Gardasee

Zwischen Bernina, Ortler und Adamello

20

«Rotweintrinker sind bessere Menschen», pflegte Gottfried Keller beim Veltliner zu sagen – ohne wohl dabei daran zu denken, daß er damit auch alle seine Landsleute in der deutschen Schweiz zu besseren Menschen machte. Bis heute nämlich wird nirgendwo mehr Veltliner getrunken als hier, wenn auch vielleicht nicht unbedingt, um dadurch «ein besserer Mensch» zu werden. Viel eher denn schon aus Tradition oder auch vielleicht ein wenig aus altem Heimatgefühl. Immerhin sind es noch keine 200 Jahre her, daß Napoleon dafür gesorgt hat, daß das einst zur Eidgenossenschaft gehörende Tal zwischen Comer See und Ortler zu Italien kam. Und mancher Bündner soll das bis heute noch nicht verschmerzt haben.

Ob die aufrechten Freunde des Veltliner Roten dabei aber auch an die Zeit vor 1639 denken (nur von 1639 bis 1797 gehörte das Veltlin zu Graubünden)? Schließlich war der Beistandspakt von 1512 zwischen den Grauen Bünden und den Veltlinern als Schutz gegen spanisch-französische Auseinandersetzungen um das Herzogtum Mailand geschlossen worden, aus Veltliner Sicht aber sicher nicht, um der Annexion seitens der Bündner den Weg zu ebnen. Gleichwohl versuchten diese sofort, nicht nur das Tal in ihre Gewalt, sondern ihm auch gleich noch das Heil in Form der Reformation zu bringen. Gut hundertjährige, blutige Auseinandersetzungen an dieser Reibfläche von spanisch-italienischem und habsburgisch-deutschem Machtbereich waren die Folge, zeitlos verkörpert im legendären Jürg Jenatsch von Conrad Ferdinand Meyer.

Mitten hinein in das einst so umkämpfte Gebiet führt eine Paßfahrt, deren Fülle an faszinierenden Ausblicken und landschaftlichen Gegensätzen ihresgleichen sucht. Wer im Engadin zu dieser Reise startet, hat nicht weniger als 5 Pässe vor sich, der höchste immerhin 2621 m hoch. Wer die Tour hinter sich gebracht hat, kennt ein wunderschönes Stück unserer Alpen und hat – was den Gavia betrifft – die Reifeprüfung im Paßfahren bestanden.

Die Ouvertüre beginnt mit einem Paukenschlag. Wenige Kilometer hinter Pontresina wird über den Morteratschgletscher hinweg der Blick frei auf den östlichsten Viertausender der Alpen, auf die 4049 m hohe Bernina, auf den schönsten Firngrat überhaupt, auf den Biancograt und

Der Piz Languard ist mit seinen 3262 m Höhe der ideale Aussichtsbalkon für die Berninagruppe. Von links paradieren: Piz Palü, Bellavista, Piz Bernina mit dem Biancograt und der Piz Morteratsch.

Auf den ersten Blick ähnelt der Himmelsherold (Eritrichium nanum) dem Vergißmeinnicht. Doch er ist eine Polsterpflanze, die ausschließlich in den Hochalpen zwischen 2500 und 3500 m Höhe anzutreffen ist. Erstmals ist er im Jahr 1697 auf dem Mont Cenis gefunden und beschrieben worden.

auf die Zinnen der Burg aus Fels und Eis, auf den 3905 m hohen Piz Palü. Schöner ist dieses einmalige Panorama nur noch zu sehen, wenn man mit der Seilbahn zur Diavolezza (2379 m) hinauffährt oder den Piz Languard (3262 m) besteigt.

Keine Viertelstunde später blinkt uns das grauweiße Wasser des Lago Bianco entgegen. Er erhält seine «Gletschermilch» unmittelbar aus dem direkt überm See hängenden Gletscher des Piz Cambrena. Der 2234 m hohe Seespiegel bildet die eigentliche Paßhöhe, doch nur die Gleise der Berninabahn (sie ist die höchste, ganzjährig betriebene Adhäsionsbahn der Alpen) dürfen sich an seinem Ufer entlangschlängeln. Die Straße dagegen muß noch hundert Höhenmeter weiter hinauf, bis sich der gewaltige Abbruch ins Puschlav hinunter auftut. Ihn ganz zu überschauen (bis hinunter ins Veltlin), muß man vom Paß am See entlang nach Süden und dann hinüber zur Alp Grüm wandern oder mit dem Bähnlein fahren.

Uns interessiert zunächst aber noch die Höhe. Schon 300 Höhenmeter unterhalb des Bernina Passes biegen wir links ab, zeigen unseren Ausweis und fahren hinüber ins italienische, zollfreie Livigno. Es entpuppt sich als langgezogenes, weites Wiesenhochtal, dessen fürs Skifahren prädestinierte Hänge einen Lift neben dem anderen provoziert haben. Gut versorgt mit billigen Spirituosen und Zigaretten fahren wir hinauf zum Eira Paß (2208 m) und hinein in das karge Foscagno Tal. Weit verstreut liegen hier einzelne Gehöfte und Almhütten (in denen es manchmal guten Almkäse gibt).

Am Foscagno Paß (2291 m) gehts neuerlich über die italienische Grenze aus Italien nach Italien. Hier zeigt es sich, ob wir in Livigno zuviel eingekauft haben. Wenn nicht, dürfen wir ungestraft in die Tiefen des Val di Dentro nach Bormio hinunterfahren und dabei die Aussicht auf die Firnfelder der Cima de Piazzi (3439 m) genießen. In Bagni di Bormio haben wir die Wahl, in der radioaktiven und bis zu 41 °C heißen Therme zu schwimmen, zum 1884 m hoch gelegenen Lago di Cancano hinaufzufahren und um den Stausee herum zu wandern oder einen Abstecher auf das 2758 m hohe Stilfser Joch hinauf zu machen. Die nicht selten senkrechten Felswände im Braulio Tal und die kühne Anlage der Straße lohnen diese Fahrt allemal. Und wer noch schneller in die Höhe mag: Die Seilbahn zur 3020 m hohen Cima Bianca macht auch das möglich. Zur Belohnung gibt es einen wunderschönen Blick auf den Ortler.

Wer es beschaulicher mag, wird in Bormio den Vorboten des Südens und den Überresten der Vergangenheit nachspüren. Christliche Kultur gab es hier immerhin schon zur Zeit Karls des Großen (die Kollegiatskirche Santi Gervaso e Protaso ist schon 803 erwähnt). Die Kirche San Vitale weist an der Fassade alte Fresken auf und birgt in ihrem Inneren ein vergoldetes Altarbildnis aus dem beginnenden 16. Jahrhundert. In der Kirche Santo Spirito ist ein Freskenzyklus, ebenfalls aus dem 16. Jahrhundert, erhalten.

Hinter Bormio nimmt uns die Valfurva auf, die so recht interessant erst wieder in Santa Catarina wird. Hier, in 1738 m Höhe, gabelt sich das Tal. Ostwärts geht es direkt unter die Südwände der Königsspitze und des Cevedale (den Berggeher von der Casati Hütte in 1½ Stunden bequem besteigen können). Nach Süden geht es energisch hinauf zu den Hängen des Monte Gavia (3223 m). Ist man erst aus den letzten Kiefern und Lärchen heraus, öffnet sich im Zurückschauen von der Plaghera Alm eine wohl einmalige Sicht auf die gesamte Südseite des Ortlermassivs.

Nach der Alm wird das Gelände rasch hochalpin. Die Straße folgt jetzt dem Gavia Tal, das sich direkt unter dem Monte Gavia (rechts) und dem Monte Matteo (3684 m, links) windet. Besonders nachmittags beeindruckt hier der Vedretta di Dosegu mit dem Leuchten der Eisbrüche im Gegenlicht. Die Paßhöhe selbst kündet der kleine Lago Bianco an – ein flacher Rücken noch und wir haben den höchsten Punkt erreicht. Nach Osten baut sich eindrucksvoll der Corno dei Tre Signori (3359 m) auf, von Süden leuchten die Firnfelder der Adamello und Presanella Gruppe.

Die berüchtigte und früher gefürchtete Südrampe des Passes hat heute viel von ihrer Gefährlichkeit verloren. Die an der teilweise senkrechten Felsflanke besonders ausgesetzten Stellen sind heute gesichert, und es sind ausreichend Ausweichstellen vorhanden, so daß die 15 Kehren für den routinierten Fahrer kein Problem mehr sind. Aber: Da der bergaufwärts Fahrende Vorfahrt hat, sollte man auch das Rückwärtsfahren auf schmaler Bergstrecke beherrschen. Vor unübersichtlichen Kurven deshalb auch nicht mit der Hupe sparen!

In Ponte di Legno dann sind alle «Schrecken» vergessen. Über die gut ausgebaute Hauptstrecke Bozen–Comer See fahren wir durch zahlreiche kleine Dörfer hinüber ins malerische Edolo, wo uns die nächste, diesmal aber wirklich harmlose Bergfahrt erwartet. Zuerst durch Edelkastanien, dann durch Lärchen geht es hinauf auf den 1176 m hohen Aprica Paß. Er zeigt uns auf seiner Westseite bei der Fahrt hinunter ins Veltlin die verschiedenen Vegetationsstufen: Auf die Nadelbäume folgen Kastanien und Obstbäume, bis schließlich die Reben dominieren.

Auf der Südseite des Foscagno Passes sieht man weit hinaus ins Val di Dentro und bis zu den ersten Häusern von Bormio. Bis zu den Firnfeldern hinauf führt von Bormio aus die Straße zum Stilfser Joch.

Der Gavia Paß ist ein herrlich einsamer Übergang in wilder Hochgebirgsszenerie. Wem extreme Bergstraßen Spaß machen, wird hier in seinem Element sein.

Bevor es wieder hinauf in die Berge geht, sollte ein Spaziergang durch das alte Tirano nicht ausgelassen werden. Neben Resten des alten Kastells aus dem 11. Jahrhundert sind auch noch zwei Tore der Befestigung von 1497 erhalten. Besonders sehenswert aber ist die berühmte Wallfahrtskirche Santuario Madonna di Tirano, 15 Minuten oberhalb des Städtchens. Der Renaissancebau wurde 1505 begonnen, hat eine achteckige Kuppel, ein Hauptportal aus Marmor und einen reich geschmückten, dreischiffigen Innenraum. Ein besonderes Prunkstück ist die Orgel aus dem 17. Jahrhundert mit 2200 Pfeifen aus reinem Zinn.

Von Feigen, Kastanien und Veltliner Reben heißt es schließlich wieder Abschied nehmen. 25 Kilometer weiter und beinahe 2000 Meter höher werden wir schon wieder in den arktischen Regionen von Palü und Bernina sein. Grund genug, den Süden ein letztes Mal zu genießen. Naturfreunde können das mit einem Spaziergang am Ostufer des Lago di Poschiavo tun, alle anderen werden das zauberhafte, nur etwa 3600 Einwohner zählende Poschiavo, heute Hauptort des Bezirks Bernina, entdecken. Ob die Stiftskirche S. Vittore mit Campanile aus dem 13. Jahrhundert, ob das Oratorio Sta. Anna mit dem Beinhaus, ob die Klosterkapelle oder die wunderschöne Barockkirche Sta. Maria Assunta, ob das Spaniolenviertel mit seinen «Zuckerbäckerverzierungen» oder die frühmittelalterliche Kapelle S. Pietro – auf Schritt und Tritt gibt es Reizvolles zu entdecken.

Mit jeder der zahllosen, aber immer wieder aussichtsreichen Kurven der Straße zum Bernina Paß entfernen wir uns wieder vom Süden und seinen Verlockungen, bis wir schließlich an der Abzweigung in Livigno auf unsere alte Route treffen.

20 Zwischen Bernina, Ortler und Adamello

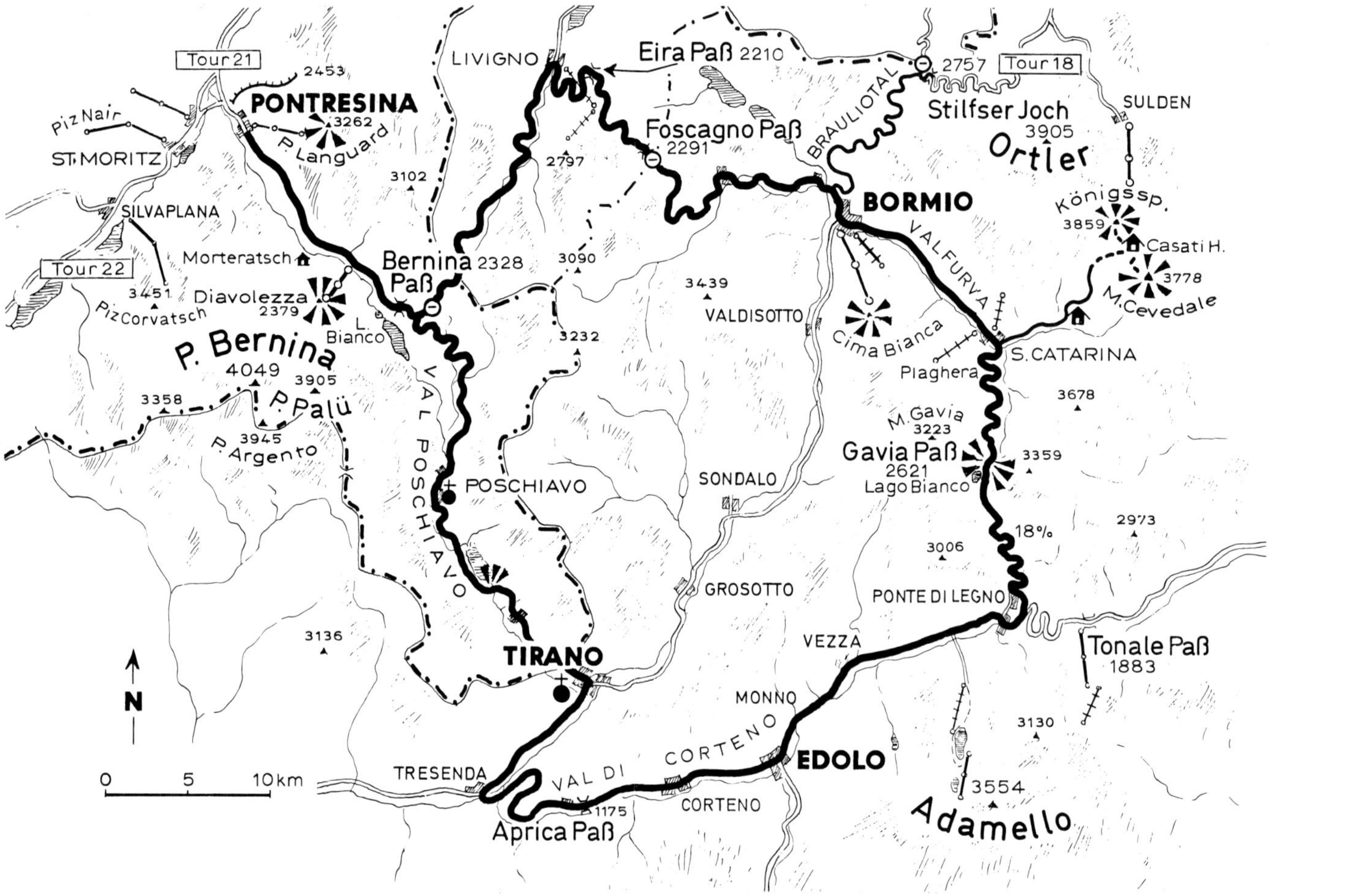

Technisches

Bernina Paß: Der 2328 m hohe Übergang verbindet das Engadin mit dem Puschlav und dem Veltlin. Auf der Nordseite hat die landschaftlich großartige Straße maximal 10%, auf der Südseite maximal 12% Steigung. Sie ist, soweit es Schneelage und Lawinengefahr zulassen, ganzjährig befahrbar, mautfrei und für Caravans nicht zu empfehlen.

Eira Paß: Der 2210 m hohe Übergang ist der nördliche Teil der Verbindung Livigno–Bormio und als Postautostraße ganzjährig befahrbar (Postbus hat stets Vorfahrt!). Auf der Nordseite beträgt die Steigung maximal 12%, im südlichen Hochtal maximal 7%. Die Straße ist mautfrei und für Caravans nicht geeignet.

Foscagno Paß: Der 2291 m hohe Übergang ist der südliche Teil der Verbindung Livigno–Bormio und als Postautostraße ganzjährig befahrbar (zeitweise Sperrung möglich). Auf der Nordseite beträgt die Steigung maximal 10%, auf der Südseite maximal 12%. Die Straße ist mautfrei und für Caravans nicht geeignet. Am Paß Zollgrenze der Zollfreizone.

Gavia Paß: Die auf 2621 m hinaufführende, ehemalige Militärstraße erschließt die Westseite des Ortlermassivs. Auf der Nordseite beträgt die Steigung maximal 16%, auf der Südseite maximal 18%. Die Straße hat insgesamt 24 Kehren und zahlreiche einspurige Strecken mit Ausweichen. Die Straße ist vom 1. 7. bis 15. 11. geöffnet, mautfrei und für Caravans nicht geeignet (auf der Südseite verboten, dort auch Beschränkung auf Fahrzeuge mit 2,8m Höhe und 1,5t Gesamtgewicht).

Aprica Paß: Der 1175 m hohe Übergang verbindet zusammen mit dem Tonale und dem Mendel Paß Bozen mit dem Comer See. Die sehr gut ausgebaute Straße hat maximal 8% Steigung, ist ganzjährig befahrbar, mautfrei und für Caravans geeignet.

Sehenswürdigkeiten

Pontresina: Über dem Dorf die Begräbniskirche Santa Maria mit romanischem Turm aus dem 12. Jahrhundert. Das Wandgemälde über dem Südportal ist um 1495 entstanden. An der Westwand ist eine spätgotische Malerei erhalten, die um 1200 datiert wird.

Bormio: In der Kirche San Vitale vergoldetes Altarbildnis aus dem Anfang des 16. Jahrhunderts. Apsis und Campanile sind romanisch. In der Kirche Santo Spirito Freskenzyklus aus dem 16. Jahrhundert.

Tirano: Reste des Kastells aus dem 11. Jahrhundert. Besonders schön die etwas oberhalb gelegene, weithin sichtbare Wallfahrtskirche Santuario Madonna di Tirano. Der Renaissancebau wurde 1505 begonnen. Achteckige Kuppel mit Hl. Michael auf der Laterne. Im dreischiffigen Inneren reiche Ausstattung.

Poschiavo: Stiftskirche S. Vittore mit Campanile aus dem 13. Jahrhundert. Die Kirche Santa Maria Assunta ist die schönste Barockkirche des Tales.

Möglichkeiten für zusätzliche Unternehmungen

Bormio: Abstecher durch das Braulio Tal auf das 18 km entfernte und 2757 m hohe Stilfser Joch. Mit maximal 12% Steigung und über 39 Kehren führt die Straße in eine wildromantische Schlucht und hinauf zum Sommerskigebiet unter der Geisterspitze.

Edolo: Abstecher zum 20 km entfernten Capo di Ponte und zum Parco Nazionale delle Incisioni Rupestri. Dort sind Felsenzeichnungen aus der Bronzezeit (1800 v. Chr.) bis zur Eisenzeit (200 v. Chr.) erhalten. In Cemmo, auf der anderen Seite des Oglio, steht die Kirche San Siro aus dem 12. Jahrhundert. Sie ist die älteste Kirche des Tales mit Resten eines Römerbaues.

Kartenempfehlung

Generalkarte 1:200000, Blatt Südtirol, für das Puschlav Landeskarte der Schweiz 1:100000, Blatt 44

Im Freistaat der Drei Bünde in Hohenrhätien

21

Fünfhundert Jahre ist es her, daß sich der 1367 in Zernez geschlossene «Gotteshausbund», der «Graue Bund» (1395) und der «Zehngerichtebund» (1436) zur Sicherung des Landfriedens zu den «Dryen Pündt» verbanden und damit den reichsunmittelbaren und nur dem Kaiser verpflichteten Verband von Walsern und Rätoromanen entstehen ließen. Der Bund hat nicht nur den 22. Mai 1499 überdauert, als 8000 Bündner in der Schlacht an der Calven im Münstertal 12 000 Österreicher schlagen mußten, er überstand auch den Dreißigjährigen Krieg und sogar den 1803 erfolgten Anschluß an die Eidgenossenschaft (auch wenn damals aus dem Bund offiziell der Kanton Graubünden wurde).

Welch unterschiedliche Elemente damals zusammenfinden mußten, ist im Herzen des Bündner Landes noch heute auf Schritt und Tritt ablesbar. Da ist zunächst die sprachliche Seite: Die deutsche Komponente vertraten die im 12. Jahrhundert zugewanderten und im Prättigau ansässigen Walser. Bergell und Puschlav brachten die italienische Komponente, die hochalpinen Talschaften die rätoromanische ein. Das Rätoromanische gliedert sich bis heute in nicht weniger als vier eigene Schriftsprachen! Entsprechend vielfältig war und ist bis heute die kulturelle Seite. Zwischen Davos und dem Engadin liegt zwar nur ein Paß, für Sprache und Kultur aber liegen Welten dazwischen.

Die Widderchen (Zygaenidae) sind auffallende, meist langsam fliegende kleine Schmetterlinge. Ihr Name nimmt auf ihre ungewöhnlich dicken Fühler Bezug.

In Davos regiert – trotz aller modernen Einflüsse – nach wie vor das walserische Element. Die Einzelhöfe sind über die ganze Talschaft verstreut. Alle älteren Häuser sind aus Holz gebaut, ihre Balken sind kunstvoll ineinandergefügt (= «gestrickt»). Daneben aber regiert moderner Trubel, dem man am besten nach oben entflieht. Welcher der zahlreichen Bergbahnen man sich anvertraut, ist Geschmackssache. Niemand aber sollte es versäumen, wenigstens die weltberühmte Parsennbahn (Standseilbahn Davos Dorf, 1574 m–Weißfluhjoch, 2663 m) auszuprobieren. Mit der Gondelbahn geht es vom Joch noch vollends zur 2848 m hohen Weißfluh hinauf. Eine umfassende Aussicht nach allen Seiten ist die Belohnung. Gegen Osten zeigt sich die Silvretta von ihrer schönsten Seite, nach Süden lockt der Piz Kesch und dahinter die ganze Berninagruppe.

Im Sertig Tal bei Davos. Mittagshorn, Hoch Ducan und Gletscher Ducan locken die Bergsteiger.

Nur 13 km sind es von Davos aus bis zum 2383 m hohen Flüelapaß, der den Prättigau mit dem Engadin verbindet. Die alten Nadelwälder auf beiden Seiten bleiben bald zurück, und auch die Latschen werden zusehends vom Geröll und weiten Schuttreisen verdrängt. Auch auf der Paßhöhe beherrschen abgestürzte Felsbrocken und Geröll das Bild. Hätten Zyklopenkinder vom Flüela Weißhorn (3085 m, östlich des Passes) und vom Flüela Schwarzhorn (2968 m, westlich des Passes) einander mit Steinen beworfen, die Trümmerlandschaft wäre nicht schlimmer geworden. Daran kann nicht einmal der grüne Schottensee, der den Landwasser Bach speist, etwas ändern.

Freundlicher wird die Landschaft erst wieder beim Hinunterfahren ins Val Susasca. Nach den ersten Kehren gibt es durch das Val Grialetsch einen schönen Blick auf den vergletscherten Piz Grialetsch. Über mehrere Kehren geht es schließlich vollends ins Engadin hinunter, das wir bei Susch, 1426 m, erreichen. Für Kunstfreunde wird hier ein Abstecher talwärts fällig. In Lavin ist im etwa 1500 erbauten Kirchlein ein vollständig mit Wandmalereien eines italienischen Meisters überzogener Chor zu entdecken und in Guarda (7 km) sind die dekorativsten Sgraffiti des gesamten Engadins zu finden.

In Zernez sollten wir in der Pfarrkirche einen Blick auf die 1609 entstandenen Frühbarockstukkaturen auf farbigem Grund werfen, bevor wir ins Oberengadin hinauffahren und das uralte Zuoz bewundern. Es ist schon im karolingischen Urbar aufgeführt und war anfangs eine bischöfliche Domäne, die zwischen dem 13. und 14. Jahrhundert in die Familienherrschaft der Planta überging. Am Hauptplatz dominieren denn auch das Obere Planta Haus aus dem 16. Jahrhundert, erbaut für Conradin Planta, und das Untere Planta Haus unterm gleichen First. Beide sind typische Beispiele des Engadiner Hauses, in dem grundsätzlich alles unter einem Dach vereinigt ist: Hof, Scheune, Stall und Wohnung. Zentraler Raum ist der praktisch als Hof fungierende Sulèr, in den mit dem Heuwagen hineingefahren werden konnte und um den Küche, Vorratskammer und Stube unmittelbar zugänglich angeordnet waren.

In La Punt zweigt die Straße schon zum Albulapaß ab, doch wer wird es fertigbringen, die Schatztruhe Engadin so schnell wieder zu verlassen? Deshalb für den Kunst- und Naturfreund wenigstens je einen Vorschlag aus der Überfülle der Möglichkeiten:

Der Freund alter Kunst und Kultur findet sie in Samedan, dem ursprünglichen Stammsitz der Familie von Salis, der jetzt der Sitz der Planta-Stiftung mit rätoromanischer Bibliothek ist. In Celerina wird er die ursprüngliche Pfarrkirche S. Gian besuchen. Sie und der kleine Turm stammen aus dem 11. Jahrhundert, der große Turm entstand 1478. 1682 schon brannte er nach Blitzschlag aus. Das Schiff hat eine flache Leistendecke von 1478 mit reicher Schablonenmalerei. Am Chor Wandgemälde aus dem 15. Jahrhundert. In St. Moritz schließlich wären Engadiner Museum und Segantini-Museum Besuche wert. Im ersteren sind zahlreiche wertvolle Täferzimmer aus dem 16. bis 18. Jahrhundert eingebaut. Im Keller ist die älteste Fassung der St.-Moritzer Heilquelle zu sehen. Sie hat über 3000 Jahre gehalten!

Den Bergfreunden sei eine Wanderung empfohlen, die auf breitem Spazierweg auf immerhin 2731 m hinaufführt und Bernina, Bellavista und Piz Palü in Paradestellung vorführt. Ausgangspunkt ist die Standseilbahn von Punt Muragl vor Pontresina auf die Muottas Muragl (2453 m). Von dort führt der Panoramaweg entweder horizontal oder über den Anstieg zur

Am Flüelapaß ist wenig Liebliches zu finden. Hier herrschen Firn und Felsen, gegen die karges Gras nur mühsam anzukämpfen vermag.

Die junge Albula bei Preda auf der Nordseite des Albulapasses. Im Hintergrund Piz Mez und Crasta Mora.

Segantinihütte (Bergschuhe!) hinüber zur Bergstation des von Pontresina heraufkommenden Liftes. Der zweistündige Weg ist, was die Aussicht betrifft, ein einziges Schwelgen in Superlativen.

Mit der Fahrt über den 2312 m hohen Albulapaß unter den Südhängen des 3418 m hohen Piz Kesch schließlich ändert sich der Charakter der Landschaft noch einmal völlig. Wir fahren hinunter in enge Waldschluchten, blicken in tiefe Abgründe und wundern uns nicht selten, wie es Straße und Bahn immer wieder gelingt, sich durch ein Schlupfloch zu mogeln. Bei Muot etwa verschwindet die Bahn in drei übereinander angeordneten Kehrtunnels!

Liebe zum Detail zeichnet Engadiner Häuser besonders aus (Bild links).

St. Peter im Mistail ist eine der ältesten karolingischen Kirchen (2. Hälfte d. 8. Jh.) mit dreifacher Apsis (Bild unten).

Neben allen landschaftlichen und technischen Schmankerln sollten aber auch zwei kunsthistorische Perlen nicht vergessen werden. Die eine liegt praktisch am Weg (Abzweigung in Bergün). Es ist das kleine Kirchlein in Stugl, das um 1300 entstanden ist. Im Tonnengewölbe des Schiffes sind prächtige gotische Wandmalereien (um 1350) erhalten. Für die zweite, noch glänzendere Perle ist von der Abzweigung in Richtung Davos bei Alvaneu ein Abstecher von 6 km nach Alvaschein notwendig. Dort finden wir in Mistail, hoch über der Albulaschlucht, St. Peter, die älteste und schönste karolingische Kirche mit einer dreifachen Apsis. Die Kirche stammt aus der 2. Hälfte des 8. Jahrhunderts und gehörte ursprünglich zum Frauenkloster Wapitinis. Im Innern Fragmente karolingischer Malerei.

Durch das Landwassertal – hier herrscht bereits wieder Walser Einfluß – fahren wir nach Davos zurück.

21 Im Freistaat der Drei Bünde

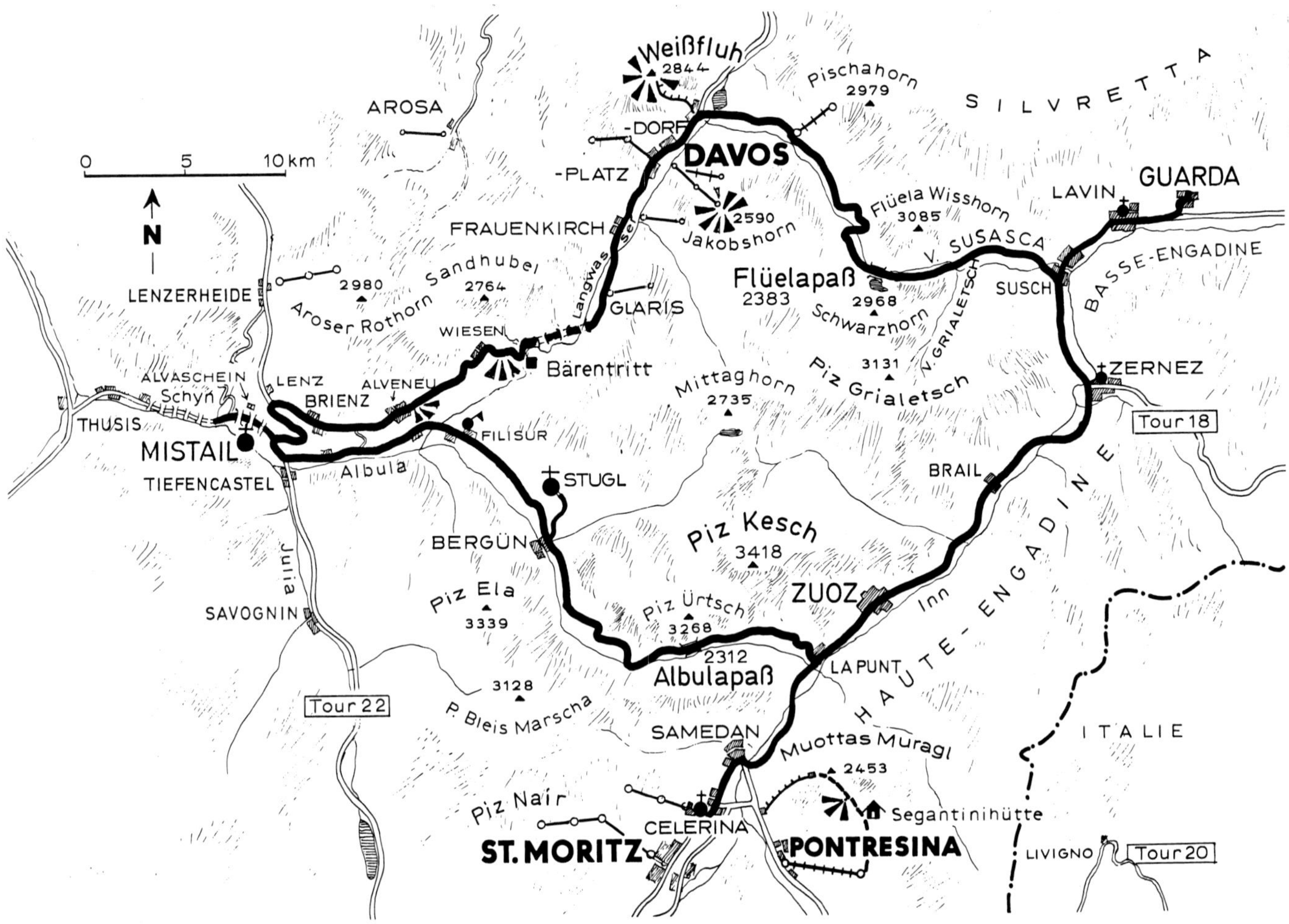

Technisches

Flüelapaß: Der 2383 m hohe Übergang verbindet das untere Engadin über Davos und den Prättigau mit dem Rheintal. Die durchwegs gut ausgebaute Straße hat auf der West- und Ostseite maximal 10% Steigung und ist – soweit es Schneelage und Lawinengefahr zulassen – ganzjährig befahrbar. Vom 1. 11. bis 30. 4. ist die Straße nachts gesperrt und kostet Schneemaut. In der übrigen Zeit ist sie mautfrei und für Caravans bedingt geeignet.

Albulapaß: Der 2312 m hohe Übergang ist keine wichtige Verbindungslinie (diese Aufgabe übernimmt der westlich gelegene Julier für die Strecke Chur–Oberengadin), eher eine Aussichtsstraße. Sie ist unterschiedlich gut ausgebaut, hat insgesamt 17 Kehren und durchgehend maximal 12% Steigung. Sie ist vom 15. 5. bis 15. 11. befahrbar, mautfrei und für Caravans nicht geeignet. Zwischen Samedan und Thusis auch Autoverladung durch die Rhätische Bahn.

Sehenswürdigkeiten

Lavin: Um 1500 erbaute, reformierte Kirche mit einem vollständig ausgemalten Chor. Im Chor ist eine Glocke von 1469 aufgestellt.

Guarda: Mit das schönste Dorf der Schweiz. Viele Sgraffiti, romanische Sprüche, Inschriften und Wappensteine an den Wänden.

Zuoz: Hauptort des Oberengadins, schon in karolingischer Zeit belegt. Die reformierte Kirche ist eine der drei ältesten Pfarrkirchen des Oberengadins. Die beiden Planta-Häuser am Hauptplatz stammen aus dem 16. Jahrhundert. Der mit dem unteren Planta-Haus durch Arkaden verbundene Turm war der mittelalterliche Sitz der Planta.

Samedan: Die Begräbniskirche St. Peter gehört zu den ältesten Pfarrkirchen des Tales. Von der alten Substanz der spätgotischen Kirche ist nur der romanische Turm (um 1100) erhalten.

St. Moritz: → Tour 22.

Celerina: Das auf einem Hügel südlich des Dorfes gelegene Kirchlein S. Gian ist die älteste Kirche im Engadin. Sie wurde im 11. Jahrhundert gebaut. Großer Turm (1682 durch Blitz beschädigt) und Vergrößerung des Schiffes von 1478. Das Schiff deckt eine flache Leistendecke mit Schablonenmalerei von 1478. Die Wandgemälde stammen von Ende des 15. Jahrhunderts.

Stugl: Mittelalterliche Kirche, entstanden um 1300. Außen wie innen sind hervorragende gotische Wandmalereien (um 1350) erhalten.

Mistail: Die Kirche St. Peter ist die älteste karolingische Kirche mit dreifacher Apsis. Sie liegt malerisch über der Albula-Schlucht und entstand schon in der 2. Hälfte des 8. Jahrhunderts. Sie gehörte zum später aufgelösten Frauenkloster Wapitinis. Durch Grabungen wurden die Konventgebäude nachgewiesen. Im Innern Fragmente karolingischer Malerei.

Möglichkeiten für zusätzliche Unternehmungen

Davos: Zahlreiche Bergbahnen nach allen Seiten. Die prächtigste Aussicht bietet die 2844 m hohe Weißfluh (erreichbar mit Standseil- und Gondelbahn). Ungehinderte 360°-Aussicht.

Oberengadin: Wer wandern möchte: Fahrt mit der Standseilbahn zur Muottas Muragl und zweistündige Wanderung mit herrlicher Aussicht auf die Ostseite der Berninagruppe. Abstieg mit dem Sessellift nach Pontresina. Wer nur schauen möchte: Fahrt mit der Seilbahn auf die 2973 m hohe Diavolezza, unmittelbar gegenüber von Piz Palü und Bernina. Oder: Fahrt mit der Seilbahn auf den Piz Corvatsch (3295 m), unmittelbar gegenüber von Piz Roseg und Bernina.

Kartenempfehlung

Landeskarte der Schweiz 1:100 000, Blätter 39 und 44

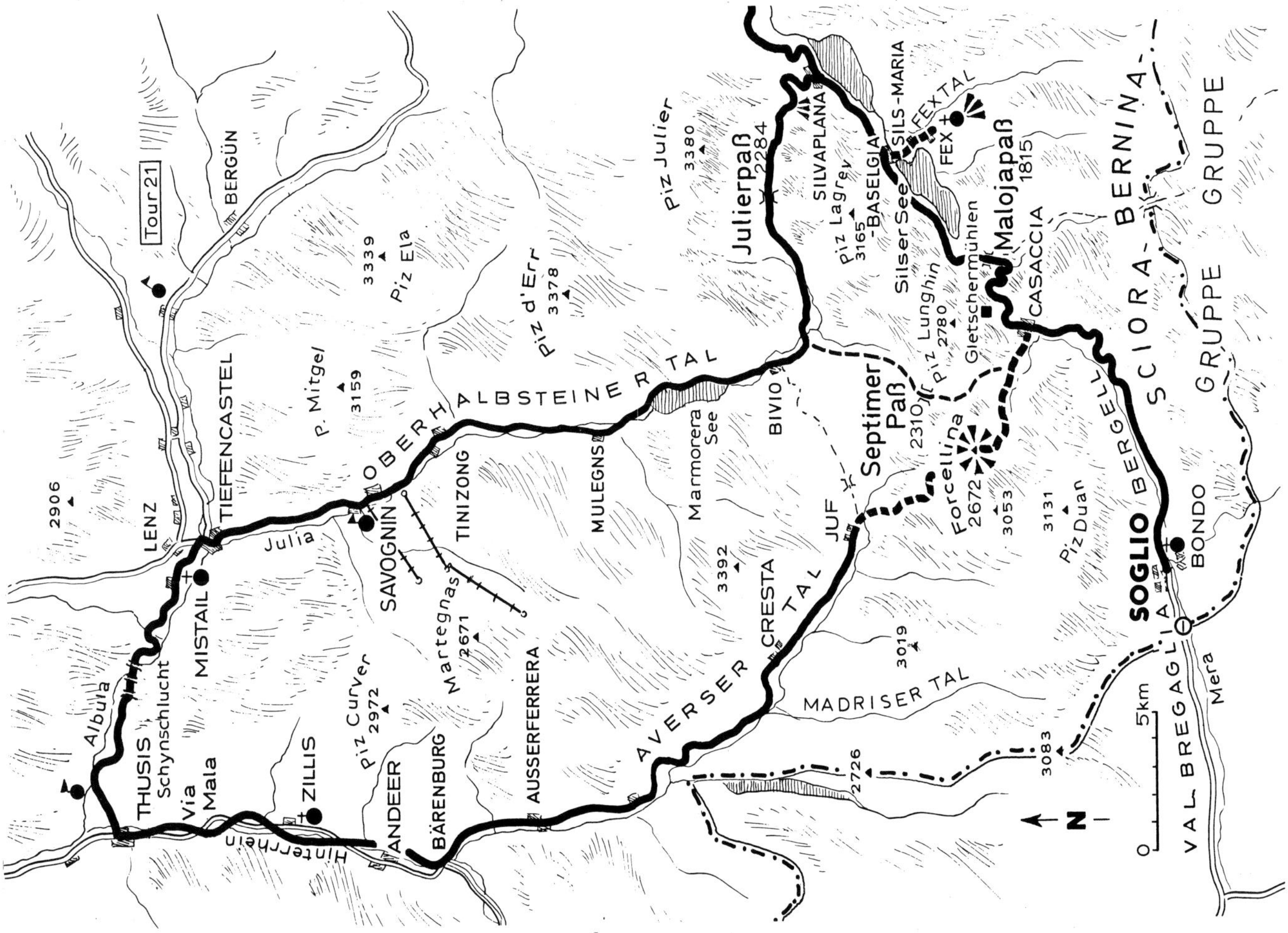

Technisches

Septimerpaß: Die alte Römerstraße verbindet Bivio (= Zweiweg, Gabelung) an der Nordrampe der Julierstraße mit dem Bergell. Der 2310 m hohe Übergang, den die Römer als Karrenweg ausgebaut hatten, ist heute nur noch zu Fuß passierbar. Vom Avers-Tal aus ist zudem zunächst die 2672 m hohe Forcellina zu erklimmen. Der Weg mündet in 1458 m Höhe im Bergell bei Casaccia. Gehzeit Juf–Casaccia = 5 Stunden.

Malojapaß: Auf dem mit 1815 m höchsten Punkt des Engadiner Talbodens bricht das Gelände über 400 Höhenmeter nahezu senkrecht ab. Obschon diese Steilstufe sicher nur schwer zu überwinden war, hatten sie auch schon die Römer gezähmt. Heute verbindet eine sehr gut ausgebaute, aber kehrenreiche Straße mit maximal 9% Steigung das Bergell mit dem Engadin. Sie ist, soweit es Schneelage und Lawinengefahr zulassen, ganzjährig geöffnet, mautfrei und für Caravans geeignet.

Julierpaß: Die Verbindung des Engadins mit dem Oberrhein Tal gehört zu den ältesten Pässen der Alpen. Die Römer benutzten ihn neben dem Septimer, und die Neuzeit begann schon 1387, als der Bischof von Chur einen Karrenweg bauen ließ. Heute hat die vorzüglich ausgebaute Straße auf der Nordseite maximal 10%, auf der Südseite maximal 12% Steigung und ist, soweit es Schneelage und Lawinengefahr zulassen, ganzjährig befahrbar. Sie ist mautfrei und für Caravans geeignet.

Sehenswürdigkeiten

Soglio: Einer der wunderbarsten Flecken der gesamten Alpen. Das uralte, noch nahezu unverfälschte Bergbauerndorf übt wohl einen ganz besonderen Zauber aus: Wer einmal dort war, muß immer wieder hin!

Bondo: Im romanischen Kirchlein San Martina wurden Frührenaissance-Fresken aus dem 14. Jahrhundert entdeckt. Der Palazzo Salis ist der schönste Herrschaftsbau im Bergell.

Sils-Baselgia: Das am schönsten gelegene Dorf des Engadins am Nordostzipfel des Silser Sees hat seinen Namen von dem aus dem Mittelalter stammenden Kirchlein (= basilica). Ihr gemauertes Kegeldach wurde zum Wahrzeichen des kleinen Dorfes. Von der Halbinsel Chasté schönster Blick über den See. Oberhalb von Sils im Fextal (für Kraftfahrzeuge gesperrt, aber Pferdeomnibus) steht eine romanische Kapelle, in der Fresken aus dem 15. Jahrhundert freigelegt wurden.

St. Moritz: Die Siedlung aus der Bronzezeit bildete sich um die heute noch sprudelnde Heilquelle. Die erste, 3000 Jahre alte Quellfassung ist im Engadiner Heimatmuseum zu sehen. Dort ist auch die bedeutendste kulturhistorische und volkskundliche Sammlung des Engadins untergebracht. Mehrere Täferzimmer aus dem 16. bis 18. Jahrhundert sind mit passenden Originaleinrichtungen möbliert, so daß ein lebendiges Bild Engadiner Lebensweise entsteht. Im Segantini-Museum ist das Hauptwerk des Malers Giovanni Segantini (1858–1899) untergebracht.

Möglichkeiten für zusätzliche Unternehmungen

Casaccia: An der untersten Kehre vor Vicosoprano befindet sich die Talstation der ehemaligen Materialseilbahn vom Bau des imposanten Albigna-Dammes. Sie fährt morgens, mittags und abends zur Versorgung des Personals und nimmt bei diesen Gelegenheiten Bergfreunde mit hinauf zum 2163 m hohen Lago da l'Albigna und direkt unter die Granitzinnen der Sciora.

Kartenempfehlung

Landeskarte der Schweiz 1:100 000, Blätter 43 und 44

Zum Dach Europas

22

Geschichte und Kultur entwickeln sich in der Regel nicht gerade in einsamen Höhen unwirtlicher Bergregionen, die zudem große Teile des Jahres durch Schnee, Eis und Lawinen blockiert sind. Nur eine einzige Hochregion in den gesamten Alpen macht hier eine Ausnahme: das Oberengadin, das die Engländer mit ihrem ausgeprägten Sinn für das Besondere nicht umsonst als das Dach Europas bezeichnet haben.

Ist schon die 1800 m hoch gelegene Seenplatte einmalig, so ist es anderes noch mehr. Trotz hoher Berge ringsum könnte ein Nichteingeweihter, den man auf die Straße zwischen Sils-Maria und Sils-Baselgia stellt, nicht sagen, wo es talauf und wo es talab geht. Weder nach Nordosten noch nach Südwesten gibt es eine Begrenzung. Vom rund 15 Kilometer langen Hochplateau geht es nach beiden Richtungen nur abwärts. Und kaum anders ist es in den beiden anderen Richtungen. Nach Nordwesten sind es gerade 7 Kilometer sanfte Steigung zum Julierpaß, nach Südosten ist es eine halbe Autostunde zum Berninapaß, bis es auch hier wieder ohne Hindernisse abwärts geht.

Hier oben, genauer am Piz Lunghin, nördlich von Maloja, ist die europäische Wasserscheide für drei Meere. Wasser fließt von dort oben nordwärts in die Julia, den Rhein und schließlich in den Atlantik; es sprudelt als Sela in den Silser See, verwandelt sich in den Inn, kommt zur Donau und landet im Schwarzen Meer; oder es gelangt als Mera durch das Bergell in den Comer See, als Ada in den Po und damit ins Mittelmeer.

Nicht minder einmalig ist die Geschichte der Besiedlung, der Sprache, der Kultur und der Beherrscher vom Dach Europas. Illyrer und Kelten, Etrusker und Römer, Goten und Franken hinterließen hier über mehr als 4000 Jahre hinweg ihre mehr oder weniger starken Spuren, bis 1367 die rätische Selbständigkeit, die «Uralt wahrhafftig Alpisch Rhetia», entstehen konnte. Ein wenig von ihrer stolzen Einmaligkeit wollen wir auf der Fahrt über Septimer und Julier kennenlernen.

Beim Abstieg vom Septimer Paß bilden die Bergeller Bergriesen den würdigen Rahmen. Von links: Bacone, Casnile, Castello und Sciora. Der Albigna-Gletscher kalbt unmittelbar in den Stausee.

Fahren können wir allerdings nur über den Julier, dessen vorzüglich ausgebaute Straße Sommer wie Winter keine Schwierigkeiten aufweist. Die Erkundung des Septimer dagegen verlangt einige Mühe. Ihm kann nur zu Fuß auf die Spurrillen der Römerkarren gestiegen werden. Wer aber die 5stündige Wanderung nicht scheut, erlebt eine römische Paßstraße, die in weiten Bereichen der Südrampe noch im zweitausendjährigen Original erhalten ist. Bergell, Malojapaß, Oberengadin und Julierpaß genießen wir schließlich vom Postbus aus.

Idealer Ausgangspunkt ist Thusis am Eingang zur Via Mala. Dort vertrauen wir uns dem Bus nach Juf an. Er bringt uns in das kurz hinter Andeer von der Straße zum Splügen abzweigende enge Aversertal und in das höchstgelegene Pfarrdorf der Schweiz, in das 1949 m hohe Avers-Cresta.

Den Ausgangspunkt unserer Wanderung über den Septimer erreichen wir in Juf, im hintersten Zipfel des Averser Tales. Die 2126 m hoch gelegene Einzelhofsiedlung ist nicht nur die höchstgelegene, ganzjährig bewohnte Ortschaft Europas, sondern hat auch noch die typischen, «gestrickten» Walserhäuser – Holzhäuser also, deren Balken vierkantig behauen oder gesägt und mit den vorstehenden Enden kreuzweise ineinandergefügt sind.

Wohl müssen wir jetzt zunächst 500 m zur 2672 m hohen Forcellina hinaufsteigen,

sie belohnt uns aber dafür mit einer hervorragenden Sicht zur Bernina, zum Piz Scerscen und zum Piz Rosegg sowie hinunter zum Septimer. Wie das wohl ausgesehen haben mag, als durch dieses Hochtal die römischen Legionen zogen und das Rumpeln der Ochsenkarren von den Hängen widerhallte? In welchem Zustand die Straße selbst sich befunden hat,

Granit kann auch schützen und wärmen, wie die Dächer von Soglio beweisen (Bild oben).

Abend am Silser See. Wer würde glauben, daß diese freundliche, fast liebliche Landschaft in 1800 m Höhe zu finden ist (Bild rechts)?

erfahren wir jedenfalls beim Abstieg recht genau.

Entsprechend ihrer Bedeutung hatten die Römer die Straße nach allen Regeln der Kunst ausgebaut. Granitplatten hatten sie so senkrecht gesetzt, daß die langen Schmalseiten noch heute das Muster für ein Langriemenparkett abgeben könnten. In der Mitte hatten sie für die Entwässerung eine Wölbung vorgesehen, zu beiden Seiten gab es Steinreihen als Einfassung. Als Belag war schließlich eine feste Schicht Sand und Kies aufgestampft worden.

All das können wir während des Abstiegs hinunter nach Casaccia immer wieder aufs neue verfolgen. Den großartigen Rahmen dazu bilden die Bergeller Bergriesen. Sissone und Cengalo, Cristallo und Badile erinnern daran, in welch wilder Region wir uns trotz breiter «Straße» bewegen.

Nur eng übereinandergelegte Kehren ermöglichen die Überwindung der Steilstufe zwischen Maloja und dem Val Bregaglia.

Von der Halbinsel Chasté aus – sie war der Lieblingsplatz von Nietzsche in seiner Silser Zeit – geht der Silser See unmittelbar in den Himmel über.

Und dennoch ist es gleichzeitig nur noch ein Katzensprung in den Süden. Seine Nähe spüren wir bei der anschließenden Fahrt nach Soglio, der Sonnenterrasse hoch über der Mera. Wo der größte Edelkastanienwald der Schweiz wächst, muß die Sonne die Oberhand haben! Ein Hauch von Mittelalter kommt uns in Soglio entgegen. Es ist nicht nur die Heimat der bis nach Deutschland und England verzweigten Familie von Salis, es ist nicht nur der Standort ihres prachtvollen Barockpalastes (in dessen Originaleinrichtung man sogar übernachten kann), es ist auch nicht nur ein noch nahezu unverfälschtes Bergbauerndorf, dessen Granithäuser sich so eng aneinanderducken, daß man sich von Fenster zu Fenster über die «Straße» hinweg die Hand geben kann, es ist vielmehr einer der schönsten Flecken unserer gesamten Alpen.

Am nächsten Morgen machen wir in Bondo erste Station, lassen uns von der Mischung schweizerischer Ordnungsliebe und italienischem Charme einfangen, bummeln über das jahrhundertealte Kopfsteinpflaster und bewundern die erst 1960 entdeckten Frührenaissance-Fresken aus dem 14. Jahrhundert im romanischen Kirchlein San Martino. Auch dem Palazzo Salis, dem schönsten Herrschaftsbau im Bergell, erweisen wir unsere Reverenz.

Bis hinauf zum Malojapaß genießen wir die Wildheit der Landschaft vom bequemen Busplatz aus, freuen uns, wie der Bus sich durch die Haarnadelkurven mogelt und lassen uns überraschen, wenn sich am Maloja schlagartig eine neue Welt öffnet. Hier gilt es auszusteigen und die größten Gletschermühlen der Alpen zu besichtigen. Etwa 40 Strudellöcher mit bis zu 20 Meter Umfang und 11 Meter Tiefe im grünen Gneis zeugen im Wald über dem Paß von der Ausdauer mahlender Naturkräfte.

Oder wir wandern in wenigen Minuten zum kleinen Kirchlein Cresta hinauf und schauen von dort über die ganze Seenplatte. Und natürlich gehen wir vor zum Silser See, fahren mit dem Motorboot hinüber nach Sils (Anlegestelle Chasté) und träumen in die Unendlichkeit des Himmels. Wer anschließend über die Chasté bummelt, wird recht schnell spüren, warum sie Nietzsches Lieblingsplatz war.

Ein kleines Juwel ist eine knappe Gehstunde oberhalb von Sils-Maria (Maria von maioria = Meierhof) zu entdecken. Mitten im für sich alleine schon wunderschönen Fextal (an den Westhängen von Marmoré blühen die seltensten Alpenblumen!) steht das kleine Fexer Kirchlein. Die romanische Kapelle mit einer halbrund gewölbten Apsis hat ein unverwechselbares Glockenjoch überm Ostgiebel und in der Apsis Wandgemälde (15. Jh.).

Von Sils-Baselgia (= basilica) fahren wir mit dem Bus die wenigen Höhenmeter zum Julier hinauf, genießen von den paar Kehren aus noch einmal die prächtige Sicht aufs Engadin, denken auf der zugigen Julierhöhe vielleicht an frierende Römer und genießen die Vorteile moderner Technik, die uns sicher nach Thusis zurückbringt.

Die Seen der Oberengadiner Seenplatte – hier ist es der Silvaplaner See mit Piz Rosatsch, Piz Surlej und Munt Arlas – eignen sich wegen des aus dem Bergell kommenden Malojawindes vorzüglich zum Segeln (Bild folgende Doppelseite).

FD

F D
Z 253

Vom Hinterrhein ins Tessin

23

Schon im römischen Kaiserreich waren San Bernardino und Splügenpaß neben Septimer und Julier die meist begangenen Pässe im Bündner Land. Und das, obwohl weder die Felsengen der Via Mala und der Rofla Schlucht noch die jähen Abbrüche im Valle Mesolcina oder im Valle San Giacomo alles andere als einen leichten Übergang ermöglichten. Wohl schon zur Römerzeit gab es deshalb überall an diesen Straßen die Porten (von portare = tragen). Sie übernahmen den Warentransport, waren später zunftmäßig organisiert und waren verantwortlich auch für den Bau und den Unterhalt der Straßen. So sorgten etwa die Porten von Thusis zusammen mit den Rheinwaldnern, Schamsern und Misoxern 1471 für den Bau eines mit Wagen und Schlitten befahrbaren Weges durch die Via Mala. Entsprechend dem wachsenden Verkehr wuchs aber auch der Wohlstand im nördlichen Talort beider Pässe. 1506 entstand die große Pfarrkirche mit dem schönen Sterngewölbe. Das Schlößli entstand 1670 für Silvester von Rosenroll, dem Meister der Porte von Thusis.

Heute ist die Via Mala als Teil der direkten Verbindung Bodensee–Lombardei mit Tunnels, Bogenbrücken und Galerien so ausgebaut, daß man von der bis zu 500 m tief eingeschnittenen Bösen Schlucht nichts mehr sehen muß. Wer dagegen die Schlucht erleben und von den Leistungen der Porten eine kleine Vorstellung gewinnen möchte, muß bei Rongellen auf die alte Straße abbiegen und mitten in die senkrechten, vom Hinterrhein gesägten Wände hineinfahren.

Die Schlucht mündet in ein freundliches Wiesental, in dem wohl niemand ein Juwel abendländischer Kunst erwarten würde. Und doch ist es hier verborgen: in dem romanischen Kirchlein St. Martin in Zillis. Es enthält die älteste, figürlich bemalte Holzdecke des Abendlandes. Die schon 831 erwähnte und 940 von Otto I. an das Bistum Chur geschenkte Kirche geht auf eine bereits um 500 n. Chr. vorhandene Anlage zurück. Die um 1160 entstandene romanische Felderdecke zeigt in einer einmaligen Bilderfolge aus insgesamt 153 ornamental gerahmten und bunt bemalten Einzelfeldern das Heilsgeschehen aus dem Neuen Testament bis zur Dornenkrönung Christi. Wenige Kilometer weiter, in Andeer, ist zu sehen, daß auch weltliche Häuser keineswegs auf Schmuck verzichten mußten. Das Haus Pedrun etwa ist von oben bis unten mit prächtigen Sgraffiti aus dem 16. Jahrhundert verziert.

Der Hinterrhein ist verantwortlich für diese großartige Klamm. Sie war schon den Römern im Weg und wurde deshalb Via Mala getauft.

Auch die Rofla Schlucht haben die Straßenbauer entschärft, so daß wir die nächste Talstufe mit dem Stausee und dem Rheinwald zügig erreichen. (Wer Zeit hat, sollte dennoch unbedingt die alte Straße benutzen.) Gugernüll und Einshorn spiegeln sich im noch jungen Stausee schon so selbstverständlich, als hätte der See schon immer hierher gehört. Auch das alte Dörflein Splügen hatte einst von dem Verkehr über die Pässe profitiert (bis zu 400 Saumpferde waren hier im 17. Jahrhundert stationiert). Leider ging 1716 die ganze Herrlichkeit in Flammen auf, so daß vom alten Bestand nichts erhalten blieb.

Der Hinterrhein war schon immer ein ziemlich wilder Geselle, wie das breite Schwemmbett zwischen Thusis und Rothenbrunnen zeigt.

Das romanische Kirchlein St. Martin in Zillis birgt die älteste, figürlich bemalte Holzdecke des Abendlandes (entstanden um 1160).

In Splügen gabelt sich die Straße. Geradeaus zieht das Betonband dem Bernhardin-Tunnel und dem alten Paß entgegen. Nach links zweigt die 1823 fertiggestellte Postkutschen-Straße zum Splügenpaß ab. In 17 Kehren windet sie sich in die 2113 m hohe Lücke zwischen Surettahorn (3027 m, links) und Piz Tambó (3279 m, rechts) hinauf zur italienischen Grenze und öffnet eine schöne Aussicht hinunter in den Süden. Er empfängt uns mit dem Lago di Monte Spluga, an dem wir noch einmal verschnaufen können, bevor wir uns an den imposanten Teil der Splügen-Südrampe wagen. Galerien und Kehren wechseln mit Tunnelstrecken ab und helfen so, 800 Höhenmeter auf kürzester Distanz zu überwinden. Trotz aller Bewunderung für die Straße und aller Anerkennung für die Straßenbauer, sollten wir es nicht versäumen, von Pianazzo aus die 2 km nach Madésimo hinüberzufahren und mit der Seilbahn den 2948 m hohen Monte Groppera zu besteigen. Er lohnt es mit einer prächtigen Aussicht über die Berge des Bergell und des Valle San Giacomo.

Im nur noch 230 m hohen Chiavenna, am Ende des waldigen Valle San Giacomo, schließlich erreichen wir beinahe schlagartig mit dem Auftauchen der ersten Reben den Süden. Das malerische Städtchen an der Mera ist das alte Clavenna der Römer (wegen seiner Schlüssellage, von hier zweigen auch noch Septimer und Malojapaß ab). Heute ist besonders der Burgfelsen Il Paradiso mit seinem botanischen und archäologischen Garten sehenswert.

Im Stausee beim Dörfchen Sufers spiegeln sich Gugernüll und Einshorn.

Vorbei am Lago di Mezzalo fahren wir durch das nun breite Mera Tal hinaus nach Spineda und hinüber zum Westufer des Comer Sees. Die stets interessante Straße überrascht mit immer neuen malerischen Ausblicken, bis es in Gravedona wieder so richtig interessant wird. Das Palazzo Gallio, 1586 für Kardinal Gallio erbaut, wartet ebenso auf einen Besuch wie die 1072 erbaute Basilika San Vincenzo oder das Nationaldenkmal Santa Maria del Tiglio aus dem 12. Jahrhundert.

In Menaggio verlassen wir den lieblichen Comer See, um wenig später den Ostzipfel des Luganer Sees und damit das Tessin zu gewinnen. Um das Ganze von oben anzuschauen, achten wir in Castagnola auf den Wegweiser zum Monte Bré. Eine sehr gut angelegte Straße führt hier aus der beinahe tropischen Vegetation über 600 Höhenmeter hinauf zu einer unvergleichlichen Aussichtskanzel unmittelbar über dem See. Hier muß man der untergehenden Sonne nachträumen und dem langsam erstrahlenden Lichtermeer von Lugano zuschauen!

Um wieder in die Berge zurückzukommen, nehmen wir bis Arbedo die Autobahn und biegen dann ins Valle Mesolcina und zum San Bernardino ab. Spätestens in Mesocco ist dann der nächste Halt fällig, gilt es doch die bedeutendste Burganlage Graubündens und wohl auch der ganzen Schweiz zu entdecken. Die frühmittelalterliche Volksburg, auf einem von der Moesa umflossenen Felsklotz, hatte eine eigene Kirche und war im 11. und 12. Jahrhundert von den Herren von Sax systematisch ausgebaut worden. Im 16. Jahrhundert sorgten die Drei Bünde für die Räumung und Schleifung der Burg, die nicht weniger als drei Wehrabschnitte hatte. Unterhalb der Burg, in der ehemaligen Pfarrkirche Santa Maria del Castello, finden sich sehenswerte spätgotische Wandgemälde, wie etwa die Passionsszenen von 1459 an der nördlichen Schiffswand.

Der Monte San Salvatore ist das Wahrzeichen von Lugano. Der Hang rechts gehört zum Monte Bré (Bild folgende Doppelseite).

Hinter Mesocco wird die Landschaft wieder höchst alpin und dazu auch noch vorzüglich «genießbar», da die neue Straße und der Bernhardin Tunnel den meisten Verkehr abziehen. Um so besser lassen sich Landschaft und Großartigkeit der alten Straßenanlage (entstanden 1818–1823 und bezahlt teils vom Königreich Sardinien und teils vom Wiener Hof!) erleben. Über 13 Kehren geht es aussichtsreich (beeindrukkend sind vor allem der markante Zahn des Pizzo Uccello und das Zapporthorn) zum 2065 m hohen Paß hinauf. Am Westufer des Moesolasees entlang erreichen wir das Hospiz. Im Norden wartet schließlich noch eine Serpentinenstraße mit insgesamt 27 Kehren auf uns, bevor wir in Splügen wieder auf unsere Anfahrtsroute treffen.

Das Val Mesolcina überwindet auf kürzester Distanz 1830 Höhenmeter zwischen Bellinzona und dem S. Bernardino Paß. Entsprechend wild ist die Landschaft wie hier bei Soazza.

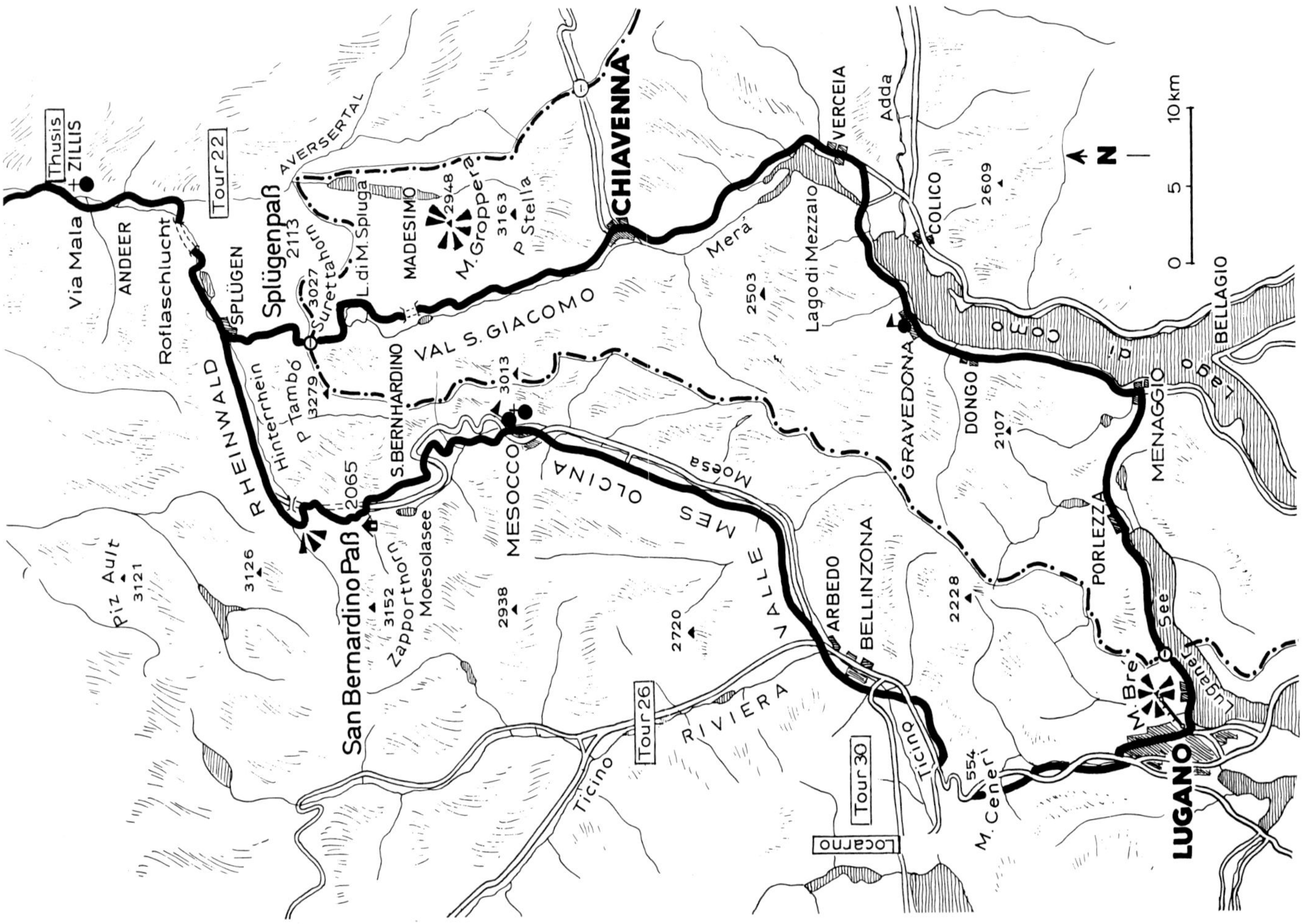

Technisches

Splügenpaß: Der 2113 m hohe Übergang verbindet Chur mit dem Comer See. Die Straße in ihrer heutigen Führung wurde 1823 fertiggestellt. Die Paßhöhe bildet nicht nur die Grenze zwischen der Schweiz und Italien, sondern auch die zwischen den Ost- und den Westalpen. Auf der Nordrampe hat die Straße maximal 11% Steigung und 19 Kehren, zwischen der Paßhöhe und Chiavenna hat sie maximal 13% Steigung, 9 Tunnels, 8 Galerien und 50 Kehren. Der Paß ist vom 1.6. bis 31.10. befahrbar, mautfrei und für Caravans ungeeignet. Der Grenzübergang ist nachts geschlossen.

San Bernardino Paß: Der 2065 m hohe Übergang entstand aus den Rivalitäten des Königreichs Sardinien mit dem Österreichischen Hof. Die Bündner wußten das so geschickt zu nutzen, daß ihnen die Rivalen die Straße gemeinsam zahlten. Sie verbindet Chur mit Mailand und ist heute ihrer Bedeutung entsprechend ausgebaut. Die *neue Straße* hat auf Nord- und Südseite maximal 6% Steigung, nur wenige Kehren und in 1644 m Höhe einen 6,5 km langen Scheiteltunnel. Die Straße ist mautfrei, ganzjährig befahrbar und für Caravans geeignet. Die *alte Straße* überwindet die Paßhöhe mit 9% Steigung und 24 Kehren auf der Nordseite. Die Südseite weist maximal 15% Steigung und 50 Kehren auf. Die Straße ist vom 15.5. bis 31.10. befahrbar, mautfrei und für Caravans nicht geeignet.

Straße zum Monte Brè: Die Straße windet sich durch den mit Villen dicht besiedelten Hang über Castagnola zum kleinen Dörflein Brè. Von dort schmale Waldzufahrt zum 925 m hohen Monte Brè.

Sehenswürdigkeiten

Zillis: Das romanische Kirchlein St. Martin enthält die älteste figürlich bemalte Holzdecke des Abendlandes. Die 831 erwähnte Kirche wurde 940 von Kaiser Otto I. dem Bistum Chur geschenkt. Die romanische Felderdecke entstand um 1160. Dargestellt ist das neutestamentliche Heilsgeschehen bis zur Dornenkrönung Christi.

Andeer: Das Haus Pedrun ist weit und breit das schönste Beispiel für flächendeckende Sgraffiti. Sie entstanden um 1550 und zeigen Blattspiralen mit Trauben, geometrische Muster, Tiere und menschliche Figuren.

Chiavenna: Die Ruinen auf dem Burgfelsen Il Paradiso sind mit einem botanischen und archäologischen Garten aufgewertet. Zahlreiche geschichtliche Denkmäler und Beispiele der Flora aus dem Tal der Mera.

Gravedona: Sehenswert der viertürmige Palazzo Gallio von 1586, die Basilika San Vincenzo von 1072 mit ihrer romanischen Krypta und die Kirche Santa Maria del Tiglio aus dem 12. Jahrhundert.

Mesocco: Ruine der bedeutendsten Burganlage Graubündens. Die frühmittelalterliche Volksburg hatte ihre Blüte im 11. und 12. Jahrhundert. 1525 mußte die Burg auf Veranlassung der Drei Bünde geräumt und geschleift werden. In der Kirche Santa Maria del Castello unterhalb der Burg sind spätgotische Wandgemälde aus der Mitte des 15. Jahrhunderts zu sehen.

Möglichkeiten für zusätzliche Unternehmungen

Roveredo: Abstecher ins Calanca Tal zum Kirchlein Santa Maria di Calanca. Das Kirchlein hat eine um 1606 entstandene, wunderschön bemalte Renaissance-Kassettendecke mit plastischen Rosetten.

Kartenempfehlung

Landeskarte der Schweiz 1:100000, Blätter 38, 43, 48

Surselva und Lucus Magnus

24

Die steilen Flanken der Ruinaulta, des hohen Abbruchs zwischen Reichenau und Ilanz, sind die Folge eines riesigen Bergsturzes, den der Vorderrhein durchnagen mußte.

Der wohl größte Bergsturz in den Alpen und der niedrigste Nord-Süd-Übergang im schweizerischen Alpenkamm waren von jeher nicht ohne Einfluß aufeinander. Einerseits mußte der 1918 m niedrige Lucus Magnus, der bezeichnenderweise auch uns Heutigen als Lukmanier wenig bekannt ist, die Reisenden doch geradezu anziehen. Andererseits sorgte der Riesenriegel im Vorderrhein Tal zwischen Reichenau und Ilanz, von den Bündnern Surselva – über dem Wald – genannt, dafür, daß zusätzliche 500 Höhenmeter für die Alpenüberschreitung zu überwinden waren. Kein Wunder also, daß der Verkehr stets gering blieb und sich sogar heute noch in bescheidenen Grenzen hält. Der Freund verträumter Taldörfer, gewaltiger Felsszenerien und kunsthistorischer Schmankerl kann in dieser «einsamen» Gegend dafür um so ungestörter genießen.

In Reichenau, am Zusammenfluß von Hinter- und Vorderrhein, starten wir zur Eroberung der Surselva, zu der heute auch das ganze Vorderrhein Tal bis Disentis gerechnet wird. Da sich ihre eigenartigen Reize nicht so leicht erschließen, ist hier ein wenig Planung nötig. Auch kommt es darauf an, welche Perspektive der einzelne vorzieht. Wer sich von den steilen Flanken der Ruinaulta (= hoher Abbruch), ihren von jahrtausendealter Wetterarbeit geformten Graten, Rinnen, Zinnen und Türmchen beeindrucken lassen möchte, sollte mit der Rhätischen Bahn Reichenau-Ilanz und zurückfahren. Nur die Bahn bietet hier die Pespektive aus dem Talboden. Wer gar nicht vom Wagen lassen mag, kann die Nebenstraße Versam–Valendas benutzen und von Versam zur Bahnstation hinunterfahren.

Wer dagegen die große Übersicht liebt, fährt nordseitig auf den Rücken des großen Rutsches (15 Milliarden Kubikmeter rutschten hier gegen Ende der Eiszeit talwärts, verlegten dem Vorderrhein den Weg und sorgten für einen gewaltigen Stausee) und zum weiten Waldplateau von Flims-Waldhaus. Von Fidaz aus öffnet sich der schönste Blick hinüber ins burgenreiche Domleschg. Für die Romantiker tut sich in den weiten, wildreichen Wäldern um Cresta und Cauma See eine eigene Welt auf. Die Bergfreunde locken gleich mehrere Seilbahnen auf die weiten Südhänge zwischen Vorab (3028 m) und Piz Dolf (3028 m) – eine Bergarena und Aussichtskanzel, die weit und breit ihresgleichen sucht.

Nach dem Ausflug in die Höhen erreichen wir in der Ebene des alten Rheinstausees in Ilanz die erste Stadt am Rhein. Schon im 13. Jahrhundert war Ilanz Stadt, hatte eine eigene Befestigung und war seit 1424, nach dem Zusammenschluß des Grauen Bundes, Tagsatzungsort. Heute laden die winkeligen Gassen zu einem Bummel vom Obertor zum Roten Tor, zur Casa Gronda, zur alten Pfarrkirche St. Martin mit ihren gut fünfhundert Jahre alten Fresken und zur reformierten Pfarrkirche St. Margarethen, in der 1526 die Disputation und der Übertritt zur Reformation erfolgte.

Ganz bestimmt von der Geschichte des Grauen Bundes ist das kleine Trun unter Tödi und Bifertenstock. Unterm Vorgänger des alten Ahorn, neben der St. Anna Kapelle, wurde unter Leitung des Abtes von Disentis der Graue Bund geschlossen und damit ein 27jähriger Bürgerkrieg beendet. Erstmals hatten jetzt die Gemeinden das Übergewicht, erstmals gab es ein Bundesgericht. Es tagte in Trun im «Hof», dem ehemaligen Sitz der Bundesversammlung und Wohnung des Abtes von Disentis. Das 1674 bis 1679 erbaute Haus beherbergt heute ein Heimatmuseum mit einem geschlossenen Überblick über die Geschichte des Grauen Bundes. Besonderes Prunkstück ist die getäfelte Abtstube. Außerdem verdient auch noch die kleine Wallfahrtskirche St. Maria Licht einen Besuch. Ihr Chor und Vorchor stammt aus den Jahren 1663 bis 1672, die Ausmalung von 1690.

Vollends auf historisch bedeutenden Boden treffen wir am Fuß des Lukmanier, in Disentis, der alten desertina der Eremiten Sigisbert und Plazidus. Im Jahre 750 schon wurde hier das erste Kloster gegründet, Keimzelle eines reichsunmittelbaren Klosterstaates (ab 1048), der nicht nur das ganze Oberland umfaßte, sondern bis nach Oberitalien hinunterreichte. Hier nahm Otto I. im 10. Jahrhundert ebenso Unterkunft wie Heinrich II. und Barbarossa im 12. sowie Sigismund im 15. Jahrhundert. Heute ist vor allem das Klostermuseum mit frühmittelalterlichen Stuckfragmenten und mittelalterlichen Plastiken sehenswert. In der Pfarrkirche schließlich gibt es noch einen besonders schönen spätgotischen Flügelaltar von 1489 zu sehen.

Die zu Zeiten der Karolinger in der Wildnis versteckte Paß-«Straße» ist heute eine vorzüglich ausgebaute Verbindung hinunter ins Tessin, so daß sogar der Fahrer die Schönheiten des Val Medel ungestraft genießen kann. Die einst gefürchtete Höllenschlucht am Eingang des Tales ist ebenfalls so entschärft, daß nur noch die schönen Seiten übrig sind: imposante Tiefblicke auf die Wasserfälle des Mittelrheins und Rückblicke auf Disentis, seine wuchtige Klosteranlage und auf den dahinter aufragenden Oberalpstock. Auf dem letzten besiedelten Boden drängen sich nach der Schlucht die Weiler Curaglia, Platta und Acla an der Straße – warmes Braun der hölzernen Häuser mit Piz Vallatscha und Piz Scopi als Hintergrund.

Hinter Sogn Gions wird das karge Tal beinahe unwirtlich. Die wenigen Wiesen sind mit abgestürzten Felstrümmern übersät. Im Rückblick aber zeigt sich recht schön der das gesamte Gebiet beherrschende 3614 m hohe Tödi. Kurz nach dem schon 1261 fertiggestellten Hospiz taucht dann auf, was die sonst vielleicht etwas eintönige Paßhöhe lieblich erscheinen läßt: Der Stausee Santa Maria, an dessen kilometerlangem Ufer wir der Paßhöhe entgegenfahren.

Nach dem nicht sehr aussichtsreichen Paß, über dem die Grenze zwischen Graubünden und dem Tessin verläuft, öffnet sich bald die Aussicht auf das 3406 m hohe Rheinwaldhorn, den höchsten Gipfel der Adula Gruppe. Die schönsten Arven übernehmen jetzt den Geleitschutz, und dann tauchen auch schon die ersten Tessiner Dörfer auf mit ihrer so typischen Farbigkeit und ihrem ganz besonderen Duft. Der

Talboden des Val Blenio kommt ins Bild und damit Olivone, das südliche Gegenstück von Disentis. Doch wie völlig anders sieht es hier aus! Hier gibt es kein zentrales Kloster, sondern viele kleine Weiler mit jeweils eigener Geschichte – eine Fundgrube für den Kunstfreund, der beim romanischen Campanile von San Martino mit seinen Entdeckungen beginnen mag. Früher oder später wird er dann in Biasca auf die Propsteikirche San Pietro stoßen. Sie ist eines der wichtigsten romanischen Bauwerke der gesamten Schweiz, stammt aus dem späten 11. Jahrhundert und hat über die ganze Kirche verstreut prächtige Wandmalereien aus fünf Jahrhunderten.

Die Bergfreunde werden dagegen in Olivone die Gelegenheit nutzen, zum 1590 m hohen Lago di Luzzone hinaufzufahren, um unter den imponierenden Wänden des Piz Terri zu wandern.

Ilanz ist die erste Stadt am Rhein und der alte Tagsatzungsort des Grauen Bundes, bewacht vom 3614 m hohen Tödi (Bild unten).

Olivone im oberen Val Blenio hatte seine Blütezeit im Hochmittelalter, als der Lukmanier die Paßstraße der Staufer war. Neben den vielen Kirchen und Kapellen in den einzelnen Fraktionen der weit verstreuten Gemeinde ist das Talmuseum besonders sehenswert (Bild rechts).

Die Kirche S. Carlo von Negrentino birgt frühromanische Wandmalereien aus dem 11. Jahrhundert. Das hoch über dem Tal gelegene Kirchlein ist das wohl schönste Beispiel lombardischer Romanik in der Schweiz (Bild ganz unten).

24 Surselva und Lucus Magnus

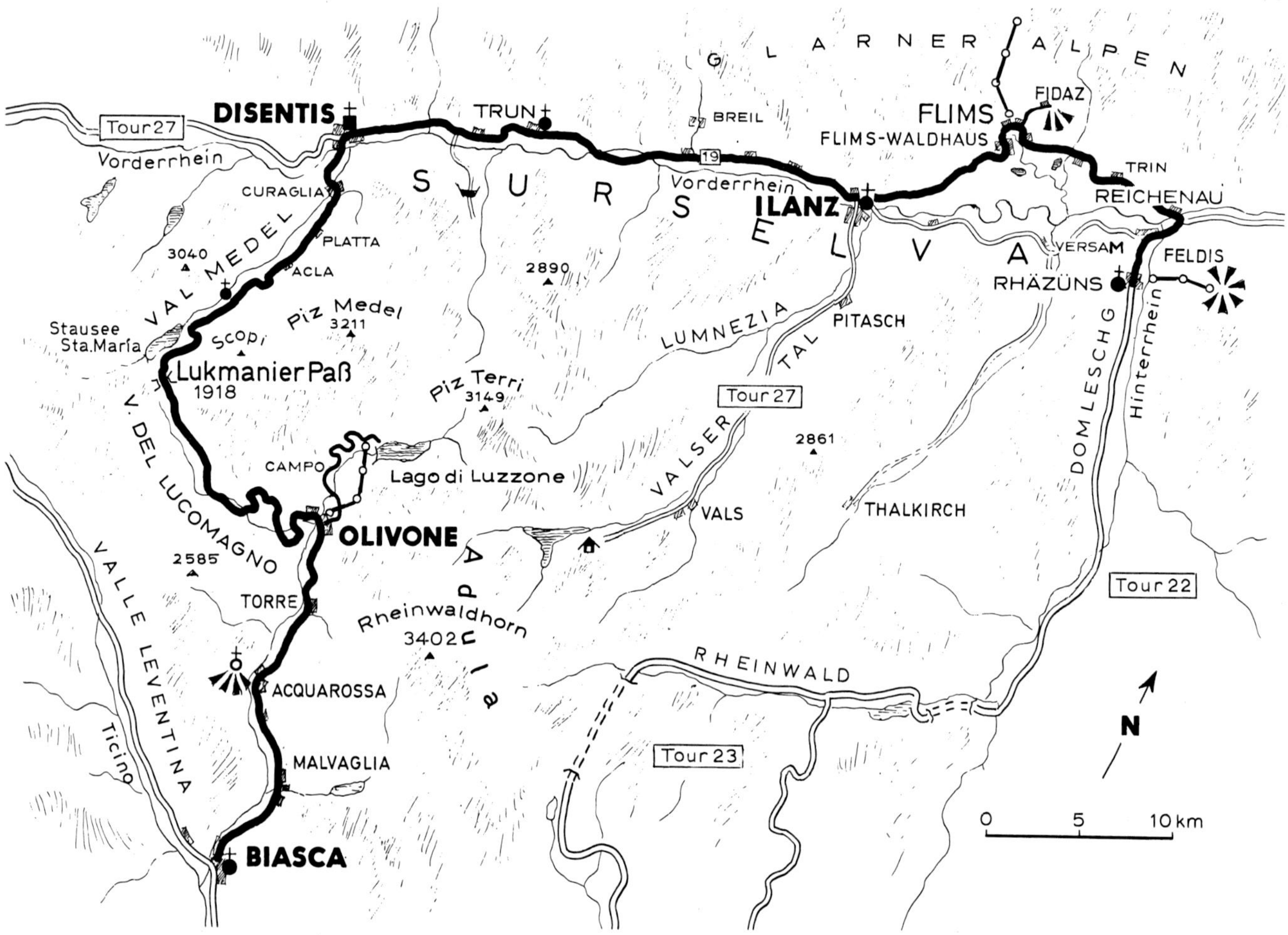

Technisches

Flimser Höhenstraße: Der Weg auf die Flimser Höhe (1108 m) ist ausnahmsweise nicht durch einen Berg, sondern eigentlich durch das Gegenteil erzwungen. Nur weil ein immenser Bergsturz das Vorderrhein Tal verschüttete und der Weg im Talboden dadurch unmöglich wurde, gibt es diesen «Übergang». Zudem erschließt er das prächtige Waldplateau von Flims-Waldhaus. Die Straße ist durchwegs gut ausgebaut, hat durchgehend maximal 11% Steigung, ist mautfrei und ganzjährig befahrbar. Für Caravans ist sie geeignet.

Lukmanier Paß: Der mit nur 1918 m niedrigste Übergang im schweizerischen Alpenhauptkamm verbindet das Vorderrhein Tal mit dem Tessin. Der Paß erlebte seine Glanzzeit unter den Karolingern, die das Kloster Disentis in die Lage versetzten, den Weg mit sechs Hospizen zu sichern. Heute ist die Straße modern ausgebaut. Auf Nord- und Südseite hat sie maximal 10% Steigung. Befahrbar ist sie vom 15. 5. bis 30. 11. Sie ist mautfrei und für Caravans geeignet.

Luzzonesee-Höhenstraße: Die 10 km lange Stichstraße von Olivone zum 1590 m hoch gelegenen Luzzonesee erschließt ein schönes Wandergebiet. Die Straße hat maximal 12% Steigung, sie ist vom 15. 5. bis 31. 10. befahrbar, mautfrei und für Caravans ungeeignet.

Sehenswürdigkeiten

Ilanz: Die oberste Stadt am Rhein ist schon 765 erwähnt, 1298 als Stadt genannt. Das Obere Tor stammt von 1513 und hat an der Außenseite die Wappen der Stadt und der Drei Bünde. Die ehemalige Pfarrkirche St. Martin ist ebenfalls schon 765 erwähnt. Um die Jahrtausendwende wurde sie neu gebaut und 1448 zur heutigen Anlage erweitert. An verschiedenen Stellen Malereifragmente in zwei Schichten aus dem frühen 14. Jahrhundert.

Trun: Hier wurde am 16. März 1424 der Graue Bund begründet. Im Disentiser Hof war der Sitz der Bundesversammlung und eine Wohnung des Abtes von Disentis. Heute ist dort ein Heimatmuseum untergebracht, das die Geschichte des Grauen Bundes zeigt. Besonders schön die Täfelung im Abtzimmer. Die Wallfahrtskirche Santa Maria Licht wurde 1663 erbaut. Reiche Ausmalung mit Szenen aus dem Marienleben.

Disentis: Das Benediktinerkloster St. Martin ist das wichtigste Kloster Graubündens. Die große Barockanlage mit ihren zwei Kuppeltürmen ist das Wahrzeichen des gesamten Vorderrhein Tales. Das Kloster wurde 750 gegründet und entwickelte sich zu einem reichsunmittelbaren Klosterstaat, der nur dem Kaiser direkt unterstand. Im Klostermuseum sind frühmittelalterliche Stuckfragmente, mittelalterliche Plastiken und Bildwerke der Spätgotik zu sehen. In der Pfarrkirche St. Johannes Baptist, einer der größten Barockkirchen Graubündens, ist ein prächtiger, spätgotischer Flügelaltar von 1489 zu bewundern.

Biasca: Die Probsteikirche San Pietro ist eines der bedeutendsten romanischen Bauwerke der Schweiz. Die Kirche entstand im späten 12. Jahrhundert und enthält eine einzigartige Galerie von Wandmalereien des 12. bis 17. Jahrhunderts.

Möglichkeiten für zusätzliche Unternehmungen

Reichenau: Abstecher zum nur 5 km entfernten Rhäzüns. Das kleine, ganz versteckt auf einem bewaldeten Hügel hoch überm Hinterrhein gelegene Kirchlein St. Georg ist ein einmaliges Beispiel für einen vollständig ausgemalten mittelalterlichen Kirchenraum. Die älteren Malereien im Chor und im Chorbogen stammen von einem Waltensburger Meister und entstanden um 1350; die jüngeren an den Schiffswänden sind von einem Rhäzünser Meister und dürften in der zweiten Hälfte des 14. Jahrhunderts entstanden sein.

Bergfreunde können von Rhäzüns aus mit der Seilbahn über das Hinterrhein Tal und hinauf nach Feldis (1469 m) schweben. Sie werden eine schöne Aussicht über das Domleschg und hinüber auf die Berge über Flims genießen können. Sogar der Tödi ist von hier aus gut zu sehen.

Unter Glärnisch und Clariden

25

Die bis heute bestens gedeihende Landsgemeindedemokratie von Glarus mit ihrer jahrhundertealten Tradition entstand sicher nicht zuletzt aufgrund der besonderen geografischen Lage im «ausweglosen» Tal der Linth. Die Römerstraße von Maienfeld über Lacus Rivanus (Walensee) nach Winterthur streifte das von einer rätisch-keltischen Mischbesiedlung bewohnte Gebiet lediglich, und eine Verbindung nach Osten, Süden oder Westen gab es schon gleich gar nicht, weil Vorab (3028 m), Tödi (3614 m) und Glärnisch (2914 m) die Welt verstellten.

So ist es auch nicht weiter verwunderlich, daß im 6. Jahrhundert die Germanen einzogen und die bis dahin romanische Sprache verdrängten. Im Hochmittelalter war das Frauenkloster Säckingen nicht nur der wichtigste Grundherr des Landes, sondern «lieferte» auch mit dem Hl. Florian den Landespatron. Nach rund hundertjähriger Herrschaft der Habsburger schließlich wurde Glarus 1352 von Zürich und Waldstätten erobert und in ihren Bund aufgenommen. Als auch noch Habsburger Rückeroberungsversuche 1388 mit Hilfe der Schwyzer erfolgreich abgewehrt werden konnten (Schlacht bei Näfels), war der Weg endgültig frei für eine ungestörte Entwicklung der Demokratie.

Wohl gab es in den folgenden Jahrhunderten einen schwachen örtlichen Verkehr über den Panixer Paß (2407 m) ins Vorderrhein Tal und über die Chlus (den

Entlang des Walensees hatten schon die Römer eine Straße gebaut, ihr Einfluß drang aber kaum bis Glarus vor.

Auf der Westseite des Klausen Passes öffnet sich das Schächental und gibt den Blick frei auf den Uri-Rotstock (Bild oben).

Holzarbeit am Klausen Paß vor dem Jägerstock (Bild links).

heutigen Klausen Paß, 1948 m) hinaus nach Altdorf. Eine befahrbare Straße aber wurde nur über den Klausen und auch die erst 1899 gebaut. Über den Panixer Paß fehlt sie sogar bis heute, und über die dritte Senke im Bereich von Glarus, den 1550 m hohen Pragel Paß, dauerte es bis in unsere Tage, bis eine mit dem Auto befahrbare Verbindung entstand. Damit ist es heute immerhin möglich, um den Glärnisch herum, am Claridenstock vorbei, zum Vierwaldstätter See und am Klöntaler See vorbei zurück nach Glarus zu fahren.

Glarus selbst überrascht mit einer rasterförmigen Stadtanlage mit relativ breiten Straßenzügen und einheitlich wirkenden Häuserfronten. Das hat seinen Grund keineswegs darin, daß Glarus ein junges Städtchen wäre. Im Gegenteil! Der alte, über Jahrhunderte gewachsene Stadtkern wurde vielmehr 1861 ein Raub der Flammen, was aber andererseits die Chance brachte, den Schaden mit einem großzügig geplanten Wiederaufbau zu beheben.

Letzter größerer Ort an der Linth ist das schon von einem ganzen Kranz wuchtiger Bergriesen umstandene Linthal. Wer hier nicht nur aus dem Kessel nach oben schauen möchte, sollte mit der Standseilbahn zum Terrassendorf Braunwald (1256 m) hinauffahren. Von dem autofreien Luftkurort bietet sich eine überraschend schöne Aussicht auf Kärpf und Hausstock, Bifertenstock und Tödi, Clariden- und Gemsfayrenstock, die nur noch schöner ist vom 1904 m hohen Gumen am Fuße der Eggstöcke (2445 m). Dorthin und zu schönen Wandermöglichkeiten führt ein Sessellift.

Sofort hinter Linthal empfangen uns zehn Kehren, über die wir die erste Steilstufe zum Klausen Paß überwinden müssen. Dahinter öffnet sich dann überraschend eine rund 6 km lange fast ganz ebene Talmulde, der Urner Boden. Er gehört bereits zum Kanton Uri und wird seit alters her zum großen Ärger der Glarner mit Weidevieh beschickt, das im Frühjahr über den Klausen kommt und im Herbst den gleichen Weg zurückgeht.

Den hintersten Winkel des Urner Bodens bildet die Chlus. Durch den imposanten Felsenkessel windet sich unsere Straße mit weiteren 16 Kehren zur Paßhöhe hinauf und bietet dabei schöne Tiefblicke hinunter zum Urner Boden und dann auch auf den Claridenstock. Noch schöner wird

Unter den Nordwänden des Glärnisch versteckt sich der fjordartig eingebettete Klöntaler See.

die Aussicht jenseits des Passes, von wo wir den Claridenstock in seiner vollen Größe und dazu noch das Große Scheerhorn (3294 m) und die Große Windgällen (3188 m) bewundern können. Durch die Steilhänge der Schächentaler Windgällen zieht sich die hier angelegte Straße nach Unterschächen hinunter, gewinnt den Talboden und führt uns nach Altdorf hinaus.

Über die Axenstraße (siehe Tour 26) fahren wir hinüber nach Schwyz, dem politischen Zentrum der Urschweiz, das der Eidgenossenschaft Namen und Wappen gab. Da sein Dorfplatz als die besterhaltene barocke Platzanlage der Schweiz gilt und seine Pfarrkirche zu den festlichsten des Landes gezählt wird, dürfen wir hier keineswegs einfach durchfahren. Sowohl die Pfarrkirche, die auf eine merowingische Kirche aus dem 7. Jahrhundert zurückgeht, wie das Kerchel mit der Michaelskapelle von 1512 verlangen ihr Recht. Das Rathaus von 1642 mit reichen Fassadenmalereien, das Ital-Redinghaus von 1609 oder das Redinghaus von 1614 wollen in Ruhe entdeckt werden.

Durch das Kernland der alten, «Ewigen Eidgenossenschaft», das Muota Tal, fahren wir wieder ostwärts. Im alten Dörflein Muotathal versäumen wir es nicht, einen Blick in die Pfarrkirche zu werfen. Sie hat den wohl originellsten, barocken Innenraum weit und breit. Er entstand 1786 bis 1793 nach den Plänen des Tiroler Baumeisters Andreas Welchner und überrascht durch eine eigenartige, perspektivisch gesteigerte Tiefenwirkung. Sehenswert ist auch der malerisch wirkende Baukomplex des Franziskanerinnenklosters St. Joseph. Es bestand schon im 13. Jahrhundert und hat ein Konventgebäude, das aussieht wie ein großes Bauernhaus mit einer quergerichteten Kirche.

Kurz hinter Stalden fahren wir am Eingang zum Hölloch vorbei. Es ist der Eingang zu einem riesigen Irrgarten aus Karsthöhlen, von denen gut 100 km bekannt, der größte Teil sicher aber noch unbekannt ist. Sie alle sind durch Kalkauswaschungen entstanden, die auch verantwortlich sind für die oft seltsamen Gesteinsformationen, durch die wir jetzt fahren. Graue Karrenfelder mit tiefen Auswaschungen vermitteln eine Ahnung von der Schürfarbeit des Wassers.

Am Pragel Paß selbst bietet sich uns ein eindrucksvolles Panorama auf die Kalkberge um das Bisistal. Der eigentliche Höhepunkt aber läßt noch knapp 6 km auf sich warten. Erst von der Richisau, einer alten Schwemmfläche, sehen wir den unter den Nordwänden des Glärnisch fjordartig eingebetteten Klöntaler See. Eindrucksvoll wie wenige Bergseen leuchtet er dunkelgrün blinzelnd aus einem Kranz dunkler Wälder und mächtigen Hochalpengipfeln. Wer die hier versteckte Romantik entdecken möchte, sollte von Klöntal aus über den Steig entlang des Südufers wandern (1 Stunde). Von der Schwammhöchi am Ostzipfel des Sees ist es dann nur noch ein Katzensprung hinunter nach Riedern.

Auch wenn wir hier eigentlich schon wieder in Glarus sind, sei doch noch auf einen Abstecher hingewiesen, der eigentlich schon fast «Pflicht» sein müßte: Nur 6 km sind es hinüber nach Näfels und zum Freulerpalast. Er ist einer der imposantesten Herrensitze des 17. Jahrhunderts und hat eine prächtige frühbarocke Ausstattung. Von 1645 bis 1647 wurde er erbaut. Kunstvolle Täfelungen und überreiche Kassettendecken belohnen den Besuch ebenso wie das Glarner Museum in den Obergeschossen.

Überm oberen Schächental ragen die Nordwände der Großen Windgällen (3188 m) auf.

25 Unter Glärnisch und Clariden

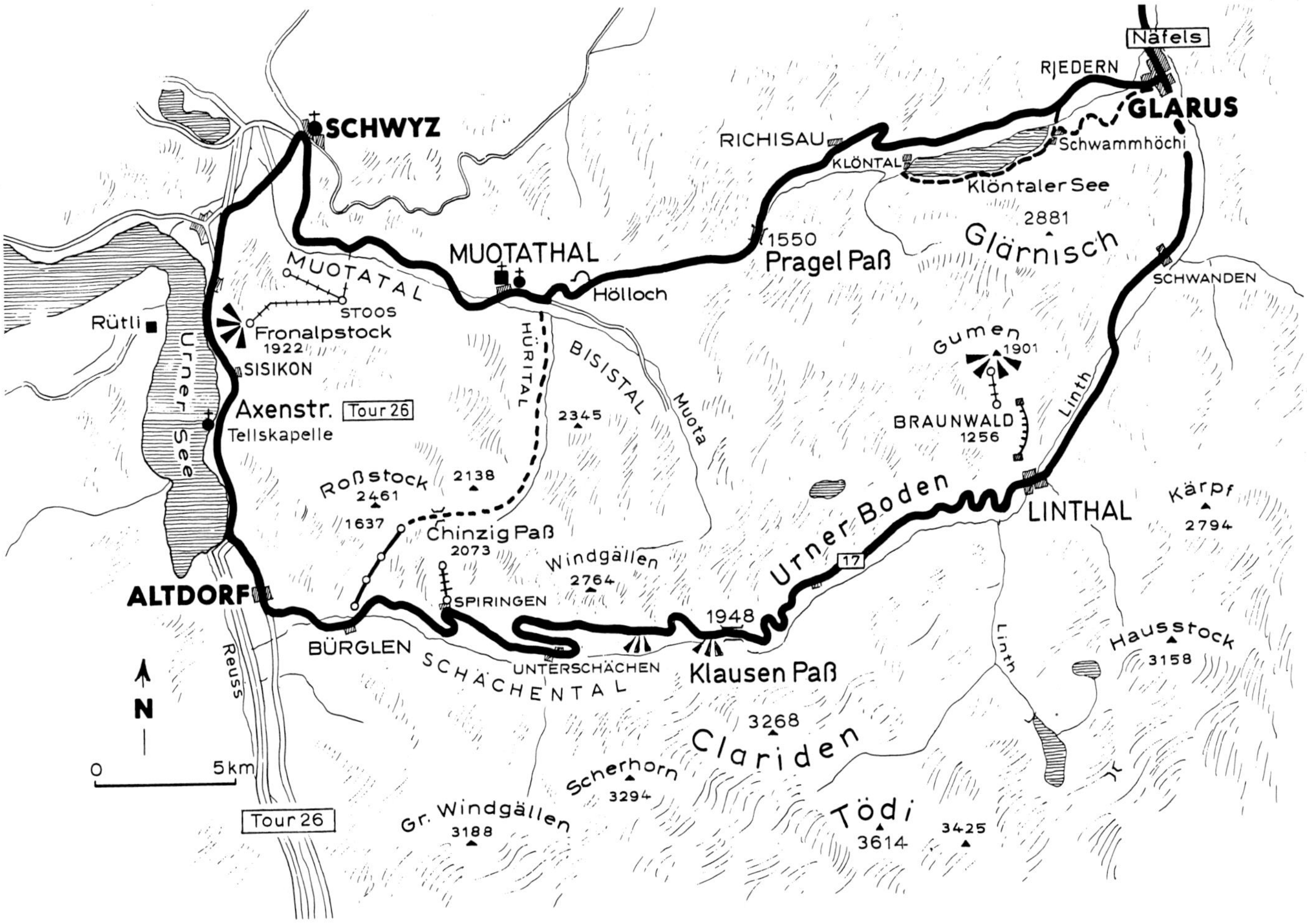

Technisches

Klausen Paß: Der 1948 m hohe Übergang verbindet Glarus und den Walensee mit Altdorf und der Gotthard-Route. Aufgrund der etwas abgelegenen Lage wurde die Straße über den Klausen erst 1899 fertiggestellt. Heute ist sie trotz zahlreicher Kehren gut ausgebaut. Auf Ost- und Westrampe beträgt die Steigung maximal 9%, insgesamt 22 Kehren sind zu überwinden. Der Paß ist vom 15.5. bis 30.11. geöffnet, mautfrei und für Caravans ungeeignet. Zwischen Linthal und dem Paß absolutes Anhängerverbot.

Pragel Paß: Der 1550 m hohe Übergang verbindet Glarus mit Schwyz und dem Vierwaldstätter See. Die erst in den letzten Jahren ausgebaute Straße führt in ein noch verhältnismäßig einsames Gebiet, das bis vor kurzem ausschließlich Wanderern vorbehalten war. Sowohl das Muota Tal wie das Gebiet um den Klöntaler See sind landschaftlich reizvoll. Auf der Westrampe hat die Straße zwischen Muotathal und der Paßhöhe maximal 18% Steigung, sonst maximal 10%; auf der Ostrampe maximal 14%. Die Straße ist vom 1.6. bis 31.10. befahrbar, mautfrei und für Caravans ungeeignet.

Sehenswürdigkeiten

Glarus: Der alte Stadtkern wurde 1861 durch Brand völlig vernichtet. Es entstand in den folgenden zwei Jahren eine völlig neue, rasterförmige Stadtanlage mit breiten Straßenzügen und einheitlich wirkenden, neoklassizistischen Häuserfronten. Zum alten Stadtteil gehört der Landsgemeindeplatz, auf dem alljährlich die Glarner Landsgemeinde abgehalten wird. Es ist das die seit 1386 bestehende verfassungsmäßige Versammlung der Aktivbürger.

Altdorf: Historisches Museum mit kirchlicher Kunst des 15. bis 18. Jahrhunderts, bedeutende Sammlung von Holzplastiken; Waffen, Textilien und Dokumente zur Volkskunde.

Schwyz: Die alemannische Streusiedlung am Fuß der Mythen gab der Eidgenossenschaft Namen und Wappen. Der Dorfplatz wird als die besterhaltene barocke Platzanlage der Schweiz angesehen. Die Anlage entstand zwischen 1642 und 1645 nach einem Dorfbrand unter Leitung des Tirolers Melchior Katzrauer. Auch das malerische Rathaus stammt von diesem Tiroler Baumeister. Die Pfarrkirche St. Martin gilt als die «festlichste Pfarrkirche der Schweiz». Der heutige Bau von 1769 bis 1774 steht auf dem Platz einer merowingischen Kirche aus dem 7. Jahrhundert. Der Hochaltar stammt vom Wessobrunner Lorenz Schmid. Das Kerchel mit der Michaelskapelle ist ein originelles Beinhaus, entstanden 1512 bis 1518. Im Bundesbriefarchiv Sammlung der für die Geschichte der Eidgenossenschaft wichtigsten Urkunden, darunter die Bundesbriefe von 1291 und 1315.

Muotathal: Die Pfarrkirche von 1786 bis 1793 überrascht durch eine originelle, perspektivisch gesteigerte Tiefenwirkung. Das Franziskanerinnenkloster geht auf das 13. Jahrhundert zurück. Das heutige Konventsgebäude von 1684 erinnert an ein behäbiges Gehöft.

Näfels: Hier fand 1388 die Befreiungsschlacht der Glarner gegen Österreich statt. In der Schlachtkapelle hinter der Pfarrkirche spätgotische Madonna und Wandbilder der erbeuteten Banner. Der Freulerpalast ist ein imposanter Herrensitz aus dem 17. Jahrhundert. Heute beherbergt der Palast das Landesmuseum des Kantons Glarus. Die Innenausstattung besteht aus prunkvollen Täfelungen, Kassettendecken, eingelegten Böden und Prunköfen.

Möglichkeiten für zusätzliche Unternehmungen

Linthal: Fahrt mit der Standseilbahn zum Terrassendorf Braunwald (1256 m), von dort Sesselbahn zum Gumen (1901 m) am Fuße der Eggstöcke (2445 m); weitläufige Wandermöglichkeiten.

Bürglen: Fahrt mit der Seilbahn auf die Alm (1637 m) unterm Roßstock (2461 m). Über den Chinzig Paß (2073 m) kann man von ihr aus nach Muotathal hinauswandern.

Kartenempfehlung

Landeskarte der Schweiz 1:100000, Blätter 33 und 38

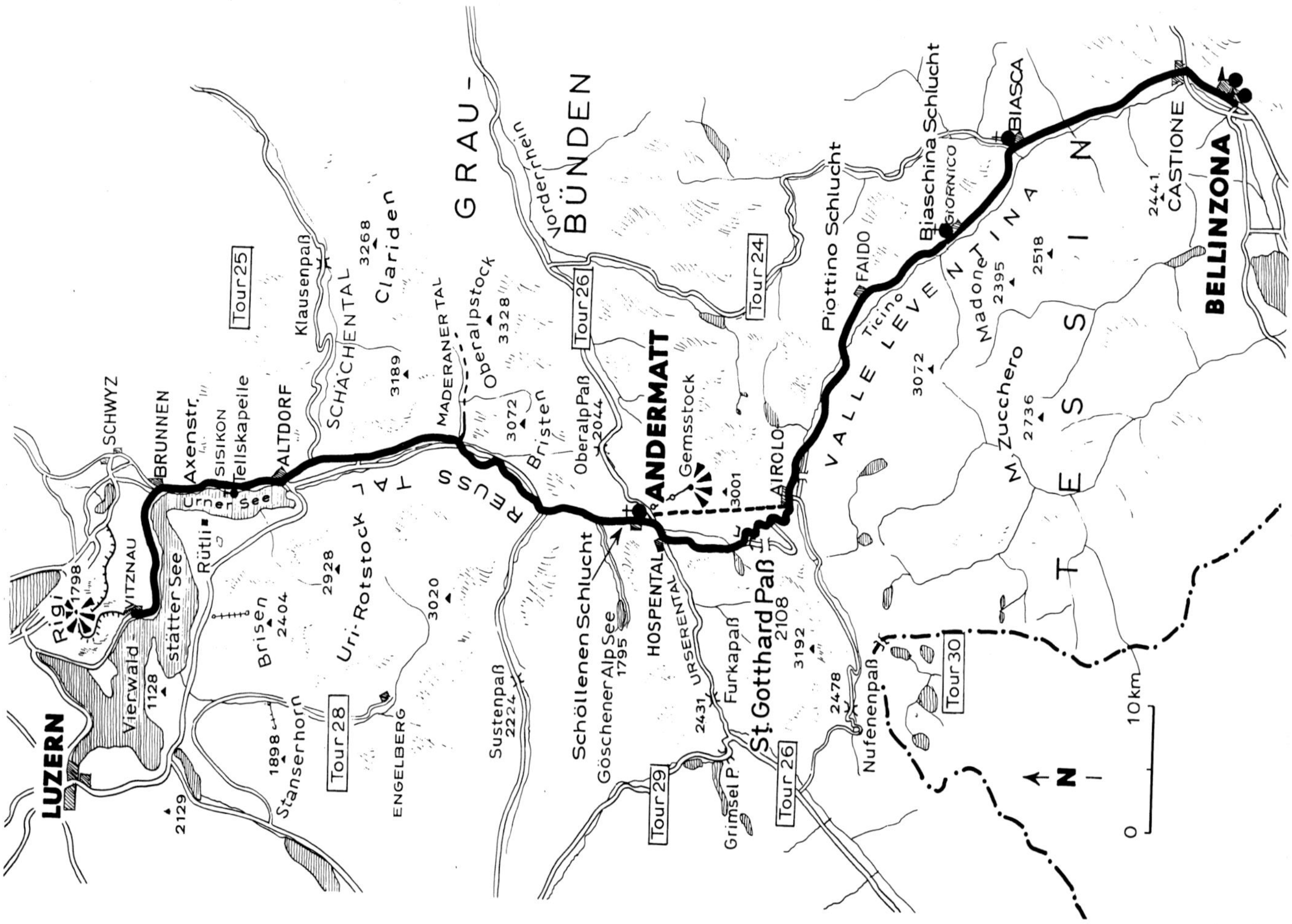

Technisches

St. Gotthard Paß: Der 2108 m hohe Übergang verbindet die Zentralschweiz mit dem Tessin. Nach der Fertigstellung des Seelisberg Tunnels (9,3 km) und des Gotthard Tunnels (16,3 km) wird die Strecke Luzern–Mailand ganzjährig befahrbar sein und auch im Sommer die bisher stark befahrene Scheitelstrecke zwischen Göschenen und Airolo entscheidend entlasten. Stauungen im Sommer und Autoverladung im Winter (durch den Bahntunnel zwischen Göschenen und Airolo) gehören dann endgültig der Geschichte an.

Die eigentliche Scheitelstrecke zwischen Hospental und Airolo ist vom 15.5. bis 15.11. befahrbar. Sie hat nach großzügigem Ausbau durchgehend nur noch maximal 10% Steigung und 21 Kehren. Die Straße ist mautfrei und auch mit Caravans befahrbar. Nur die alte Straße durch das Val Tremola ist für Caravans nicht geeignet.

Straße zum Göschener Alp See: 8 km lange Stichstraße von Göschenen zum 1795 m hoch gelegenen Stausee unter den Gletschern das Dammastockes. Die zwar schmale, aber staubfreie Straße hat maximal 12% Steigung, ist mautfrei und für Caravans nicht geeignet.

Sehenswürdigkeiten

Sisikon: An der einzigartigen Aussichtsstraße über dem Urner See (erbaut 1863–65) erinnert die Tellskapelle an die Überlieferung, der zufolge Wilhelm Tell hier im Sturm aus dem Schiff des Landvogtes Geßler gesprungen sein soll.

Andermatt: Das 60 m lange «Urner Loch» in der Schöllenen-Schlucht, 1707–1708 durch Pietro Morettini gebaut, gilt als der älteste Straßentunnel der Alpen. Die spätromanische Kirche St. Kolumban stammt aus dem 13. Jahrhundert.

Hospental: Der Wehrturm auf dem Felssporn über dem Dorf stammt aus dem 13. Jahrhundert und war Sitz der Edlen von Hospental, die im Dienste des Klosters Disentis den Verkehr über Oberalp und Furka zu sichern hatten.

Biasca: Die Propsteikirche San Pietro ist eines der bedeutendsten romanischen Bauwerke der Schweiz. Die Kirche entstand im späten 12. Jahrhundert und enthält eine einzigartige Galerie von Wandmalereien des 12. bis 17. Jahrhunderts.

Giornico: Die Kirche S. Nicolao ist das wichtigste romanische Baudenkmal im Tessin. Sie stammt aus dem Anfang des 12. Jahrhunderts. Besonders sehenswert: die Außenplastiken, die Hallenkrypta und die Wandmalereien (romanisch und gotisch). Sehenswert auch die Wallfahrtskirche S. Pellegrino an der alten Gotthardstraße. Sie hat eine wunderbar reiche Ausmalung aus dem 16. Jahrhundert.

Bellinzona: Schon in prähistorischer Zeit war der Talboden besiedelt, auf den später die Römer ihr «Belitionis Castrum» stellten. Bald zwei Jahrtausende reicht die kriegerische Geschichte dieses sonst so schönen Fleckens zurück. Heute beeindrucken uns die mittelalterlichen Wehranlagen. Zwei Hügel tragen die riesigen Mauerschalen von Castel Grande (oder Vecchio) und Castello Montebello. Die Talsperre Murata und das Castello di Sasso Corbaro ergänzen die kriegerischen Szenerie. Die Piazza Collegiata und die Piazza Nosetto im alten Stadtkern haben noch am meisten das ursprüngliche Gesicht behalten. Weder die Kollegiatskirche (Renaissancebau mit Barockausstattung) noch die ehemalige Franziskanerkirche S. Maria delle Grazie (lombardische Renaissance-Wandmalereien) oder die Pfarrkirche von Ravecchia (spätmittelalterliche Wandmalereien aus dem 14. und 15. Jh.) dürfen bei einem Entdeckungsgang ausgelassen werden. Das Museo Civico birgt eine der wichtigsten archäologischen Sammlungen der Schweiz.

Kartenempfehlung

Landeskarte der Schweiz 1:100000, Blätter 37, 38, 42, 43

Der Paß der Pässe

26

«Hier trennt der Weg, o Freund! Wo willst Du hin? Willst Du zum ew'gen Rom hinunterziehn, hinab zum heil'gen Köln, zum deutschen Rhein, nach Westen weit ins Frankenland hinein?» Der alte Spruch an der Kapelle in Hospental an der Auffahrt zum Gotthard drückt deutlich die einmalig zentrale Lage des Passes aus. Aus den Hochtälern an den Flanken des Gotthardmassivs sprudeln gleich vier Flüsse (Rhein und Reuß, Rhône und Tessin), die zu verschiedenen Meeren fließen. Entsprechend vielfältig sind die Verkehrsverbindungen, die in 1500 m Höhe im Urseren Tal zusammentreffen: Aus allen vier Himmelsrichtungen kann man ankommen – in alle vier Himmelsrichtungen kann man von hier aus fortfahren.

Seinen Namen hat der wohl bekannteste Alpenübergang schon früh bekommen (nach dem Hl. Godehard, der 1038 als Bischof von Hildesheim starb). Dennoch wurde gerade dieser Übergang erst spät gangbar gemacht. Wohl hatte er den für die Westalpen großen Vorzug, zur Bewältigung zweier Gebirgszüge nur einen Anstieg zu benötigen. Dafür aber stellten sich in der Schöllenen Schlucht so gewaltige Hindernissc in den Weg, daß das Urseren Tal von Süden besiedelt wurde. Erst im Mittelalter gelang der Brückenschlag über die Reuß, bei dem es nicht ohne Hilfe des Teufels abging (deshalb bis heute Teufelsbrücke). Statt des «Urner Loches» gab es bis 1707 die «Stiebende Brücke», ein an Ketten

Bei Wassen wird das Tal der Reuß eng. Bahn und Straße finden im Talboden keinen Platz mehr.

vor die Felswand gehängter Holzsteg. Erst zwischen 1820 und 1830 wurde aus dem Saumweg eine Fahrstraße, der ab 1882 die Bahn mit ihrem wintersicheren Basistunnel kräftig Konkurrenz machte.

Im 1795 m hoch gelegenen Göschener Alp See spiegeln sich die vergletscherten Nordhänge des Dammastockes (Bild links).

Die Schöllenen Schlucht ist «gefüllt» mit Straße und Zahnradbahn. Sie versteckt sich unter dem Lawinendach auf der linken Seite (Bild unten).

Heute, nur 150 Jahre nach dem Bau der ersten Fahrstraße, kann der Gotthard auf zwei Ebenen «bezwungen» werden: Eilige können durch die Basistunnels für Bahn und Straße zwischen Göschenen und Airolo fahren; Genießer werden die von den Basistunnels entlastete Scheitelstrecke zum Kennenlernen einer Landschaft nutzen, die noch nicht allzu viel ihres ursprünglichen Reizes verloren hat.

Der Aufstieg zum Paß beginnt ja eigentlich erst im hinteren Reuß Tal, bei Amsteg. Die landschaftlichen Schönheiten aber begegnen einem schon viel früher, genaugenommen am Vierwaldstätter See. Sein Südzipfel, der Urner See, brachte ehemals dem Verkehr nicht wenige Probleme, die so richtig erst durch den Bau der Axenstraße gelöst wurden. Der Startort für eine Erkundung des Gotthards sollte deshalb unterm Südhang des Rigi liegen, also etwa bei Vitznau oder Gersau. Dies hätte zudem noch den Vorteil, daß wir uns unser «Zielgebiet» vorher aus angemessener Entfernung von oben ansehen können – sei es durch eine Fahrt mit der Bahn auf den 1798 m hohen Rigi von Vitznau aus; sei es durch die Seilbahnfahrt ab Brunnen auf den Urmiberg. Von beiden Punkten überblicken wir nahezu den gesamten Vierwaldstätter See, sehen weit hinein ins Reuß Tal und auf den Bristenstock (3072 m).

Von der «Perle am Vierwaldstätter See», von Brunnen, fahren wir direkt hinein in die aus dem Fels gesprengten Tunnels und Galerien der Axenstraße. Der fjordartig eingeschnittene Urner See und die teilweise senkrechten Ufer erzwangen diese Lösung und sorgten gleichzeitig dafür, daß sich aus den Fensterbögen der Galerien immer wieder prächtige Ausblicke auf den See, auf den Uri-Rotstock (2928 m) und den

Gitschen (2540 m) ergeben. Am jenseitigen Ufer ist die Rütli-Wiese (Rütlischwur der Eidgenossen im Jahre 1291) zu erkennen; bei der Tellsplatte können wir in 5 Minuten zur Tellskapelle hinuntersteigen.

Durch das nach Brandkatastrophen von 1693 und 1799 neu entstandene Altdorf erreichen wir das vom Bristenstock überragte Reuß Tal. In Amsteg endet das breite Trogtal, und das hier von Osten einmündende Maderaner Tal lädt zu einem Abstecher in ein von stolzen Dreitausendern (Clariden, 3268 m, und Oberalpstock, 3328 m) eingeschlossenes Hochtal. In Göschenen, wo Bahn und Autobahn im Berg verschwinden, bietet sich die nächste Möglichkeit, ein stilles Seitental zu entdecken: Bis auf 1795 m führt eine schmale Straße hinauf zum Göschener Alp See. In ihm spiegeln sich die vergletscherten Nordwände des 3630 m hohen Dammastockes.

Und dann geht es hinein in die Schöllenen Schlucht, die den Verkehr über den Gotthard so lange erschwert hatte und heute eigentlich ausschließlich aus drei Komponenten besteht: Wildbach, Felswände und Kunstbauten moderner Technik. Neben der neuen Straße sind immer wieder Reste alter Straßen, darunter auch die Überbleibsel der Teufelsbrücke, zu sehen. Dazwischen zwängt sich dann auch noch die 1913–17 erbaute Schöllenenbahn Göschenen–Andermatt. Durch das «Urner Loch» erreichen wir schließlich das breite Becken des Urseren Tales mit den kleinen Dörfern Andermatt und Hospental, wo die Straßen über den Oberalp und den Furka abzweigen.

In beiden Dörfern finden sich noch Beweise für die Besiedelung von Süden, als die Schöllenen Schlucht noch unpassierbar war. In Andermatt ist es das Kirchlein St. Kolumban aus dem 13. Jahrhundert, das auf eine karolingische Kirche zurückgeht (s. auch Tour 27). In Hospental ist es der Wehrturm auf einem Felsen über dem Dorf. Er stammt ebenfalls aus dem 13. Jahrhundert und war der Sitz der Edlen von Hospental, die dem Kloster Disentis dienstbar waren und in dessen Auftrag den Verkehr über Oberalp und Furka zu sichern hatten.

Oberhalb von Hospental wird das Tal der Reuß eher öde, erst gegen den Paß hin wird es wieder interessant, wenn sich die Aussicht hinunter in das Val Tremola öffnet. Zwar sind die berühmten, teils unmittelbar übereinander liegenden 24 Kehren heute durch eine großzügig angelegte Umfahrungsstraße mit nur noch 3 Kehren entschärft. Echte Paßfahrer werden aber allein schon wegen des gut 800 m langen Tunnels auf der neuen Trasse das Spiel mit den vielen Kehren aufnehmen und das Val Tremola aus allen Perspektiven genießen.

Auch nach Airolo (1175 m), wo Straße, Autobahn und Bahn wieder zusammentreffen, ist der Süden noch keineswegs erreicht. Hinter Fiesso kommt vielmehr eine neue Steilstufe. Die wildromantische

Seit dem Ausbau der Straße scheint das gesamte Val Tremola nur noch aus Straße zu bestehen.

Piottino Schlucht haben die Straßenbauer durch mehrere Tunnels bezwungen (die Bahn benötigt 2 Kehrtunnels). Unterhalb der Schlucht tauchen die ersten Zeichen des nahen Südens auf: Edelkastanien, Nußbäume und Maulbeerbüsche säumen jetzt die Straße. Dennoch gibt es noch eine weitere Steilstufe durch die Biaschina Schlucht zu meistern. Noch einmal müssen wir Kehren fahren, bis wir in Giornico endgültig das untere Valle Leventina erreichen.

In Biasca mündet die vom Lukmanier herunterkommende Straße. Was es hier zu sehen gibt, steht bei Tour 24. Auf Castione schließlich stößt die Via Raetica, die vom San Bernardino herunterführt (Tour 23). Kurz darauf sind wir in Bellinzona, der Hauptstadt des Tessins, der Stadt der Burgen und dem Tor zum Süden. Das alte «Belitionis Castrum» der Römer war schon Zankapfel zwischen Franken und Langobarden, zwischen dem Bischof von Como und den Herren von Mailand sowie zwischen dem Herzogtum Mailand und Frankreich. Lachende Dritte waren schließlich 1503 die Eidgenossen. Streift man heute durch den alten Stadtkern zwischen dem Castello Grande und dem Montebello oder studiert die mittelalterlichen Wehrsysteme, wird an allen Ecken europäische Geschichte lebendig.

Vom Vorderrhein ins Goms

27

In den gesamten Alpen gibt es nur eine einzige ausgeprägte Längsfurche, die dafür aber auch gleich gute 200 Kilometer lang ist. Rhône und Vorderrhein haben sie nach Westen bis Martigny und nach Osten bis Chur vorgeschoben und so eine Linie geschaffen, die mit dem Lineal gezogen sein könnte. Schon den alten Römern paßte das so gut, daß sie entlang dieser Furche die Grenze zwischen «germania superior» und «raetia prima» zogen. Im Mittelalter aber schon war davon nichts mehr zu spüren. Jetzt waren die regierenden Zentren die Klöster Disentis am oberen Vorderrhein und St-Maurice im unteren Rhônetal (Grenze am Furka). Heute ist auch das vergessen, allenfalls der eine oder andere Name deutet noch auf die alten Zusammenhänge.

Was auf der Strecke zwischen Reichenau und Disentis an geschichtlich und kunsthistorisch Interessantem zu sehen ist, wurde bei Tour 24 beschrieben. Hier soll auf die Möglichkeiten eines Abstechers hingewiesen werden, der Schönheit und Abgeschiedenheit gleichermaßen bieten kann. Von Ilanz, der ersten Stadt am Rhein, geht es hinein in das 25 km lange Valser Tal. Über den Rieiner und Pitascher Tobel führt uns das schmale Sträßlein dem Glogn Bach entlang, bis wir bei Uors den Valser Rhein erreichen. Hinter St. Martin durchfahren wir die imposante Bucarischuna Schlucht, hinter der das durch seine schwefelhaltige Quelle bekannte Vals auftaucht. Doch damit nicht genug: Noch 800 Höhenmeter haben wir vor uns, bis wir von der 2010 m hoch gelegenen Alp Guralätsch das großartige Panorama überm 1862 m hohen Zervreila See genießen können.

In Disentis, wo der Lukmanier nach Süden abzweigt, sind wir zwar schon 1143 m hoch und nur noch 15 km Luftlinie vom Oberalppaß entfernt, dennoch sind noch 700 Höhenmeter zu überwinden. Die Straße gewinnt die Südhänge überm Talboden und bietet dadurch immer wieder schöne Aussichten, vor allem talauswärts. Kurz vor Sedrun (1404 m) taucht ein Viadukt der Furka–Oberalpbahn auf. Sie verbindet als Zahnradbahn Disentis mit Brig. Allerdings überfährt sie nur den Oberalp, den Furka durchfährt sie im Tunnel. Hinter Sedrun dann übersieht man das ganze Tavetsch und hat einen schönen Blick auf den Piz Badus (2928 m).

Rueras und Tschamut vermitteln mit ihren von Wind und Wetter gebeizten Holzhäusern noch einmal den Eindruck «Sommerfrische», bevor die Straße endgültig aus dem nun schon recht engen Talboden in die Höhe gezwungen wird. Während der Auffahrt über die nun folgenden 10 Kehren wird dafür die Aussicht auf Piz Cavradi, Piz Ravetsch und Piz Uffiern immer prächtiger. Der Paß selbst ist nicht besonders aussichtsreich, doch ist die Strenge des 2044 m hohen Sattels durch den 1,2 km langen Oberalpsee angenehm gemildert. Aber auch auf die schöne Aussicht braucht niemand zu verzichten. Vom Paß zweigt nach Osten ein bequemer Weg zum 2311 m hohen Piz Calmut ab. Sein Gipfel ist in 40 Minuten bequem erreichbar und bietet eine eindrucksvolle Rundsicht auf die Berge um den Oberalpstock und den Piz Ravetsch, vor allem aber auch hinunter ins Tavetsch.

Auch die Westrampe des Oberalps bietet eine bemerkenswerte Aussicht. Vom Westzipfel des Sees sieht man erstmals über den Riesentrog des Urseren Tales hinweg und hinüber zum Furkapaß. Blauberge, Muttenhörner und das Kleine Furkahorn winken aus der Ferne. Bei Rufenen schließlich zeigen sich der Galenstock (3583 m) und der Dammastock (3631 m) in ihrer

Wie so viele Pässe hat auch der Oberalp seinen See auf der Scheitelhöhe. Der Weg im Hintergrund führt zum 2311 m hohen Piz Calmut.

vollen Wuchtigkeit. Ihre Ostabbrüche sorgten für die einst so gefürchtete Schöllenen Schlucht an der Gotthardstraße zwischen Göschenen und Andermatt.

In Andermatt treffen wir auf die Gotthardstraße (Tour 26). Bevor wir von ihr in Hospental in die weiten Wiesen des Urseren Tales abzweigen, werfen wir noch einen Blick in das kleine, dem Hl. Kolumban geweihte Kirchlein, unterhalb von Andermatt. Der spätromanische Bau aus dem 13. Jahrhundert steht auf dem Platz einer karolingischen Kirche, die romanische Siedler schon lange vor der Erschließung der Schöllenen Schlucht (1234) hier errichtet hatten. Der romanische Turm der Kirche hat Rund- und Spitzbogen, eine hölzerne Glockenstube und einen Spitzhelm. Sehenswert ist auch das spätgotische Sakramentenhäuschen.

Knapp 1000 Höhenmeter sind es nun noch bis auf die 2431 m hohe Furka (= Gabel). In Realp (1547 m) beginnt bei den letzten Häusern die Straße zu steigen und sich die Südhänge hinaufzuwinden. Dabei gibt es schöne Ausblicke zur Gotthardgruppe und zurück zum Oberalppaß. Die Bahn bleibt im Boden des Garschtals und verschwindet am Talende im Tunnel.

Für uns wird es so richtig interessant erst wieder auf der Paßhöhe, der Wasserscheide zwischen Mittelmeer und Nordsee. Obwohl auch 400 m unterhalb der Paßhöhe ein sehr guter Aussichtspunkt ist, sollten wir doch die Mühe nicht scheuen,

Von der Westrampe des Furka aus schweift der Blick weit hinaus ins Rhônetal, zu den Berner Eisriesen und hinüber zu den Serpentinen der Grimselstraße (Bild oben).

Nirgendwo in den Alpen kann man mit dem Auto so nahe an einen Gletscher heranfahren wie auf der Furkastraße (Bild unten).

von der Paßhöhe aus in knapp einer Stunde zur 2510 m hohen Bidmerkuppe zu wandern. Sie bietet eine ungehinderte Aussicht auf das ganze obere Wallis, den Rhônegletscher, die Serpentinen der Grimselstraße und auf den Grimselsee. Die Riesen der Berner und Walliser Alpen bieten dazu den imponierenden äußeren Rahmen.

Wieder im Auto, kommen wir nach zwei Kehren beim Hotel Belvedere (2272 m) an den Rhônegletscher. Nicht einmal am Großglockner kann man so unmittelbar an den Eisbruch eines Gletschers heranfahren wie hier! Über eine künstliche Grotte kann man sogar in den Gletscher hineinspazieren.

Nach weiteren 5 Kehren erreichen wir bei Gletsch den Talboden, wo auch die Schmalspurbahn wieder auftaucht. Vor nur zweihundert Jahren reichte der Rhônegletscher noch bis hierher!

Und dann geht es hinunter in das reizvolle und künstlerisch reichste Tal des Wallis, in das Goms, wo in Oberwald (1368 m) die «zivilisierte Welt» wieder beginnt. Hier heißt es, nicht zu schnell zu fahren, denn auf dem kurzen Weg hinunter nach Brig ist so manches malerische Fotomotiv, so manche kunsthistorische Kostbarkeit zu entdecken. In Oberwalden etwa wäre es die üppige Barockausstattung in der Pfarrkirche mit dem prächtigen Rosenkranzaltar von 1717; in Geschinen die eindrucksvollen Vorschutzhäuser aus dem 16. und 17. Jahrhundert und die eigenartig hochgeschossen wirkenden Stadel; in Münster die Pfarrkirche St. Maria, deren Hochaltar von 1509 eine der glanzvollsten Schöpfungen spätgotischer Schnitzkunst in der Schweiz zeigt; in Niederwald die überreiche Barockausstattung der Pfarrkirche St. Theodul von 1666 oder Ernen, das wohl das schönste und besterhaltene Dorf im Wallis überhaupt ist. In diesem ehemaligen Bezirkshauptort des Goms sind alle Häusertypen der Talschaft beispielhaft vertreten.

Dem Bergfreund schließlich sei noch die Anregung gegeben: Im ganzen Goms zweigen immer wieder schmale Bergstraßen ab, die häufig erstaunlich weit hinaufführen.

Das von Fiesch aus mit der Seilbahn erreichbare Eggishorn bietet den schönsten Blick auf den größten Gletscher der Alpen, den Großen Aletschgletscher.

27 Vom Vorderrhein ins Goms

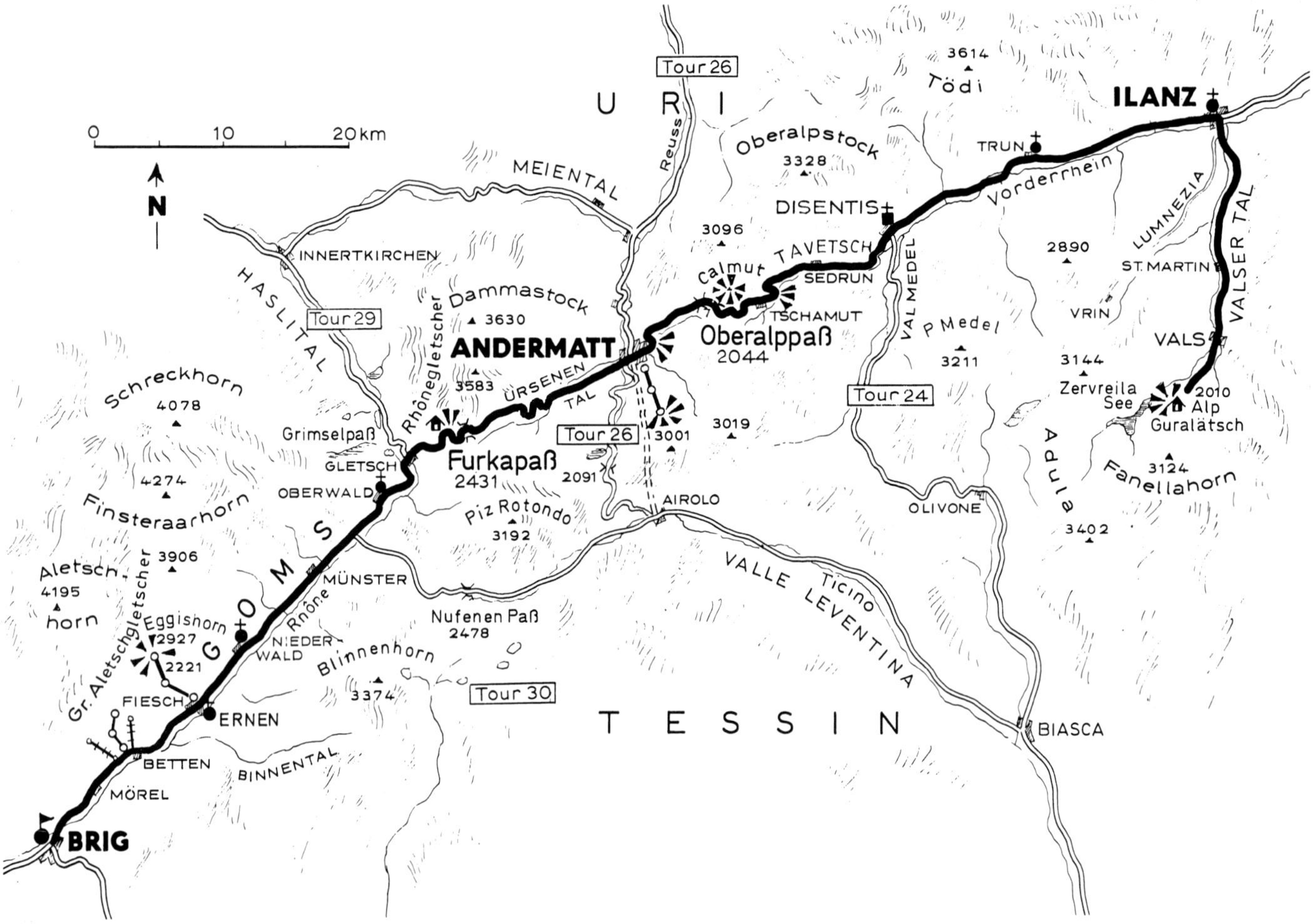

Technisches

Oberalppaß: Der 2044 m hohe Übergang verbindet Chur und das Vorderrhein Tal mit dem Ursenen Tal und damit sowohl mit der Gotthardstraße als auch mit dem Furkapaß und dem Rhônetal. Fast auf der ganzen Länge ist die Straße begleitet von der Furka-Oberalp-Zahnradbahn, die auch die volle Paßhöhe erklimmt. Die Straße hat zwar 18 Kehren, ist aber gut ausgebaut. Auf Ost- wie Westseite hat sie maximal 10% Steigung. Sie ist vom 15.5. bis 31.10 befahrbar, mautfrei und für Caravans bedingt geeignet.

Furkapaß: Der 2431 m hohe Übergang verbindet das Rhônetal mit dem Ursenen Tal und damit mit der Gotthardstraße und dem Oberalppaß. Eine brauchbare Straße über diesen hohen Übergang gibt es erst seit 1868. Wann dem projektierten Basistunnel die Kosten endgültig davonlaufen, ist noch offen. Die Straße hat 25 Kehren, ist aber gut ausgebaut. Auf der Ostrampe hat sie maximal 11%, auf der Westrampe maximal 15% Steigung. Die Straße ist vom 1.6 bis 31.10 befahrbar, mautfrei und für Caravans ungeeignet. Anhängerverbot über 2,5t.

Sehenswürdigkeiten

Disentis: Das Benediktinerkloster St. Martin ist das wichtigste Kloster Graubündens. Die große Barockanlage mit ihren zwei Kuppeltürmen ist das Wahrzeichen des gesamten Vorderrhein-Tales. Das Kloster wurde 750 gegründet und entwickelte sich zu einem reichsunmittelbaren Klosterstaat, der nur dem Kaiser direkt unterstand. Im Klostermuseum sind frühmittelalterliche Stuckfragmente, mittelalterliche Plastiken und Bildwerke der Spätgotik zu sehen. In der Pfarrkirche St. Johannes Baptist, einer der größten Barockkirchen Graubündens, ist ein prächtiger, spätgotischer Flügelaltar von 1489 zu sehen.

Oberwald: Im obersten Dorf im Goms malerische Barockkirche zum Hl. Kreuz mit einem prächtigen Rosenkranzaltar von 1717.

Geschinen: Alte Haufensiedlung mit Vorschutzhäusern aus dem 16. und 17. Jahrhundert und typischen Gomser Stadeln.

Münster: Die Pfarrkirche St. Maria ist als Mutterkirche des Obergoms schon 1309 erwähnt. Der heutige Chor stammt von 1491, das Schiff von 1664. Der Hochaltar ist eine der glanzvollsten Schöpfungen spätgotischer Schnitzkunst in der gesamten Schweiz. Viele bemerkenswerte Walliser Häuser wie etwa das des Domherrn Peter Guntern, das 1536 datiert wird und zu den ältesten Vorschutzhäusern des Goms gehört.

Niederwald: Pfarrkirche St. Theodul von 1666 mit prächtiger Barockausstattung. Hochaltar von 1787.

Ernen: Schönstes Dorf im Wallis. Die Pfarrkirche St. Georg von 1510–18 geht auf eine lombardische Basilika mit drei Apsiden zurück, die im 11. Jahrhundert entstand. Zu den kostbarsten Ausstattungsstücken gehört eine hochgotische Pietà aus der Mitte des 14. Jahrhunderts und ein spätgotischer Klappaltar mit Figürchen der 14 Nothelfer. Im Dorf sind alle wichtigen Häusertypen des Goms beispielhaft vertreten.

Brig: Das Stockalperschloß ist einer der bedeutendsten barokken Palastbauten der Schweiz. Das alte Stockalperhaus stammt von 1533, der große Palast von 1658–78. Im Gewölbegeschoß ist ein Heimatmuseum untergebracht.

Möglichkeiten für zusätzliche Unternehmungen

Fiesch: Fahrt mit der Seilbahn zur Mittelstation (2221 m) auf den Kühboden. Von dort ausgedehnte Wandermöglichkeiten, z. B. hinüber zur Bettmeralp. Von der Bergstation auf dem Grat zwischen Bettmerhorn (2867 m) und Eggishorn (2927 m) prächtige Aussicht auf den Großen Aletschgletscher.

Kartenempfehlung

Landeskarte der Schweiz 1:100 000, Blätter 38, 37, 42

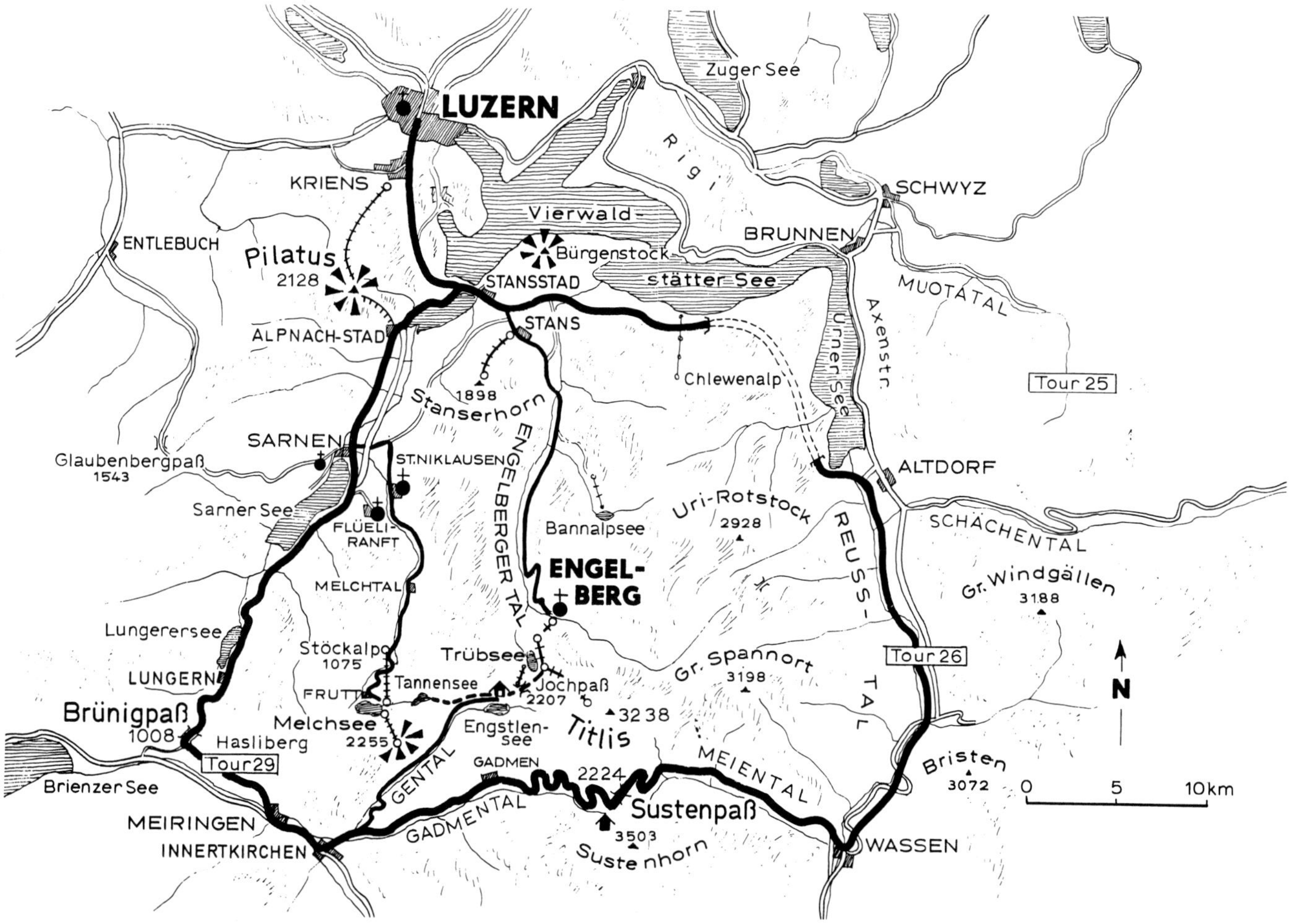

Technisches

Straße nach Engelberg: Die 28 km lange Stichstraße erschließt das Engelberger Tal. Bis Engelberg (1000 m) ist die Straße gut, danach ist sie bis zum Restaurant Alpenrösli (1254 m) auf eigene Gefahr befahrbar. Bis Herrenrüti hat sie maximal 10%, auf den letzten 3 km hat sie maximal 27% Steigung. Bis Engelberg ist die Straße ganzjährig, danach vom 15.5. bis 31.10. befahrbar. Sie ist mautfrei und für Caravans bis Engelberg geeignet.

Straße ins Melchtal: Die 23 km lange Stichstraße erschließt das Melchtal. Bis zur Stöckalp (1075 m) ist die Straße gut (ab hier Seilbahn nach Melchsee-Frutt), danach wird sie ein schmaler Naturweg mit Einbahnregelung (Auffahrt zu den geraden Stunden). Die Steigung beträgt maximal 14%. Bis Stöckalp ist die Straße ganzjährig, der Rest vom 15.5 bis 31.10. befahrbar. Sie ist mautfrei und für Caravans nicht geeignet.

Brünigpaß: Der 1008 m hohe Übergang verbindet Luzern und den Vierwaldstätter See mit Interlaken und dem Berner Oberland. Der ganzjährig befahrbare Paß hat auf der Nordseite maximal 8%, auf der Südseite maximal 10% Steigung. Er ist mautfrei und für Caravans geeignet.

Straße zur Engstlenalp: Die 13 km lange Stichstraße erschließt das Gental und endet in 1837 m Höhe an der Engstlenalp. Die schmale, aber gute Straße ist vom 1.6. bis 31.10 befahrbar. Sie hat maximal 12% Steigung, kostet Maut und ist für Caravans nicht geeignet.

Sustenpaß: Der 2224 m hohe Übergang verbindet die Nordrampe des Gotthards mit Interlaken und dem Berner Oberland. Die hervorragend ausgebaute Paßstraße (erst 1945 fertiggestellt) hat durchgehend nur maximal 9% Steigung und insgesamt 13 Kehren. Die Straße ist vom 1.6. bis 31.10. befahrbar, mautfrei und für Caravans geeignet.

Sehenswürdigkeiten

Luzern: Zahlreiche Denkmäler aus dem Spätmittelalter, der Renaissance und dem Barock. Die Hofkirche geht auf das alte Benediktinerkloster «Luceria» zurück und hat eine überreiche Ausstattung aus der Spätrenaissance. Der Hochaltar stammt von 1634 und ist in schwarzem Hornstein gefaßt. Die 10 Seitenaltäre sind meist geschnitzt und in Gold gefaßt. Prachtstück ist die spätgotische Figurengruppe am Mariä-End-Altar (frühes 16. Jh.). Die Kapellbrücke gilt als die älteste Holzbrücke Europas. Der um 1300 entstandene Wasserturm an der Brücke ist das Wahrzeichen der Stadt. Das Rathaus von 1602 ist ein Renaissancebau mit italienischem Einfluß. Heute enthält es ein sehenswertes historisches Museum. Außerdem sehenswert: Kunstmuseum und Verkehrshaus der Schweiz.

Engelberg: Die Benediktinerabtei wurde 1120 als Zentrum eines geistlichen Miniaturstaates gegründet. Seine Hoheitsrechte waren vom Kaiser und vom Papst geschützt. Reste einstiger Blüte sind im Kirchenschatz gesammelt. Das kostbarste Stück ist ein spätromanisches Reliquienkreuz aus der Zeit des Abtes Heinrich I. (1197–1223).

Sarnen: In St. Niklausen steht in reizvoller Lage die Kapelle St. Nikolaus. Ihr spätgotischer Chor ist mit Wandbildern von 1370 geschmückt. Die Decke im Schiff zeigt 100 Szenen aus dem Alten und Neuen Testament. In Flüeli-Ranft steht das Geburtshaus des Hl. Nikolaus von der Flüe, dem Landespatron der Schweiz. Das aus dem 14. Jahrhundert stammende Haus ist das älteste Holzhaus der Schweiz.

Kartenempfehlung

Landeskarte der Schweiz 1:100000, Blätter 32, 37 und 38

Vom Vierwaldstätter See zum Titlis

28

Die große, von Rhein- und Rhônetal gebildete Längsfurche zwischen Chur im Osten und Martigny im Westen fällt mit ihren starken Verkehrsadern bei jedem Blick auf die Karte sofort auf. Viel weniger auffällig ist dagegen, daß es nördlich davon eine zweite Verkehrslinie in Ost–West-Richtung gibt, die sich aus zahlreichen Pässen zusammensetzt. Sie führt vom Walensee über den Klausen und Susten ins Berner Oberland und von dort über den Col du Pillon oder Col des Mosses zum Genfer See.

Mit Abstand schönster Teil dieser Verbindung ist der Sustenpaß, der die nördliche Gotthardrampe mit dem Haslital und dem Brienzer See verbindet und die großartige Hochgebirgslandschaft um Titlis (3238 m), Sustenhorn (3503 m) und Tierberg (3447 m) erschließt. Nicht umsonst wird die erst 1945 fertiggestellte Straße häufig als schönste Alpenstraße überhaupt bezeichnet. Wie kaum irgendwo sonst sind Natur und Technik zu solch glänzender Harmonie gebracht worden. Die Straße ist hier nicht störender Eingriff oder ärgerliche Beigabe, hier ist sie wahrhaft integrierter Bestandteil der Landschaft.

Die Nähe des Flachlandes und damit der nördlichen Seenplatte verheißt neben der eigentlichen Paßfahrt noch eine schöne Kombinationsmöglichkeit: Das Südufer des Vierwaldstätter Sees und die Ostufer von Lungerer, Sarner und Alpnacher See bilden einen großen nördlichen Bogen um den Titlis und die ihn umkränzenden «Stöcke» und ermöglichen so eine Rundfahrt, die uns Seenlandschaft, Mittelgebirge und Hochalpines aus allen nur denkbaren Perspektiven eröffnet.

Um die Fülle der Möglichkeiten möglichst voll zu nutzen, sollten wir in Luzern, am Nordwestzipfel des Vierwaldstätter Sees, starten. Die Kunst- und Geschichtsfreunde werden die Spuren des schon um 750 entstandenen Klosters «Luceria» suchen. Sie werden entdecken, wie aus der alten Kirche der Benediktiner 1455 ein weltliches Chorherrenstift und eine der am schönsten ausgestatteten Kirchen der Spätrenaissance wurde. Besonders sehenswert sind der Hochaltar, die zehn Seitenaltäre und die spätgotische Figurengruppe im nördlichen Seitenschiff aus dem frühen 16. Jahrhundert. Natürlich werden sie auch das Kunstmuseum und das Historische Museum im Rathaus besuchen. Die Techniker werden sich im Verkehrshaus der Schweiz umsehen und die Bergfreunde eine Fahrt auf den 2128 m hohen Pilatus unternehmen, um die Berge unserer Tour schon von weitem zu studieren.

Dominierender Berg überm Vierwaldstätter See und seinem südlichen Zipfel, dem Urner See, ist der 2928 m hohe Uri-Rotstock.

Ein kurzes Stück Autobahn bringt uns rasch nach Stansstad, wo all diejenigen abzweigen müssen, die sich den Titlis nicht nur von unten anschauen, sondern auch hinauffahren wollen. Zum einen ermöglicht das die Straße durch das Engelberger Tal (bis Engelberg), zum anderen die Seilbahnen, die bis zum Kleintitlis in 3020 m Höhe und damit unmittelbar über den Sustenpaß hinaufführen. Wer wird dann

Der Brünigpaß ist das Tor zum Berner Oberland und die Vorstufe für Susten- und Grimselpaß, im Hintergrund das Dossenhorn (Bild rechts).

Auf der Berner Seite des Sustenpasses beeindrucken das Gwächtenhorn (3420 m), der Tierberg (3311 m), der Steingletscher und der gleichnamige See (Bild vorhergehende Doppelseite).

angesichts der überragenden Aussicht noch daran denken, daß die 1120 gegründete Benediktinerabtei einst das Zentrum eines von Kaiser und Papst geschützten geistlichen Miniaturstaates war? Wer denkt da nicht an Conrad Ferdinand Meyer, an sein Epos über Engelberg und seinen Satz «Es ist des Alpentales Seele, die hier von selbst Gestalt gefunden...»?

Nur wenige Kilometer sind es bis hinüber nach Sarnen, wo der nächste Halt sein sollte, damit dem anmutig auf einer Bergterrasse gelegenen Kirchlein St. Nikolaus ein Besuch abgestattet werden kann. Die auf eine erstmals 1357 erwähnte Kapelle zurückgehende Kirche ist mit 100 Szenen aus dem Alten und Neuen Testament und 56 Szenen aus der Nikolaus-Legende reich ausgemalt. In Flüeli-Ranft schließlich sind die Gedenkstätten an den Hl. Nikolaus von Flüe, den Landespatron der Schweiz, sehenswert. Besonders das Geburtshaus ist interessant, gilt es doch als ältestes Holzhaus der Schweiz (entstanden wahrscheinlich im 14. Jahrhundert).

In Sarnen lockt zudem schon wieder ein lohnender Abstecher in die Berge: in das Melchtal mit der Stöckalp (1075 m), dem Hoteldorf Melchsee-Frutt (1936 m) sowie dem Melchsee (1891 m) und dem Tannensee (1976 m). Von Melchsee aus hilft die Sesselbahn auch noch zum 2255 m hohen Balmeregghorn hinauf. Die ganzen Berner Alpen sind von hier oben zu übersehen. Vom Tannensee bietet sich für die Wanderer die Tour hinüber zum Engstlensee (1850 m) und hinauf zum Jochpaß (2207 m, 2½ Stunden) an. Vom Paß aus kann man mit dem Sessellift zum Trübsee hinunterfahren und hat dort Anschluß zur Seilbahn auf den Titlis oder hinunter nach Engelberg.

Den Ufern der malerischen Seen von Sarnen und Lungern entlang erreichen wir die Nordseite des Brünigpasses (1007 m), zu dem uns die gut ausgebaute Straße rasch hinaufführt. Der waldreiche Sattel bietet selbst keine Aussicht, wohl aber die Südrampe, die den Blick auf den Wildgerst (2892 m) und die Engelhörner (2781 m) freigibt. Besonders schön ist dann der Blick über den von Augstmatthorn und Riedergrat überragten Brienzer See. Natürlich wäre von der Paßhöhe auch noch ein Abstecher hinüber nach Hasliberg fällig. Was es dort für Möglichkeiten und Schönheiten gibt, steht bei Tour 29.

Über Meiringen und Innertkirchen erreichen wir den Boden des Gadmentales. Hinter Mühletal zweigt hier das Sträßlein zur Engstlenalp (1837 m) ab. Wer weder von Engelberg und den Jochpaß noch vom Tannensee aus zum Engstlensee wandern wollte, kann das Versäumte mit dem Wagen nachholen. Und das hat sogar noch einen besonderen Vorteil: Nahezu während der ganzen Rückfahrt vom See zeigen sich die Wetterhörner mit ihren eisigen Nordseiten in voller Breite.

Hinter Gadmen und unter den abweisenden Wänden der Gadmerfluh beginnen mit den letzten 1000 Höhenmetern die «Schmankerlpassagen» der Straße über den Susten. Schon nach wenigen Kilometern spürt man, wie die großzügige Trassenführung zu einer Ideallinie ohne Beispiel gefunden hat. Die schroffen Wände der Fünffingerstöcke sind in einer Weise bewältigt, die man sich öfters wünschen würde.

Beim Hotel Steingletscher (1865 m) sind wir dann endgültig in der imposanten, hochalpinen Szenerie zwischen Sustenhorn und Fünffingerstöcken. Während der gesamten restlichen Auffahrt begleitet sie uns in immer neuen Perspektiven. Der Paß

Den stimmungsvollen Engstlensee (1837 m) überragen der Titlis (3238 m) und die Wendenstöcke (3042 m; Bild unten).

selbst verbirgt sich im 325 m langen Scheiteltunnel. Vom Parkplatz vor dem Tunnel müssen wir deshalb noch 5 Minuten zu Fuß über den alten Saumweg aufsteigen, um dann in Ruhe die Aussicht zur Berner wie auch zur Urner Seite hin zu genießen.

Das herbe, deshalb aber nicht minder schöne Meiental führt uns hinaus nach Wassen und ins Reuß Tal. Über die Autobahn können wir direkt nach Luzern zurückfahren.

Die Ostrampe des Sustenpasses wird von den stark zerklüfteten Fünffingerstöcken (2993 m) beherrscht. Die hier noch zahme Meienreuß hat die wilde Mündungsschlucht oberhalb von Wassen in den Granit gefräst.

Aareschlucht, Haslital und Grimselstraße

29

Der liebliche Brienzer See täuscht allzu leicht darüber hinweg, daß im Süden die Viertausender ihre eisigen Häupter in die Wolken stecken.

«Wer dem Schwindel unterworfen ist, dem rate ich nicht, die Mayenwand zu besteigen.» Der sicher wohlgemeinte Rat, wegen der «jähen und tiefen Abgründe» an der Südrampe den Grimselpaß zu meiden, findet sich in der «Anleitung die Schweiz zu bereisen» und gibt einen direkten Hinweis auf den Straßenzustand Anfang des vorigen Jahrhunderts. Obwohl der Grimsel die einzige Möglichkeit bietet, die langgestreckten Berner Alpen zu queren und ohne Umweg aus dem Berner Oberland ins Wallis zu kommen, gibt es erst seit 1894 eine Straße über den Paß. Davor existierte lediglich ein Saumweg, eine «rauche strasz, sorglich ze wandlen».

Aber nicht nur der Paß war unter Mühen passierbar, auch der Zugang im Norden war höchst beschwerlich. So gab es 1850 noch nicht einmal einen fahrbaren Weg zwischen Meiringen und Guttannen. Ab oder bis Meiringen waren Maulesel das einzige «Verkehrsmittel». Sie hatten zudem zwei schwierige Hürden zu überwinden. Zum einen mußte der Talriegel von Schattenhalb überklettert werden, da die Aare ihre Schlucht ausschließlich für sich und ohne Rücksicht auf den Verkehr gegraben hatte. Zum anderen brachte der Engpaß hinter der Ebene von Innertkirchen, der nicht von ungefähr Via Mala des Haslitales genannt wird, nicht unbeträchtliche Schwierigkeiten – ganz zu schweigen von den schwindelerregenden Mayenwänden auf der Südseite.

Heute sieht das alles natürlich ganz anders aus. Die früheren Hindernisse sind teilweise weltberühmte Sehenswürdigkeiten geworden; der Saumweg mußte einer vorzüglich ausgebauten Straße weichen, und die Maulesel sind hier längst ausgestorben. Gute Wege und Steiganlagen führen zu den Sehenswürdigkeiten, kurz, das Haslital ist erschlossen – aber deswegen nicht weniger sehenswert.

Startort für die Erkundung des Haslitales und des Grimselpasses sollte Brienz am See sein, gibt es doch hier zwei ausgesprochene Leckerbissen. Zum einen bietet die letzte mit Dampf betriebene Zahnradbahn der Schweiz ihre Dienste für die Auffahrt zum Brienzer Rothorn (2353 m) an. In 55 Minuten schnauft sie die 7,5 km lange Strecke zur Bergstation in 2252 m Höhe hinauf, so daß für uns nur noch eine Viertelstunde Aufstieg zum 100 m höheren Gipfel bleibt. Vom Säntis bis zu den Diablerets reicht hier oben die Aussicht, ganz zu schweigen von der Prachtparade der Berner Eisriesen. Zum anderen locken an dem Brienz gegenüberliegenden Ufer die Gießbachfälle. Sie stürzen von den Nordhängen des Schwarzhorns (2928 m) herunter und gliedern sich in nicht weniger als 13 einzelne Fälle. Auf einem gut ausgebauten Wanderweg können wir zu den sieben untersten bequem hinaufsteigen. Alternativ können wir aber auch vom Weiler Kienholz über eine schmale Bergstraße zur 1540 m hohen Axalpe hinauffahren, die Aussicht auf See und Riedergrat, Brienzer Rothorn und Brünigpaß genießen. Die Gießbachfälle können wir dabei als Dreingabe mitnehmen.

Im Aare Tal wird dann schon an der Abzweigung zum Brünigpaß ein weiterer Abstecher fällig. Da wir uns natürlich die schon beinahe weltberühmte Aussicht von Hasliberg keineswegs entgehen lassen dürfen, fahren wir die wenigen Kilometer zum Brünig und zur Abzweigung der Panoramastraße über die Terrasse des Hasliberges hinauf. Wetter- und Engelhörner, Well- und Dossenhorn beeindrucken mit ihren dunklen Nordhängen. Darüber lugen die Eisriesen der Berner Alpen hervor, so daß man einfach noch weiter hinauf muß. Ermöglicht wird das durch die Seilbahn zur Käserstatt (1850 m) und unter den Hochstollen (2119 m). Von dort haben wir auch noch Schreckhorn, Lauteraarhorn, Eiger und Mönch auf dem Präsentierteller.

Auch in Meiringen ist ein längerer Halt fällig. Freunde der Kunst werden die Kirche besuchen, unter der eine aus dem 11. Jahrhundert stammende Vorgängerkirche ausgegraben wurde (5 m unter dem Wildbachschutt). Allein die romanischen Altäre sind einzigartig. In der Friedhofskapelle schließlich sind noch zahlreiche, um 1500 entstandene Wandbilder zu sehen. Wer dagegen die Einsamkeit eines stillen Hochtales liebt, sollte in die Rosenlauischlucht hinein, den oberen Reichenbachfall bewundern und zur Schwarzwaldalp (1454 m) hinauffahren. Knapp 2 Stunden zu Fuß sind es dann nur noch bis hinauf zur Großen Scheidegg (1962 m), von wo wir nach Grindelwald hinunter oder hinüber zum Eiger winken können.

Ob Kunst-, Berg- oder Autofan – keiner sollte sich die dritte Möglichkeit von Meiringen entgehen lassen: die Aareschlucht. Niemand würde sie dort suchen,

Die Aareschlucht zwischen Meiringen und Innertkirchen hat bis zu 200 m hohe, senkrechte und vom quarzhaltigen Wasser glattgeschliffene Wände (Bild oben).

wo sie wirklich ist. In dem das ganze Tal abschließenden Riegel nämlich, dem Kirchet. Das quarzhaltige Wasser der Aare hat diesen 200 m hohen Riegel mühelos und gleichzeitig so gründlich durchsägt, daß das Flüßchen heute kaum noch ein Gefälle hat. Es tost und donnert deshalb zwischen den glatten, meist senkrechten Wänden nichts. Ein fast lautloses Brodeln unterstreicht das geheimnisvolle Schwarz des eilig strömenden Wassers. Ein sicherer Steig erschließt die eineinhalb Kilometer lange Klamm, die teilweise so eng ist, daß man die gegenüberliegende Wand mit den Händen erreichen kann.

Hinter Innertkirchen (Abzweigung zum Sustenpaß) wird das obere Haslital eng.

Hoch überm Tal der Aare versteckt sich das malerische Plateau von Hasliberg. Über das Tal hinweg lockt das Wandelhorn.

Bis Guttannen, dem letzten Weiler an der Straße, sind bereits die ersten 400 Höhenmeter zu bezwingen. Danach kommen wir schnell in eine Welt, die nur noch aus zwei Komponenten zu bestehen scheint: aus glattpolierten Gneisfelsen und aus moderner Technik. Diese hat sich das einst so abgeschiedene und wilde Gebiet so nachhaltig gefügig gemacht, daß eigentlich eine neue Landschaft entstanden ist. Nur: Hier war die Veränderung positiv, denn die «Kunstbauten» fügen sich hervorragend in das Landschaftsbild ein, und die fjordartigen Stauseen geben ihr einen ganz eigenartigen Reiz.

Am Handeggfall (48 m hoch) vorbei erreichen wir über mehrere Kehren den Stausee Räterichsboden (1767 m), in dem sich bereits die beiden Staumauern des Grimselsees (1909 m) spiegeln. Auf ihrer Krone öffnet sich uns ein grandioses Bild. Gut 5½ km zieht sich der See bis hinüber zur Eiszunge des Unteraargletschers, der über 12 Kilometer vom 4274 m hohen Finsteraarhorn herunterkommt. Wer mag, kann zum Gletscher eine Bootsfahrt unternehmen.

Wenige Kehren bringen uns vom Ostende des Sees vollends zur Paßhöhe (2165 m) und zum kleinen Totensee (2144 m) hinauf. Eine Aussicht wie auf kaum einem anderen schweizerischen Paß beglückt uns hier – und dennoch gibt es sogar noch eine Steigerung: Wer gut zu Fuß ist (nur mit Bergschuhen!), steigt östlich über das Nägelisgrätli unter die Gärstenhörner oder westlich zum Sidelhorn (2764 m) auf. Beide Wege bieten mit jedem Schritt eine noch grandiosere Aussicht über Seen, Gletscher und Eisriesen.

Auch nach Westen gibt es noch eine Dreingabe: den Spaziergang über die Oberaarstraße zum 2303 m hohen Oberaarsee. Auch von hier zeigen sich das Finsteraarhorn, die Lauteraarhörner und das Schreckhorn sowie die Gletscher in ihrer ganzen Größe und Schönheit.

Sogar die Fahrt ins oberste Rhônetal hinunter bringt noch weitere «Lichtblicke». Wir sehen hinunter auf den Eisbruch des Rhônegletschers, hinüber zur Furkastraße und zu den gewaltigen Walliser Viertausendern.

Vom Weg zwischen Grimselpaß und Oberaarsee gibt es die Parade der Hörner. Hier sind es (von links) das Oberaarhorn, der Zinggenstock und das Lauteraarhorn. Davor der Unteraargletscher.

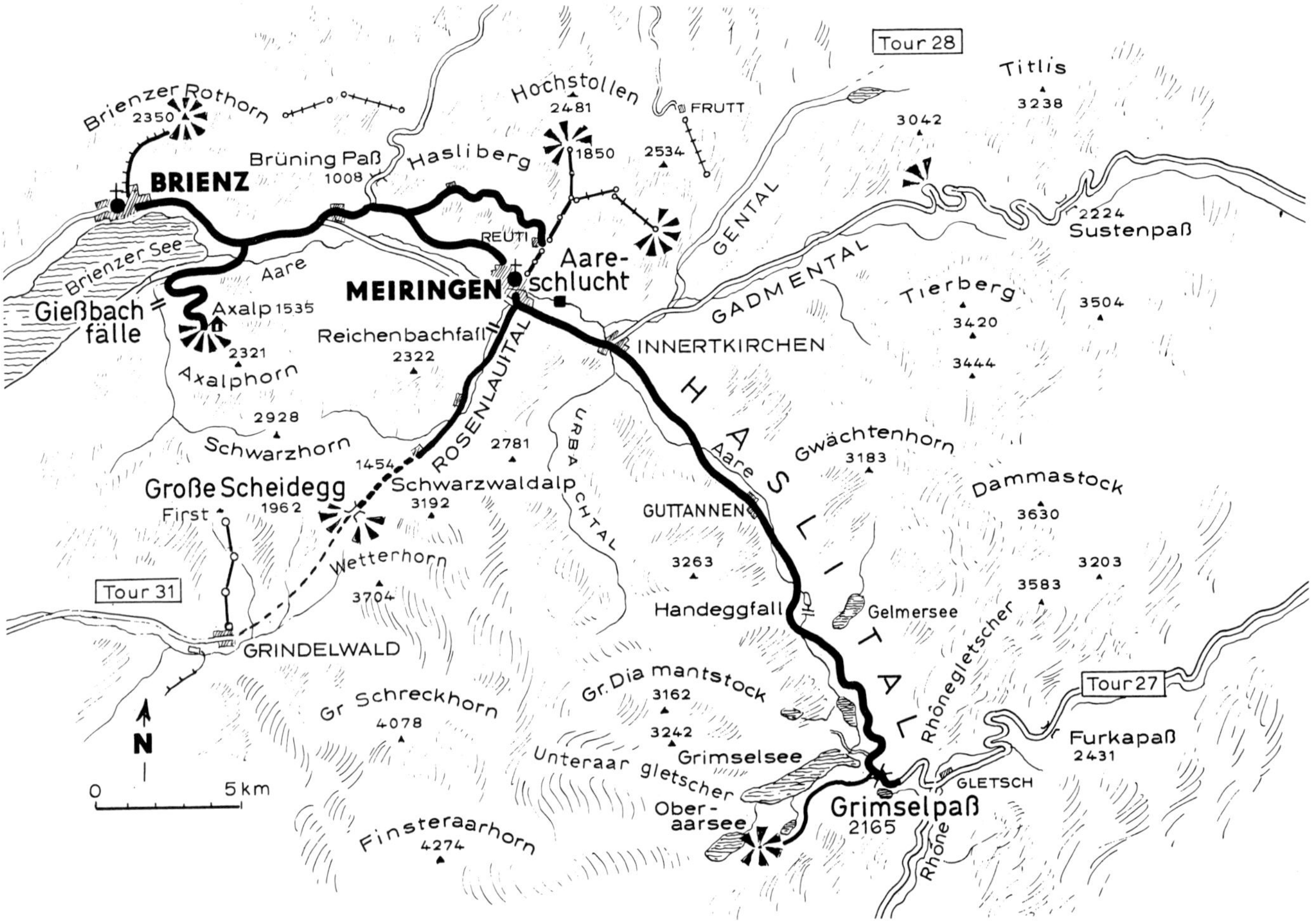

Technisches

Straße auf die Axalp: Die 10 km lange Stichstraße führt vom Südostende des Brienzer Sees aus 570 m Höhe bis auf 1535 m hinauf. Sie eröffnet einen schönen Tiefblick auf den See und ermöglicht einen leichten Zugang zu den Gießbachfällen. Die Straße hat maximal 15% Steigung, kann vom 1.6. bis 31.10. befahren werden, ist mautfrei und für Caravans nicht geeignet.

Straße zur Schwarzwaldalp: Die 12 km lange Stichstraße führt von Willigen ins Rosenlauital und zur 1454 m hohen Schwarzwaldalp. Sie eröffnet einen leichten Zugang zum Oberen Reichenbachfall (20 Minuten). Von der Alp ist in 2 Stunden die Große Scheidegg (1962 m) erreichbar (im Hochsommer auch mit Kleinbus). Die Straße ist vom 1.6. bis 31.10. befahrbar, hat maximal 14% Steigung, ist mautfrei und für Caravans ungeeignet.

Grimselpaß: Der 2165 m hohe Übergang verbindet das Berner Oberland mit dem Wallis. Die Straße ist der einzige direkte Nord–Süd-Übergang in den Berner Alpen. Die gut ausgebaute Straße hat durchgehend maximal 10% Steigung, sie ist vom 15.6. bis 31.10. befahrbar, mautfrei und für Caravans nicht geeignet.

Oberaarstraße: Die 6 km lange Stichstraße zweigt auf der Paßhöhe des Grimsels nach Westen ab und führt zum 2303 m hohen Oberaarsee. Die Privatstraße der Kraftwerke ist inzwischen für den allgemeinen Verkehr gesperrt. In 1½ Stunden ist der See aber auch zu Fuß erreichbar.

Sehenswürdigkeiten

Brienz: Das schweizerische Freilichtmuseum für ländliche Bau- und Wohnkultur am Ballenberg. Nach skandinavischem Vorbild wurden alte Bauernhäuser aus verschiedenen Teilen der Schweiz aufgestellt. Ursprünglich bäuerliche Tätigkeiten wie Leinwandweben, Spanschachteln machen, Schnitzen usw. sind gut belegt. Das Museum ist von Mai bis Oktober täglich durchgehend geöffnet. Die Kirche in Brienz wurde im 17. Jahrhundert an den frühromanischen Turm angebaut. Ihr Inneres ist mit modernen Schnitzereien ausgestattet. Sie sind ein schönes Beispiel der heute noch in der Gegend lebendigen Volkskunst.

Meiringen: Gleich zwei Naturwunder sind hier zu sehen: die Aareschlucht mit ihren vom Gletscherwasser geschliffenen Wänden und die Reichenbachfälle, die vom Rosenlaui-Gletscher gespeist werden. Die Kirche geht auf eine Anlage aus dem 13. Jahrhundert zurück. Weil sie nicht auf einem Hügel stand, wurde sie 5 m hoch mit Schutt und Geröll zugeschüttet. Unter dem aus dem 17. Jahrhundert stammenden Hauptbau ist heute die Urkirche wieder zugänglich gemacht. Der wehrhafte Turm hat romanische Gruppenfenster. Er gehört zu den elf frühromanischen Kirchen, die Königin Berta, die Schwiegermutter Ottos des Großen, im Gebiet zwischen Brienzer und Thuner See gestiftet hatte.

Möglichkeiten für zusätzliche Unternehmungen

Brienz: Fahrt mit der einzigen Dampf-Zahnradbahn der Schweiz auf das 2350 m hohe Brienzer Rothorn. Von der Bergstation (2246 m) sind es noch 15 Minuten zu Fuß bis zum Gipfel.

Meiringen: Fahrt mit der Seilbahn über Reuti zur 1689 m hohen Mägisalp und zur 2245 m hohen Aussichtskanzel über dem Gadmental.

Kartenempfehlung

Landeskarte der Schweiz 1:100 000, Blätter 37 und 42

30 Auf Napoleons Prachtstraße

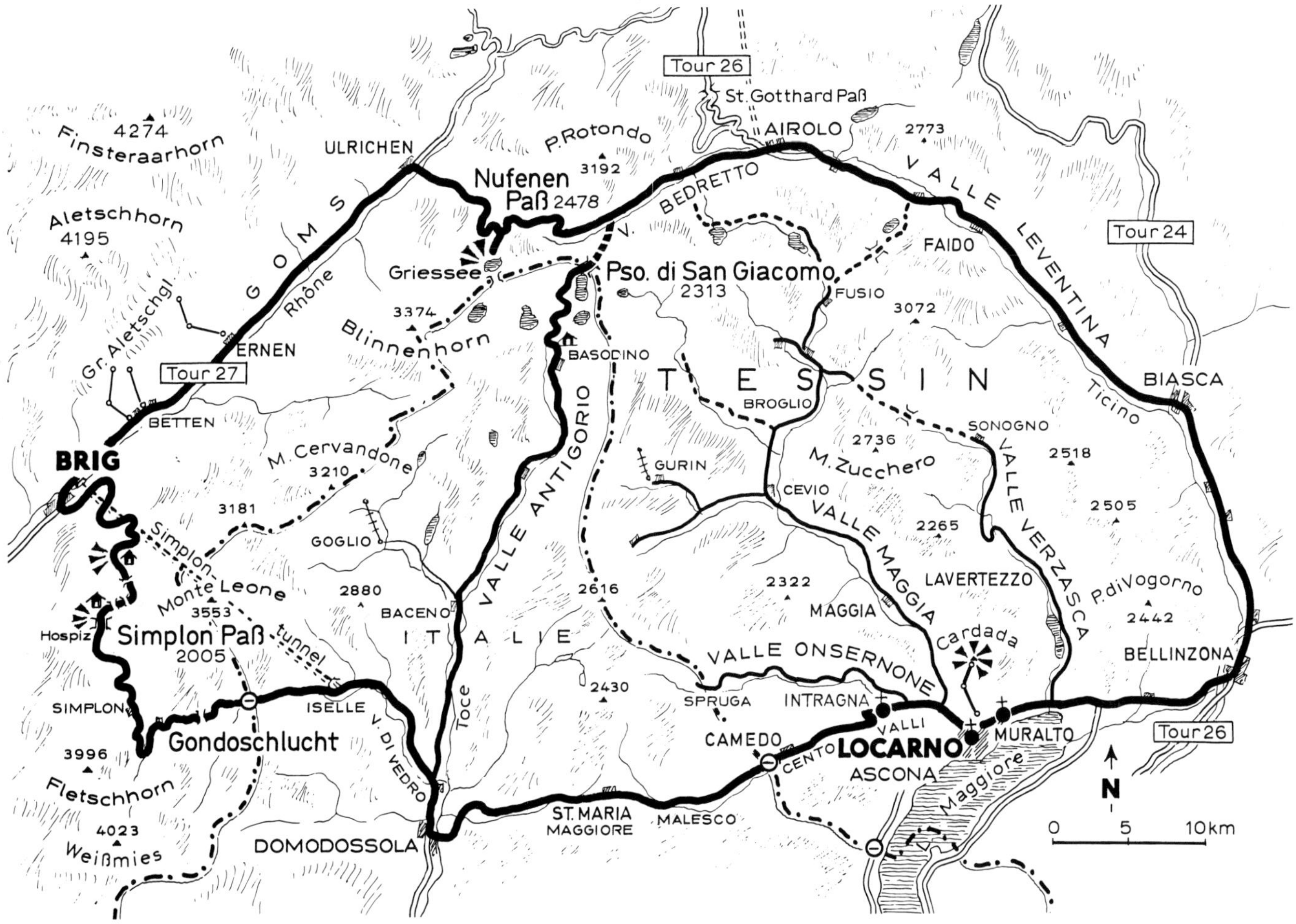

Technisches

Simplon Paß: Der 2005 m hohe Übergang verbindet das Wallis mit Mailand. Der Paß wurde als erste voll ausgebaute Kunststraße der Alpen im Auftrag von Napoleon zwischen 1801 und 1805 von 30 000 Arbeitern gebaut. Heute kann die Straße – je nach Schneelage und Lawinengefahr – ganzjährig befahren werden. Ist die Scheitelstrecke geschlossen, übernimmt die Eisenbahn den Autotransport durch den nahezu 20 km langen Basistunnel zwischen Brig und Iselle. Die Scheitelstrecke hat durchgehend maximal 10% Steigung, viele Lawinenschutzgalerien, aber nur wenige Kehren; sie ist mautfrei und für Caravans geeignet.

Passo di San Giacomo: Eine 51 km lange Stichstraße erschließt den nördlichsten Zipfel Piemonts, das Valle Antigorio und das Val Formazza. Die Straße führt mit maximal 12% Steigung bis zum 2313 m hohen Übergang an der Grenze. Auf Schweizer Seite führt jedoch nur ein Fußweg zur Ostrampe des Nufenen Passes hinunter. Die Straße ist ab Canza vom 15.5. bis 15.10. befahrbar, mautfrei und für Caravans ungeeignet.

Nufenen-Paß: Der 2478 m hohe Übergang ist die einzige Verbindung zwischen dem Wallis und dem Tessin. Die Straße ist sowohl die jüngste als auch höchste innerschweizerische Paßstraße. Sie ist vom 1.6. bis 31.10. befahrbar. Auf der Nord- als auch auf der Südseite hat sie maximal 10% Steigung; insgesamt 22 Kehren sind der Grund für ein Anhängerverbot über 1,5 t Gewicht. Die Fahrzeugbreite darf höchstens 2,3 m betragen. Die Straße ist mautfrei und für Caravans unter 1,5 t geeignet.

Sehenswürdigkeiten

Brig: Das Stockalperschloß ist einer der bedeutendsten barocken Palastbauten der Schweiz. Das alte Stockalperhaus stammt von 1533, der große Palast von 1658 bis 1678. Im Gewölbegeschoß ist ein Heimatmuseum untergebracht.

Palagnedra: In der Pfarrkirche S. Michele sind sehr gut erhaltene Wandgemälde aus dem 15. Jahrhundert zu sehen. Die 1231 erwähnte Vorgängerin gehörte damals zum Kloster Disentis.

Verdasio: Das Dorf gilt als das am besten erhaltene Dorf im Tessin. Es klebt wie ein Adlernest hoch oben am Hang.

Intragna: Die Pfarrkirche S. Gottardo wurde nicht nur schon 1474 geweiht, sondern hat auch den höchsten Kirchturm im Tessin. Am Choreingang hat sie eine prächtige Rokokobalustrade aus verschiedenfarbigem Marmor von 1764.

Locarno: Die Friedhofskapelle enthält Wandgemälde, datiert um 1400. Sie sind im sogenannten internationalen Stil gestaltet. Die ehemalige Klosterkirche S. Francesco bietet ein gutes Beispiel der Bettelordensarchitektur des späten Mittelalters. Sehenswert auch das Castello, das einst einen eigenen Hafen besessen hatte und als uneinnehmbar galt. Heute enthält das Schloß eine besonders reiche archäologische Sammlung. Muralto ist das römische Siedlungszentrum am See. Die Stiftskirche S. Vittore (nördlich des Bahnhofs) gehört zu den bedeutendsten romanischen Kirchen im Tessin. Sie entstand um 1100. Besonders sehenswert ist ihre Hallenkrypta unter dem Chor. Sie ist mit ausgezeichneter Kapitellplastik geschmückt.

Bellinzona, Biasca und Giornico: vgl. Hinweise zu Tour 26.

Kartenempfehlung

Landeskarte der Schweiz 1:100 000, Blätter 42 und 43

Auf Napoleons Prachtstraße

30

«Wir fuhren am frühen Morgen von Brig mit unserem Vierspann weiter. Die ganze Simplon-Straße ist ein wahrhaft kaiserliches Werk, so breit, daß zwei Wägen überall nebeneinander fahren können und so allmählich aufsteigend, so daß der Wagen nie zurückrollt und abwärts stets im Trab gefahren werden kann; überall sind an den Abhängen Geländer und über Bäche, Ströme und Klüfte Gewölbe und kühne Steinbrükken.»

Zum Reisebericht des Professors von der Hagen aus dem Jahre 1816 einige Fakten: Napoleon benötigte in die 1796/97 eroberte Lombardei einen direkten Zugang. Wegen seiner für die Westalpen geringen Höhe von nur 2005 m bot sich dafür der Simplon an. So entstand auf direkten Befehl des Kaisers zwischen 1801 und 1805 die erste «richtige» Straße über die Alpen. Für rund 10 Millionen Franken entstanden 611 Brücken, zahlreiche in den Fels gesprengte Tunnels mit 525 m Gesamtlänge und zahlreiche Galerien. Ganze 3,5% betrug die durchschnittliche Steigung – und das bei einer von den Kanonen bestimmten Straßenbreite von 7,2 bis 8,4 m! Kein Wunder, daß das Prachtstück kaiserlicher Strategie in der ganzen damaligen Welt bewundert wurde.

Auch heute noch bietet die Simplon-Straße die kürzeste Verbindung zwischen dem Wallis und Mailand; bis heute enden alle südlichen Seitentäler der Rhône zwischen Simplon und Großem St. Bernhard unter den abweisenden Nordwänden der Walliser Eisriesen; und bis heute gibt es auf 75 km Luftlinie keinen einzigen Paß über den Alpenhauptkamm. Wie gut Napoleons Ingenieure zudem ihre Aufgabe lösten, bestätigten die Straßenbauer bis heute, indem sie nach wie vor weitgehend der alten Trasse treu blieben.

Eine Fahrt über die älteste künstlich angelegte Straße läßt sich gut mit der über ihr jüngstes, schweizerisches Gegenstück, den 2480 m hohen Nufenen-Paß, verbinden. Centovalli, ein Zipfelchen Lago Maggiore und das wilde Bedretto-Tal erhalten wir dabei als Dreingabe. Startort ist das alte Städtchen Brig, das schon in früheren Jahrhunderten vom Verkehr über den Simplon lebte. Äußeres Zeichen ist der Stockalperpalast aus dem 16. und 17. Jahrhundert, gebaut von der Familie der damaligen «Simplonherren».

Schon im Städtchen beginnt die Straße den Briger Berg hinaufzusteigen; bereits in Ried, nur 895 m hoch, fahren wir durch die letzte Ortschaft. Sobald sich die Straße westwärts wendet, haben wir einen prächtigen Blick hinunter auf das Rhônetal und auf die umliegenden Berge wie das Nesthorn (3820 m), das Eggishorn (2934 m), das Sparrhorn (3026 m) und das Bettmerhorn (2865 m). Hoch über der Saltina-Schlucht windet sich die Trasse um die Flanke des Faulhorns und hinein ins Gantertal. Von der Kurve beim Schallberg-Schutzhaus (dem alten Refuge II Napoleons) in 1316 m Höhe schon ist erstmals am Ende des riesigen Kessels die Paßhöhe zu sehen. Den Hängen des Kessels entlang gewinnen wir stetig Höhe, bis die Aussicht vom 1750 m hohen Rothwald-Gasthaus auf die Berner Alpen einen Halt verlangt: das Bietschhorn (3934 m), das Nesthorn (3820 m) und das Aletschhorn (4182 m) beherrschen die großartige Szenerie.

Durch lange Galerien und Tunnels queren wir die weiten Hangpartien unter dem Kaltwasser-Gletscher und erreichen kurz darauf die Paßhöhe. Sie bietet nicht nur eine weitreichende Aussicht, sondern überrascht auch noch mit grünen Wiesen statt grauer Geröllfelder. Knapp 800 m südlich des Passes steht das von Napoleon als Kaserne gebaute Hospiz, seit 1825 im Besitz der Mönche vom Großen St. Bernhard. Vorbei am 1660 erbauten Stockalper-Hospiz geht's hinunter zum Refuge VII am Engeloch (1791 m), von dem wir den schönsten Blick auf das Fletschhorn (3996 m) und seinen Gletscherzirkus haben.

In Simplon Dorf (1476 m) könnte man glauben, allen Schwierigkeiten der Berge entronnen zu sein. Doch die grünen Wiesen täuschen, der interessanteste Teil der Strecke steht uns erst noch bevor: die wildromantische Gondoschlucht. Über 5 Kilometer schlängelt sich die Straße hier durch 800 m hohe Felswände, die so nahe zusammenstehen, daß sie jeden Augenblick zusammenzufallen scheinen. Tief unten brüllt und schäumt die wilde Diveria die passende Begleitmusik dazu. Erst in Crevola lassen wir die Berge hinter uns.

Bevor wir nach Magera und in Richtung Centovalli abbiegen, sollten wir uns die Verlockungen des Valle Antigorio wohl überlegen. Durch das landschaftlich wunderschöne Tal können wir bis zum 2313 m hohen Passo di S. Giacomo, unmittelbar oberhalb der Ostrampe des Nufenen-

Kaspar Jodok von Stockalper, der Simplonherr, ließ 1658–78 in Brig als Ausdruck seiner Macht einen barocken Palast errichten.

Passes, fahren. Ein wunderschönes Wander- und Tourengebiet mit nicht weniger als fünf Seen erwartet uns hier. Zur Nufenen-Straße können wir aber nur hinunterschauen (oder in 1½ Stunden hinunterwandern), nicht aber fahren. Um mit dem Wagen dorthin zu kommen, müssen wir nach Locarno hinüber und das Valle Leventina hinauffahren.

Durch das Valle dei Pittori, durch Santa Maria Maggiore und so manchen anderen malerischen Ort erreichen wir im Centovalli wieder Schweizer Boden. Hier noch Hinweise auf besondere Schönheiten oder

Der ehemalige Chor der Pfarrkirche S. Michele in Palagnedra enthält Fresken von Antonio da Tradate (15. Jh.).

Sehenswürdigkeiten geben zu wollen, würde den gegebenen Rahmen sprengen. Zwischen Camedo und Bellinzona, zwischen Maggia- und Verzasca-Tal kann man viele Ferien verbringen, ohne jemals alle Schönheiten ausschöpfen zu können. Besonders im Centovalli und im angrenzenden Valle Onsernone muß man einfach jede Gelegenheit nutzen, zu den kleinen Weilern hinaufzufahren, die wie Schwalbennester an den Hängen kleben. Uralte Fresken, wie etwa in S. Michele in Palagnedra, unverfälschte Tessiner Dörfer, wie etwa Verdasio, oder ganz einfach reizvolle Winkel wie aus dem Bilderbuch sind die Belohnung.

Natürlich wären auch Locarno und Ascona gut für einen längeren Aufenthalt. Für alle mit wenig Zeit deshalb wenigstens ein Tip: Die Stiftskirche in Muralto ist eine der bedeutendsten romanischen Kirchen im Tessin. Sie wurde 1100 erbaut und hat unter dem Chor die wohl schönste Hallenkrypta der Schweiz mit einzigartiger Kapitellplastik.

Genau 2275 Höhenmeter haben wir noch vor uns, um von Locarno zum jüngsten und gleichzeitig höchsten innerschweizerischen Paß zu kommen. Bis Airolo folgen wir dabei der Gotthardroute (Tour 26), danach fahren wir hinein in das reizvolle Val Bedretto, dessen Haufendörfer mit ihren gestrickten Häusern schon wieder Walliser Einfluß erkennen lassen. Im Quellgebiet des Ticino wird das Hochtal schnell karg und hochalpin. Über neun Kehren schlängelt sich unsere Straße unter die Südwesthänge des Mittagshorns.

Von der zweiten Kehre nach dem Paß zweigt eine Stichstraße zum Griessee (2386 m) ab. In ihn mündet unmittelbar der vom Blinnenhorn herunterziehende Griesgletscher. Die Aussicht von seiner Staumauer hinunter ins Goms und hinüber ins Grimselgebiet ist unvergleichlich schön.

Elf weitere Kehren bringen uns hinunter ins Goms, das obere Rhônetal. Der jungen Rhône entlang fahren wir zurück nach Brig.

Intragna, am Eingang ins Centovalli, hat nicht nur den höchsten Campanile im Tessin (65 m), sondern auch malerische Dorfpartien.

Der Griesgletscher kalbt in den Nufenen-Stausee. Überm Gletscher das 3374 m hohe Blinnenhorn.

Vom Nufenenpaß aus reicht der Blick weit hinüber ins Berner Oberland. Mit 4274 m ist das Finsteraarhorn von hier aus der beherrschende Berg.

Im Banne der Berner Eisriesen

31

Berühmte, berüchtigte oder auch nur bewunderte Berge gibt es viele in den Alpen, auch in Gruppen gesellig zusammenstehende sind nicht gerade selten. Eine Gruppe dagegen ist absolut konkurrenzlos und einmalig: das Dreigestirn Eiger, Mönch und Jungfrau. Ob es die überwältigenden Nordwände dieser Riesen des Berner Oberlandes, ob es ihre glitzernden Flanken aus Firn und Eis, ob es die rauschenden Wasserfälle, mehr der Kontrast zwischen unendlich fernen Gipfeln und warmen Holzhäusern oder gar der zweifelhafte Ruf des Benjamins im Dreigestirn sind, die letztlich den Ruhm ausmachen, mag jeder Besucher für sich entscheiden. Jeder aber wird feststellen, daß der Weltruhm nicht von ungefähr kommt.

Nicht von ungefähr kam es denn auch, daß schon 1896 mit dem Bau einer dieser Berühmtheit würdigen Bahn begonnen wurde: der nicht weniger weltberühmten Jungfraubahn. Seit 1912 verbindet sie die Kleine Scheidegg (2061 m) mit dem höchsten Bahnhof Europas auf dem 3454 m hohen Jungfraujoch, dem Sattel zwischen Mönch (4099 m) und Jungfrau (4158 m). Auf nicht weniger als 7,1 km Länge fährt dieses Wunderwerk der Technik im Tunnel durch die Nordwand des Eiger (3970 m), macht im Innern des Berges eine Schleife, quert dann auch noch den Mönch und kommt erst am Jungfraujoch wieder ans Tageslicht. Lediglich die Aussichtsstationen Eigerwand (2865 m) und Eismeer (3160 m) unterbrechen die bis zu 25% steile Tunnelfahrt der elektrischen Zahnradbahn.

Beiden Berühmtheiten – Bahn wie Bergtrio – können wir auf einer Paßfahrt näherkommen, zu der wir allerdings auf Bus und Bahn umsteigen müssen. Dafür können wir zwei Pässe (Kleine Scheidegg, 2061 m, und Große Scheidegg, 1962 m) und als Dreingabe das Jungfraujoch zu einer Erlebnisfahrt «Berner Eisriesen» kombinieren, der eigentlich nur die Bezeichnung «traumhaft» gerecht wird.

Talort für dieses Unternehmen ist Interlaken, das Städtchen zwischen Thuner und Brienzer See. Hier sollte der Wagen stehen bleiben, obschon beide Lütschinentäler bis Grindelwald (20 km) bzw. bis Stechelberg (19 km) befahren werden können. Da unser zweiter Talort aber Meiringen ist und wir von dort nach Interlaken zurückkommen, ist es bequemer, hier gleich den Zug zu nehmen.

Vorbei an Zweilütschinen (die Schwarze und die Weiße fließen hier zusammen), fahren wir in das Tal der Alpen, das wohl die meisten Wasserfälle auf engstem Raum vereint. Nicht umsonst heißt der Hauptort hier Lauterbrunnen. Auf gut 5 km Länge begleiten das enge Trogtal auf beiden Seiten bis zu 600 m hohe, meist senkrechte Kalkwände, über die immer

wieder ganze Bäche im freien Fall herunterstürzen. Der zweifellos schönste ist der Staubbachfall bei Lauterbrunnen. Schon sein Name verrät, was uns hier für ein feuchtes Vergnügen erwartet: Bis zu 30 m weit wird der Wasservorhang vom Wind verweht und dabei natürlich auch entsprechend zerstäubt.

Auch die nächste Attraktion hat mit Wasser zu tun, allerdings mehr mit beinahe unterirdischem. Wir finden es 3 km taleinwärts von Lauterbrunnen (Busverbindung), wo der Trümmelbach tost. Die Mischung aus Höhle, Klamm und Wasserfall ist das Werk sämtlicher nordseitigen Gletscher des Berner Dreigestirns. Die Schleifwirkung des mit Sand und Steinen angereicherten Gletscherwassers ist so stark, daß für den Zugang ein beinahe 100 m hoher Schrägaufzug im Berg gebaut werden mußte. Geschickte Beleuchtung rückt die schönsten Stellen des Wassertheaters ins rechte Licht.

Nach so viel feuchtem Vergnügen vertrauen wir uns in Lauterbrunnen der Wengernalp-Bahn zur Fahrt auf unseren ersten Paß, die Kleine Scheidegg, an. Über Wengen, das autofreie Feriendorf in 1300 m Höhe, lassen wir uns in einer gemütlichen Fahrtstunde über die 11 km lange Strecke und die knapp 1300 Höhenmeter hinaufbringen über eine Trasse, die alle Augenblicke eine noch schönere Aussicht bietet. Nach und nach tauchen die ersten Nordwände der westlichen Berner Alpen überm Talende von Lauterbrunnen auf, dann schieben sich Jungfrau und Mönch ins Bild, schließlich wird auch noch der Eiger mit

Well- und Wetterhorn sind am schönsten vom Tal der Rosenlaui aus. In der Mitte der Rosenlauigletscher.

seiner berühmt-berüchtigten Nordwand sichtbar.

Auf der Kleinen Scheidegg selbst stehen wir unmittelbar unter der 1800 m hoch abbrechenden Wand, jenem Prüfstein für die besten Bergsteiger der Welt, dem schon beinahe 100 von ihnen ihr Leben opferten. Daneben blinken die Gletscher von Mönch und Jungfrau, bis hinüber zur Blümlisalp reicht im Westen der Blick. Wir haben nun die Wahl, den Gletschern noch näher zu kommen und die große Fernsicht zu erleben oder das Dreigestirn aus gebührender Distanz zu bewundern.

Wen es in die Höhe zieht, der vertraut sich den Zahnrädern der Jungfraujoch-Bahn an und genießt vom Joch den Tiefblick auf den größten Eisstrom der Alpen, den Aletschgletscher, und nach Norden die Fernsicht über die halbe Schweiz bis hinaus zu Vogesen und Schwarzwald. Wer dagegen lieber seinen eigenen Füßen vertraut, wandert auf bequemem, nahezu ebenem Weg nach Norden zum 2229 m hohen Männlichen (1½ Stunden). Vom Weg aus gibt es beim Honegg den allerbesten Blick auf den Eiger, vom Männlichen selbst lohnende Tiefblicke ins Tal von Lauterbrunnen. In weiteren 1½ Stunden können wir leicht nach Grindelwald, dem wohl berühmtesten Bergsteigerzentrum der Schweiz, hinunterspazieren (oder unsere Paßfahrt per Bahn von der Kleinen Scheidegg aus mit der Fahrt nach Grindelwald abschließen).

Auch in Grindelwald haben wir wieder die Qual der Wahl. Die eine Paßfahrt, über die Große Scheidegg hinüber ins Aaretal, können wir mit dem Bus absolvieren, die andere – mehr eine bequeme Gratwanderung – verlangt den Einsatz der eigenen Beine.

Wer sich für die Busfahrt entscheidet, kommt den Nordwestwänden des Wetterhorns (3704 m) am nächsten und kann zudem noch der Rosenlauischlucht einen Besuch abstatten und das Tosen und Schäumen des Rosenlaui-Gletscherbaches bewundern. Auch gibt es noch die Möglichkeit, von Meiringen aus die ebenfalls recht berühmte Aare-Schlucht zu besuchen. Rund 200 m tief hat sich hier die Aare durch einen Kalkriegel gefressen und seltsam gestaltete, mit einer Art Bienenwabenmuster überzogene Wände geschaffen.

Wem die Fahrt ausschließlich mit dem Bus dagegen zu beschaulich ist, steigt auf der Großen Scheidegg aus, wandert über die Grindel-Oberläger hinüber zur Bergstation First (sie kann man von Grindelwald aus auch direkt mit dem Sessellift erreichen) und weiter zum Bachalp See (2263 m). In ihm spiegeln sich malerisch die höchsten Berner Eisriesen, darunter auch ihr höchster, das 4274 m hohe Finsteraarhorn. Ein kurzer Anstieg trennt uns dann nur noch von der schönsten Aussichtswarte überhaupt, dem 2681 m hohen Faulhorn. Von ihm haben wir die Idealsicht auf sämtliche Eisriesen und zugleich hinunter zum Thuner See. Westwärts bummeln wir schließlich zur ihres botanischen Gartens wegen berühmten Schynigen Platte (2101 m) und fahren mit der gemütlichen Zahnradbahn hinunter nach Wilderswil (Gesamtgehzeit 6 Stunden, ab First 4½ Stunden).

Die Wand der Wände: Der 1600 m hohe Nordabbruch des Eigers, der nach wie vor die Kletterelite der Welt anzieht (Bild links).

Die Kleine Scheidegg und darüber die Jungfrau. Die Lawinengalerie links markiert den Beginn der Zahnradbahn aufs Jungfraujoch (Bild ganz oben).

Nahezu 600 m hoch sind die Wände bei Lauterbrunnen, über die der Staubbachfall herunterstürzt (Bild oben).

31 Im Banne der Berner Eisriesen

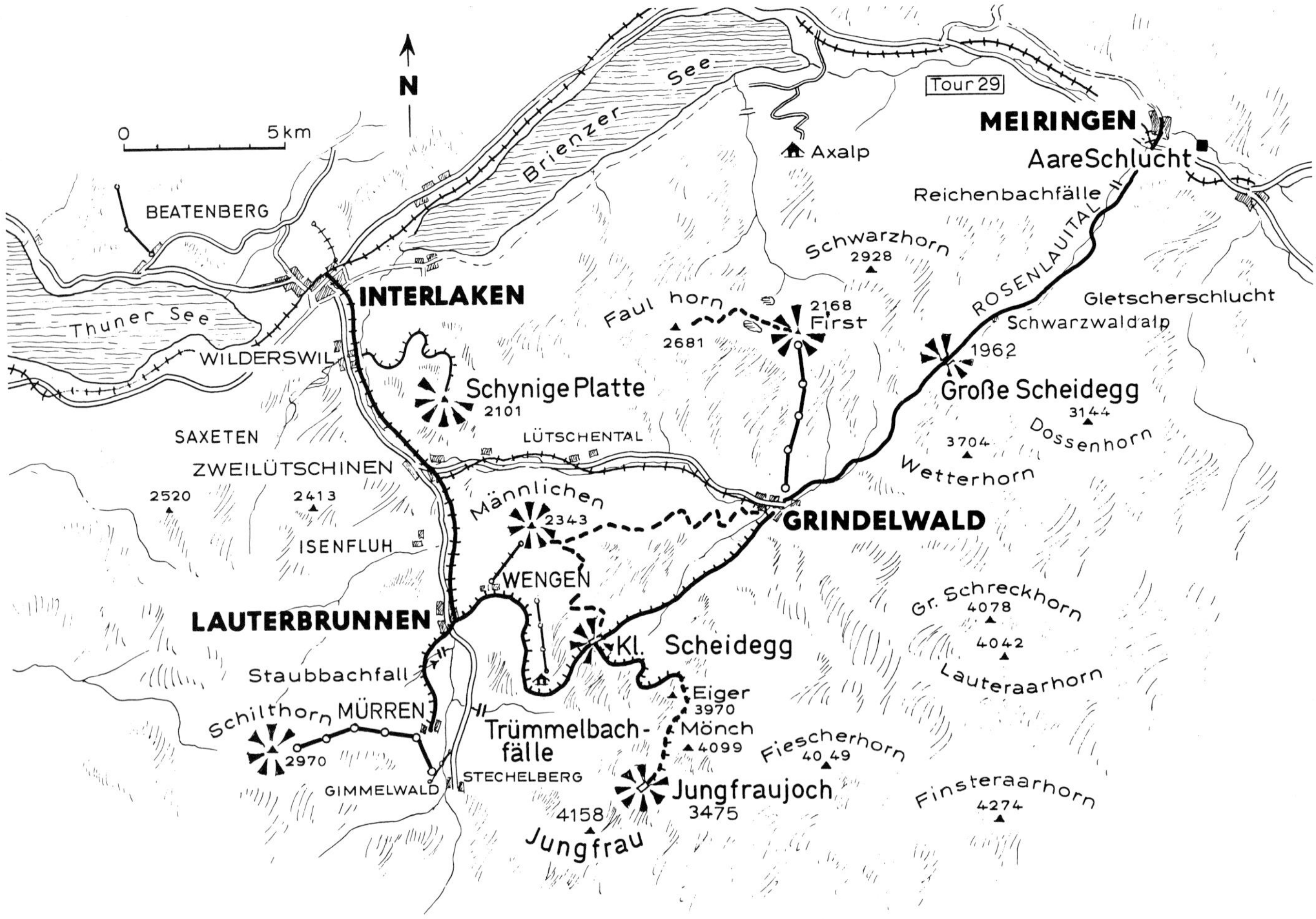

Technisches

Kleine Scheidegg: Das 2061 m hohe Joch ist nur mit der Wengernalp Bahn zu befahren. Auch Wengen selbst, malerisch auf einer rund 1300 m hoch gelegenen Terrasse verstreut, ist nur über diese Bahn erreichbar. Das Joch trennt die beiden Täler der Weißen Lütschine (Lauterbrunnen) und der Schwarzen Lütschine (Grindelwald). Auf ihm zweigt die berühmte Bahn zum Jungfraujoch ab.

Jungfraujoch: Das 3475 m hohe Joch zwischen Mönch (4099 m) und Jungfrau (4158 m) ist seit 1912 mit einer bis zu 25% steilen, elektrischen Zahnradbahn erreichbar. In einem 7,1 km langen Tunnel durchfährt sie die Nordwand des Eiger, macht im Berg eine Kehre und kommt erst im höchsten Bahnhof Europas wieder ans Tageslicht. Nur zweimal auf der gesamten Tunnelstrecke, nämlich an den Stationen Eigerwand (2865 m) und Eismeer (3160 m), gibt es Aussichtspunkte.

Große Scheidegg: Der 1962 m hohe Übergang verbindet Grindelwald mit Meiringen und Innertkirchen. Er ist nördlich vom Schwarzhorn (2928 m) und südlich vom Wetterhorn (3704 m) flankiert. Von Grindelwald nach Meiringen besteht im Sommer Busverbindung über das Joch.

Sehenswürdigkeiten

Lauterbrunnen: Oberhalb des kleinen Dorfes stürzt der Staubbach über 300 Meter in freiem Fall ins Tal. Je nach Windstärke wird das Wasser dabei bis zu 30 m weit verweht und entsprechend zerstäubt. Über einen in den Fels gehauenen Steg kann man sogar hinter den Wasserfall gehen.

Hotel Trümmelbach: Hinter dem Hotel, 3 km taleinwärts von Lauterbrunnen (Busverbindung), tost der Trümmelbachfall, in dem alle Schmelzwässer der nordseitigen Gletscher von Eiger, Mönch und Jungfrau zusammenfließen. Er hat sich schon so tief in die Wände gefressen, daß für den Zugang ein fast 100 m hoher unterirdischer Schrägaufzug gebaut werden mußte. Die Mischung aus Höhle, Klamm und Wasserfall ist effektvoll beleuchtet.

Jungfraujoch: Der mit 3454 m höchste Bahnhof Europas ist eine Attraktion für sich. Die Sicht reicht von hier oben über weite Teile der Alpen. Im Süden sieht man hinunter zum größten Eisstrom der Alpen, dem Aletschgletscher. Im Norden blinkt der Thuner See, und nicht selten sind außer der halben Schweiz auch noch die Vogesen und der Schwarzwald zu sehen.

Möglichkeiten für zusätzliche Unternehmungen

Mürren: Das 1645 m hohe, wie Wengen autofreie Dorf ist auf zwei «Wegen» erreichbar. Der eine Weg beginnt in Lauterbrunnen mit der Standseilbahn zur Grütschalp (1486 m). Von dort übernimmt dann noch eine 5,5 km lange Schmalspurbahn den restlichen Transport nach Mürren. Der andere Weg beginnt in Stechelberg, von wo die Seilbahn zum Schilthorn beginnt. Bergstation der zweiten Sektion ist Mürren. Wer noch zwei weitere Sektionen in der Bahn bleibt, erreicht das 2970 m hohe Schilthorn.

Wengen: Das 1300 m hohe, wie Mürren autofreie Dorf ist nur über die Wengernalp Bahn erreichbar. Von Wengen aus ist der 2343 m hohe Männlichen (Bergstation in 2239 m Höhe) bequem erreichbar. Vom Gipfel aus führt ein bequemer Wanderweg in $1^1/_2$ Stunden zur Kleinen Scheidegg.

Grindelwald: Auch von hier aus gibt es natürlich einen Anschluß zur Kleinen Scheidegg. Der Sessellift zum 2168 m hohen First ermöglicht einen bequemen Zugang zum 2681 m hohen Faulhorn.

Wilderswil: Fahrt mit der Zahnradbahn auf die Schynige Platte (2101 m, Bergstation in 1987 m). Der Vorberg ist nicht nur beliebt wegen des schönen Tiefblickes auf Thuner und Brienzer See, sondern auch wegen des hier eingerichteten, sorgfältig gepflegten Botanischen Gartens, in dem die allermeisten, in den Schweizer Bergen beheimateten Pflanzen zu bewundern sind.

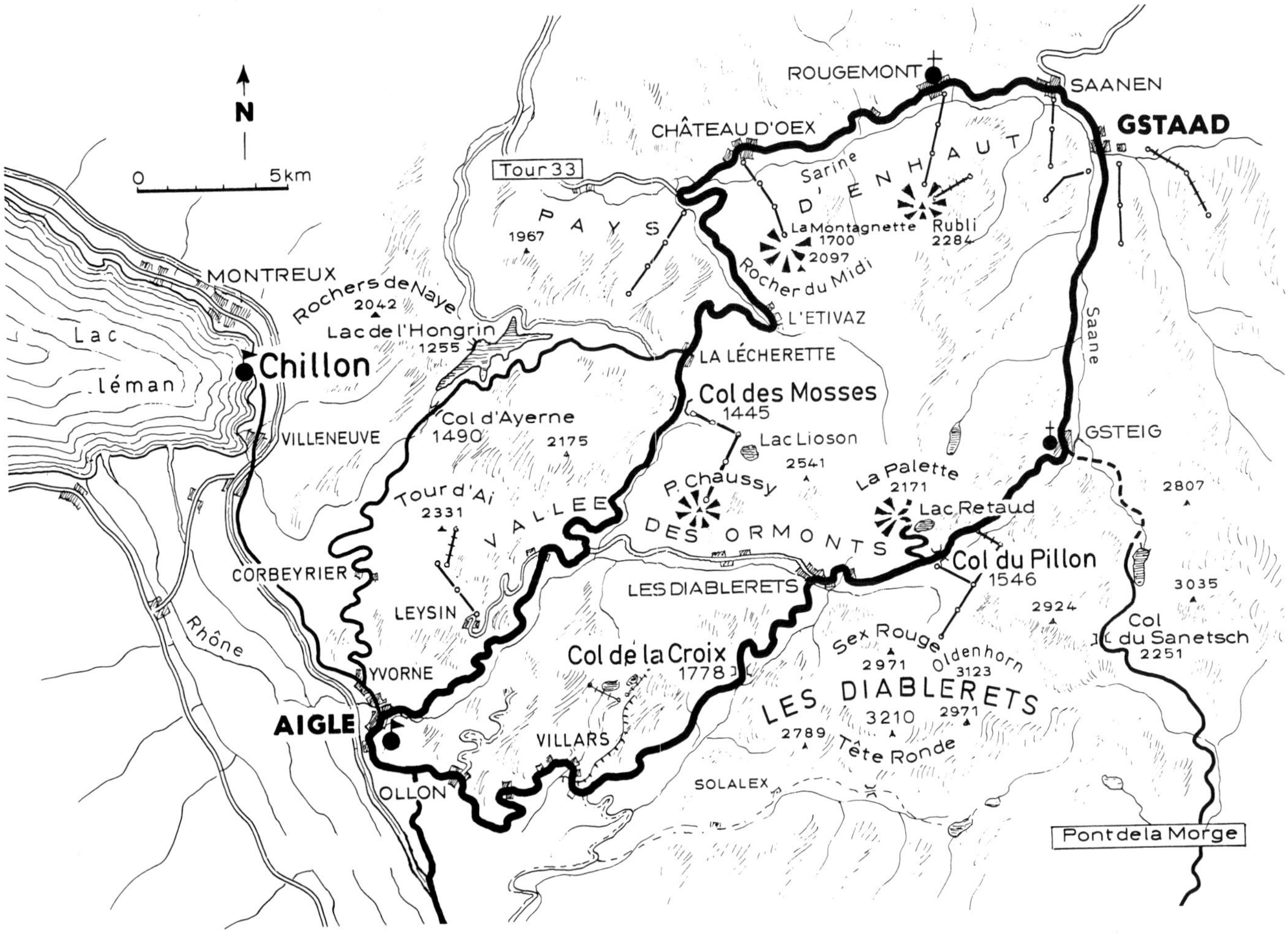

Technisches

Col des Mosses: Der 1445 m hohe Übergang verbindet den Pays d'Enhaut mit dem Rhônetal und dem Genfer See. Soweit es die Lawinengefahr zuläßt, ist die Straße ganzjährig geöffnet. Auf der Nordseite hat sie maximal 10%, auf der Südseite maximal 8% Steigung. Sie ist mautfrei und für Caravans geeignet.

Col d'Ayerne: Der 1490 m hohe Übergang ist eine reizvolle Variante zum Col des Mosses, die allerdings nur in der schneefreien Zeit und dann auch nur am Wochenende befahrbar ist. Das Sträßlein erschließt den Lac de l'Hongrin, hat maximal 12% Steigung, ist mautfrei und für Caravans nicht geeignet.

Col de la Croix: Der 1778 m hohe Übergang führt von Les Diablerets direkt hinüber ins Rhônetal. Die Straße ist vom 15.4. bis 31.10. befahrbar. Auf der Nordseite hat sie maximal 9%, auf der Südwestseite maximal 13% Steigung. Sie ist mautfrei und für Caravans bedingt geeignet.

Col du Pillon: Der 1546 m hohe Übergang verbindet das Berner Oberland mit dem Rhônetal und dem Genfer See. Er ist, soweit es die Lawinengefahr zuläßt, ganzjährig befahrbar. Er hat auf beiden Seiten maximal 11% Steigung, ist mautfrei und für Caravans geeignet.

Sehenswürdigkeiten

Rougemont: Das ehemalige Cluniazenserpriorat St. Nicolas zeigt paradigmatisch die cluniazensische Architektur. Es wurde zwischen 1073 und 1083 gegründet. Erhalten sind von der alten Anlage das dreischiffige Langhaus, das Querschiff mit Vierung und der Vierungsturm. Das Dorf hat behäbige Holzhäuser im Berner Typ, wie man sie sonst etwa im Simmental findet.

Aigle: Das malerisch in den Weinbergen gelegene Schloß war vor dem 12. Jahrhundert bischöfliche, danach savoyische Burg. Nach der Eroberung durch die Berner war sie bis 1798 Gouverneurssitz. Nach der Restaurierung wird hier ein Weinbaumuseum eingerichtet.

Schloß Chillon: Die wehrhafte Burg am rechtsufrigen Seeweg zum Großen St. Bernhard geht wahrscheinlich auf Bauten der Römer zurück. Bereits im 11. Jahrhundert war sie ein gut ausgebautes Bollwerk der Bischöfe von Sion, denen die Burg schon vor 1005 (erste Erwähnung) gehörte. Die heutige Form erhielt die Burg im wesentlichen im 14. und 15. Jahrhundert. Heute ist die vorzüglich restaurierte, spitzovale Wasserburg ganz zu besichtigen. Besonders eindrucksvoll sind der Rittersaal mit seiner Holzbalkendecke aus der Renaissance, das Herzogszimmer mit Malereien von 1341–42 und die Georgskapelle mit Fresken aus dem 13. Jahrhundert. Informativ auch das Schloßmuseum.

St. Maurice: Das Städtchen war schon von Kelten und Römern besiedelt, bevor Sigismund, der spätere König von Burgund, 515 hier das Kloster gründete, das heute das älteste kirchliche Zentrum der Schweiz ist. Die freigelegten Mauerreste und Fundamente belegen eine sechzehn Jahrhunderte umfassende Entwicklung einer Abtei. Die heutige Säulenbasilika enthält als kostbarstes Stück einen karolingischen Ambo aus dem 8. Jahrhundert. Besonders sehenswert aber ist der weltberühmte Klosterschatz. Er enthält u. a. ein antikes Sardonyxgefäß aus dem 2. Jahrhundert v. Chr., einen Theuderich-Schrein aus merowingischer Zeit und ein Kopfreliquiar des Hl. Candidus von 1150.

Möglichkeiten für zusätzliche Unternehmungen

Pont de la Morge: Die Teufelshörner lassen sich nicht nur von Norden mit der Seilbahn vom Col du Pillon aus erobern. Auch mit dem Wagen kann man ihnen – dies allerdings nur von der Südseite aus – nahekommen. Ermöglicht wird das von der schmalen Straße zum Col du Sanetsch (2251 m; maximale Steigung 15%; befahrbar nur in der schneefreien Zeit; mautfrei; für Caravans ungeeignet), die am Sanetsch Stausee in 2033 m Höhe endet. Von hier Fußweg hinunter nach Gsteig.

Kartenempfehlung

Landeskarte der Schweiz 1:100 000, Blatt 41

Zwischen Teufelshörnern und Genfer See

32

Dem Berner Feldhauptmann Hans Franz Nägeli verdankten es die Berner Bürger, daß sie 1536 zu Kornkammer und Weinkeller kamen. Er eroberte das nördlich vom Genfer See gelegene Waadtland für die Berner, denen die ganze Gegend fortan untertan war. Erst knapp 300 Jahre später, genaugenommen im Jahre 1803, wurde aus dem Untertanenland der selbständige Kanton Waadt, in dessen südlichsten Zipfel unsere heutige Reise gehen soll.

Kornkammer und Weinkeller haben auch heute noch nichts von ihrer Bedeutung verloren, auch wenn moderner Tourismus diesen kostbaren Zipfel der Schweiz natürlich längst entdeckt hat. Besonders für den Südzipfel des Kantons ist das auch nur allzu leicht zu verstehen, gehen hier die Rebhänge und Kornfelder doch in einem äußerst reizvollen Wechselspiel in Mittel- und Hochgebirge über, ohne daß dabei jemals das im eigentlichen Hochgebirge manchmal auftretende Gefühl der Enge aufkommen könnte. Freunde des Wassers, der Kunst, der Berge und nicht zu vergessen des Weins werden deshalb gleichermaßen auf ihre Rechnung kommen.

Starten sollten wir in Gstaad, von dort aber nicht direkt in Richtung Aigle, sondern der Saane entlang talauswärts nach Rougemont fahren. Dort nämlich finden wir das ehemalige Cluniazenserpriorat St-Nicolas. Es dokumentiert mit am eindrücklichsten die Architektur der Cluniazenser. Von der ursprünglich um 1085 entstandenen Anlage sind das dreischiffige Langhaus, das Querschiff mit Vierung und der Vierungsturm erhalten. Heute dient die Klosterkirche als reformierte Pfarrkirche; das ehemalige Prioratsgebäude ist privat.

In Château-d'Oex werfen wir noch einen Blick in das Musée du Vieux Pays d'Enhaut (Heimatmuseum mit kunst- und kulturhistorischer Sammlung), nehmen vielleicht die Seilbahn nach La Montagnette (1700 m) unter den Rocher du Midi (2097 m), um die Aussicht über den Pays d'Enhaut zu gewinnen und fahren dann hinein ins Tal von L'Etivaz. Es entpuppt sich als eine gar nicht so zahme Schlucht, die die Straße immer mal wieder in die Felsen zwingt.

Bei La Lécherette haben wir (zumindest am Wochenende) die Wahl: Geradeaus erreichen wir schnell in 1445 m Höhe den Col des Mosses und können mit der von der Paßhöhe in zwei Sektionen über den Lac Lioson (1848 m) hinweg zum Pic Chaussy (2351 m) hinaufführenden Seilbahn einen besonders schönen Aussichts-

Schloß Aigle hat eine wechselvolle Geschichte: erst bischöfliche Burg, dann Residenz Berner Gouverneure, schließlich Gefängnis; heute Weinbaumuseum.

punkt erreichen. Besonders die wilden Dents du Midi (3257 m) sind von ihm über das Rhônetal hinweg gut zu sehen. Rechts ab geht es nur am Wochenende, wenn das Militär seine Schranken öffnet. Dann allerdings haben wir die mehr als reizvolle Möglichkeit, dem Lac de l'Hongrin (1255 m) und seinen fjordartig eingeschnittenen Armen einen Besuch abzustatten, um den ganzen Tour d'Aï (2331 m) herumzufahren und über zahlreiche Kehren über Carbeyrier direkt nach Aigle zu gelangen. Weniger aussichtsreich ist dagegen die Fahrt vom Col des Mosses durch die Täler der Raverette und der Grande Eau.

In Aigle beeindruckt schon von weitem die malerisch in den Weinbergen liegende savoyische Burg. Das ursprünglich bischöfliche Schloß (es geht zurück auf eine Zeit vor dem 12. Jh.) war von 1488 bis 1798 Residenz der Berner Gouverneure, danach Kantonsgefängnis. Heute beherbergt es ein Weinbaumuseum.

In dem uralten Burgstädtchen sind gleich zwei Abstecher fällig: Zum einen lockt der nur noch 10 km entfernte Genfer See mit all seinen Annehmlichkeiten und vor allem einer der berühmtesten Burgen Europas: Schloß Chillon am äußersten Ostende des Sees. Schon im 11. Jahrhundert war die Burg ein wohl ausgebautes Bollwerk der Bischöfe von Sion, die damit den rechtsufrigen Seeweg zum Großen St. Bernhard kontrollierten. Im 14. und 15. Jahrhundert dann erfolgte der Ausbau auf die heutige Größe, einschließlich der beinahe exemplarischen Wehranlagen. Die von allen Seiten von Wasser umgebene spitzovale Anlage ist vor allem gegen Angriffe von der Landseite geschützt gewesen. Scharten für Bogen- und Armbrustschützen ebenso wie für Ge-

schütze, Pechnasenkränze und Treppengiebel zeichnen noch heute ein eindrucksvolles Bild mittelalterlicher Kampfbereitschaft.

Heute ist das gesamte Schloß soweit wie möglich restauriert. So ziert den Wappen- und Rittersaal eine wunderschöne Renaissanceholzbalkendecke mit vertieften Kassettenfeldern. Im Zimmer des Herzogs finden sich Wandmalereien von 1341 bis 1343, in der Georgskapelle Fresken aus dem 13. Jahrhundert. Im Schloßmuseum veranschaulichen Modelle die verschiedenen Entwicklungsstadien des Schlosses.

Der andere Abstecher führt in eine weniger kriegerische Welt, selbst wenn man weiß, daß zuzeiten die Bereiche Weih-

Der Theuderich-Schrein ist eine der kostbarsten Goldschmiedearbeiten merowingischer Zeit. Sein bunter Zellenschmelz ist mit Gemmen besetzt (Bild rechts).

wasser und Krieg gar nicht so weit auseinander lagen. Selbstverständlich war auch das älteste kirchliche Zentrum der Schweiz nicht frei von weltlichen Machtansprüchen, auch wenn wir heute davon in St-Maurice nichts mehr sehen. Die auf das Jahr 515 zurückgehende Klostergründung ist eine Stiftung von Sigismund, dem späteren König von Burgund.

Wer heute die scheinbar kreuz und quer verlaufenden Fundamente und Mauerreste betrachtet, muß sich vergegenwärtigen, daß er vor einer weit über eineinhalbtausendjährigen Bau- und Kulturgeschichte steht. Das älteste Bauwerk, die Theodorskirche entstand bereits zwischen 360 und 370! In der heutigen Säulenbasilika findet sich das kostbarste Stück, ein karolingischer Ambo (Frühform der Kanzel) aus Marmor aus dem 8. Jahrhundert. Weltruhm hat der Kirchenschatz. Er enthält neben weiteren Kostbarkeiten ein wunderschönes Sardonyxgefäß (antike Vase mit figürlichem Gemmenschnitt; 2. Jh. v. Chr.), ein Kopfreliquiar des Hl. Candidus (silberne Gesichtsmaske über geschnitztem Holzkern; um 1150) und einen Theuderich-Schrein (Goldschmiedearbeit aus merowingischer Zeit).

Von Ollon aus (der Bergfried mit schönster Quadertechnik gehört zu der schon 1476 zerstörten Burg St-Triphon) fahren wir schließlich wieder in die Berge, dem Col de la Croix entgegen. Über die weiten Hänge von Huémoz und Chésières nähern wir uns der Ostschulter der Teufelshörner (Les Diablerets, 3210 m). Ihre wilden Felsabbrüche begleiten uns bis hinüber nach Ormont Dessus (heute auch Les Diablerets genannt) und bis hinauf zum Col du Pillon (1546 m).

Auf die Gipfelstürmer wartet am Paß die Seilbahn zur Cabane des Diablerets und unter die Sex Rouge (2940 m) mit prächtiger Aussicht vor allem nach Norden und Westen. Wer dagegen lieber wandern möchte, sollte vom Paß aus mit dem Wagen 2 km zum Lac Retaud (1685 m) fahren und auf schönem Horizontalweg auf die Hänge oberhalb von Les Diablerets wandern. Sogar ein gemütlicher Gipfel (La Palette, 2171 m) ist leicht zu erreichen. Knapp 20 km sind es schließlich noch zurück bis nach Gstaad.

Der Lac Retaud ist vom Col du Pillon aus leicht erreichbar. Im Süden ist er vom Sanetschhorn und von den Teufelshörnern überragt.

In der Heimat des Gruyère

33

Lebens im Mittelalter. Die Repräsentationsräume im ersten Stock geben einen Eindruck vom gräflichen «Arbeitsmilieu», während das zweite Stockwerk die private Seite gräflicher Lebensweise zeigt.

Aber Städtchen und Schloß alleine sind noch nicht die Landschaft. Sie und ein wenig der Umgebung kennenzulernen, bietet sich die Fahrt über den Jaunpaß (1509 m), durchs obere Simmental, die Pays d'Enhaut und die Haute Gruyère an.

Unmittelbar südlich von Gruyères verengt sich das Tal zu einem schmalen Durchlaß, bevor sich danach die weiteren

Das Schloß von Gruyères gehört zu den meistbesuchten der ganzen Schweiz. Es vermittelt noch heute ein lebendiges Bild mittelalterlichen Lebens.

Wer kennt ihn nicht, jenen Emmentaler mit den etwas zu klein geratenen Löchern und dem feinen Aroma, der den Namen der verträumten alten Grafschaft in der Westschweiz weltbekannt gemacht hat? Wer denkt aber schon daran, daß Burg und Städtchen selbst ihren Namen jenen majestätischen Zugvögeln verdanken, die einst in Schwärmen zu Tausenden von Skandinavien nach Nordafrika und umgekehrt flogen und dabei eine nur wenige Kilometer breite «Luftstraße» benutzten? Die von den Franzosen «grues» genannten Kraniche zogen dabei genau über den Burgberg und gaben so dem Flecken – und damit im nachhinein dem Käse – den Namen. 1221 schon tauchte der Vogel im Wappen des Grafen Rodolphe III. von Gruyère auf, und bis heute ist er das Wappentier des Käsestädtchens geblieben.

Zwanzig Grafen regierten Stadt und Umland von 923 an, bis 1554 die Prophezeiung des Hofnarren Chalamala in Erfüllung ging: «Eines Tages wird der Bär von Bern den Kranich im Käskessel von Fribourg verzehren.» Da halfen auch die wehrhaften Mauern des Schlosses nicht. Freiburgische und Bernische Landvögte zogen ein, verwalteten, kassierten den Jahrestribut und sorgten dafür, daß der herrschaftliche Wohnsitz erhalten blieb. Der letzte, wegen seiner Schulden vertriebene Graf starb in der Verbannung.

Heute ist das Schloß von Gruyères neben dem von Chillon das am meisten besuchte der ganzen Schweiz, nicht zuletzt sicher auch wegen der malerischen Kulisse des mittelalterlichen Städtchens. Seine ältesten Häuser stammen aus dem 15. Jahrhundert. Das Schloß selbst brannte 1493 aus und wurde danach neu erbaut. Das Erdgeschoß vermittelt heute ein Bild des Verteidigungswesens sowie des materiellen

Auf dem Dorfplatz von Gruyères stehen diese alten Meßsteine. Sie dienten der Bevölkerung der Grafschaft als Getreidemaß.

Um 1085 schon entstand in Rougemont das ehemalige Cluniazenserpriorat St-Nicolas.

hohen Gipfeln etwas näherzukommen, gibt es wieder zwei Möglichkeiten: Zum einen können wir über ein schmales Sträßlein mit zeitlich geregeltem Einbahnverkehr zur 1584 m hohen Iffigen Alp hinauffahren. Außer einem stäubenden Wasserfall direkt am Weg erhalten wir zwar keine besondere Aussicht, dafür aber eine sehr gute Ausgangsposition zur Wanderung auf den Rawilpaß (2429 m) oder zur Wildstrubel Hütte (2793 m). Vom schon vor 3000 Jahren begangenen Rawilpaß gibt es eine Abstiegsmöglichkeit zum Lac de Tseuzier und hinunter ins Rhônetal, von der Wildstrubel Hütte die Aufstiegsmöglichkeit zur Plaine Morte und zum Wildstrubel. Zum anderen lockt der 1661 m hohe Bühlberg, der ebenfalls mit dem Wagen erreichbar ist. Er bietet eine besonders schöne Aussicht

Böden der Haute Gruyère öffnen. Die steilen, meist waldigen Hänge bilden hier nach Westen wie nach Osten unpassierbare Riegel, die schon dafür sorgen, daß nirgends zuviel «Lieblichkeit» entsteht. Für wenige Dörfer nur ist hier Platz, bevor sich die durchfließende Sarine, Bahn und Straße durch die Enge von La Tine zwängen müssen. Erst in Rossinière gibt es wieder Platz für ein Dorf.

Etwas versteckt, hinter den Häusern an der Straße, steht hier bescheiden die schon 1316 erwähnte Pfarrkirche. Ihre hölzerne Empore und die mit Intarsien reich verzierte Kanzel stammen von 1645. Kaum jünger sind einige für das Berner Oberland typische Holzhäuser mit Schnittmusterfriesen und getreppten Dachpfetten. Das Grand Chalet gilt als eines der größten Holzhäuser der Schweiz.

Vorbei an Château-d'Oex und Rougemont (vgl. Tour 32) erreichen wir in Saanen die Abzweigung hinauf nach Saanenmöser und hinüber ins Simmental. Freundliche Wiesenböden voller blitzsauberer Chalets laden zum Wandern, Blumensuchen oder auch nur zum Träumen ein, bevor es durch eine waldige Schlucht nach Zweisimmen hinausgeht. Nur wer es ganz, ganz eilig hat, darf von hier aus gleich in Richtung Jaunpaß weiterfahren. Alle anderen sollten die Fahrt in das oberste Simmental keinesfalls auslassen.

In Zweisimmen selbst gilt es zunächst zu entscheiden, ob eine Fahrt mit der Seilbahn auf den 2079 m hohen Rinderberg oder ein Spaziergang zum direkt am Südrand des Dorfes gelegenen Flugplatz «erfolgversprechender» ist. Bei schönem Sommerwetter könnte dies durchaus der Flugplatz sein, hat man doch hier die Möglichkeit, das Berner Oberland und seine Eisriesen im Segelflug aus der Perspektive der

In Flendruz steht dieses behäbige Doppelhaus mit symmetrischen Fensterachsen und Krüppelwalmdach. In diesem Stil wurde einst im ganzen Pays-d'Enhaut gebaut.

Adler kennenzulernen. Bei weniger gutem Wetter bietet sich die Wanderung vom Rinderberg talwärts an.

Das Simmental selbst ist als breites Trogtal nahezu eben und bietet schon kurz hinter St. Stephan den ungehinderten Blick auf einen mehr als prächtigen Talschluß: Wildstrubel (3244 m), Rezligletscher und Wildhorn (3248 m) mit dem Tungel Gletscher bilden die beinahe magisch leuchtende Kulisse für die weit über die Hänge verstreuten Chalets von Lenk. Um hier den

auf den Wildstrubel und das Wildhorn mit ihren Gletschern. Ganze 300 Höhenmeter sind es schließlich noch zum Hahnenmoos Sattel, über den wir nach Adelboden hinüberwandern können.

Für alle Nicht-Gipfelstürmer aber gibt es den schönsten Ausblick über die von Tausenden von Chalets und Heustadeln überzogenen Simmentaler Berge von der Ostrampe des Jaunpasses. Jede Kehre öffnet eine neue Perspektive und zeigt die Berner Alpen noch prächtiger. Um so überraschender ist dann der Wandel im Landschaftsbild, wenn man auf die Westseite kommt. Schroffe Kalkfelsen, unmittelbar aus den Wiesen aufragend, bilden den stark eingekerbten Kamm der Gastlosen (2123 m).

Zusammen mit ihren weniger schroffen Nachbarn formen sie eine Landschaft, wie sie sonst nur im Allgäu zu finden ist. Wer sie von oben kennenlernen möchte, sollte von Charmey aus mit der Seilbahn zu den Dents Vertes (Bergstation 1635 m) hinauffahren. Wer dagegen mehr die Ruhe liebt, sollte den kurzen Abstecher in die Abgeschiedenheit des Valsainte machen. Seit 1295 arbeiten und meditieren hier (mit zeitbedingten Unterbrechungen) die Kartäuser. Heute ist La Valsainte die einzige Kartause der Schweiz. Zwar ist eine Besichtigung nicht möglich, doch lohnt auch schon der Anblick von außen (außerdem gibt es den berühmten Likör der Kartäuser zu kaufen).

Bevor sich die Straße vollends nach Broc hinunterwindet, muß sie sich noch am verästelten Stausee von Montsalvens entlangschlängeln. Er lädt, wie der in sanfte Wiesenhügel eingebettete Lac de la Gruyère, zum kühlenden Wasservergnügen ein. Von Broc aus sind es schließlich noch ganze 4 km zurück nach Gruyères.

Abendstimmung am Jaunpaß bei Crésuz, im Hintergrund der Moléson (2006 m).

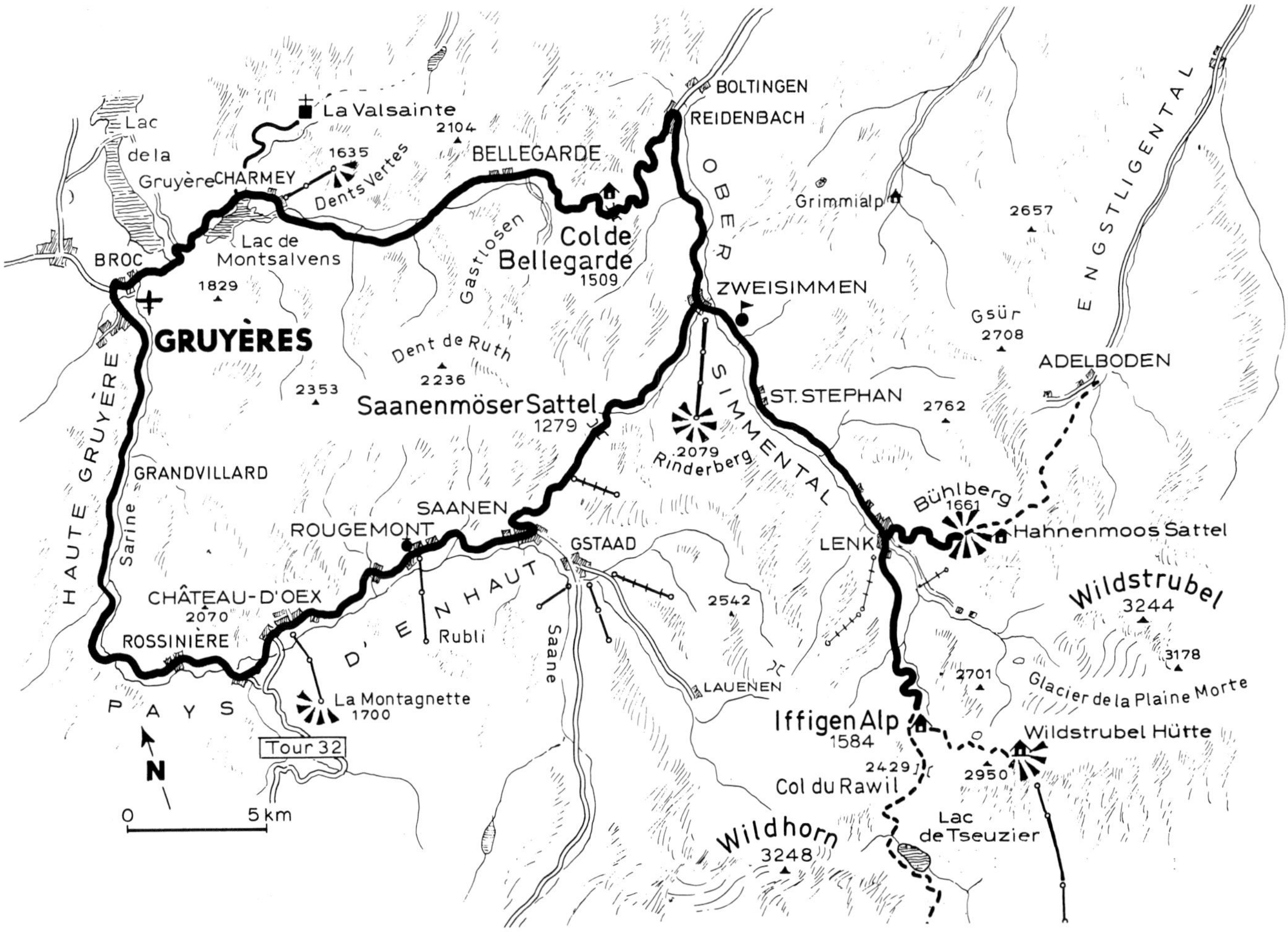

Technisches

Saanenmöser Sattel: Der 1279 m hohe Übergang verbindet das Saanen- mit dem Simmental. Da er auf der Verbindungslinie Thuner–Genfer See liegt, ist die Straße gut ausgebaut. Sie hat maximal 9% Steigung, ist mautfrei, ganzjährig befahrbar und für Caravans geeignet.

Iffigen Alp: Die 1584 m hohe Alm ist von Lenk (1068 m) aus über eine schmale Straße mit zeitlicher Einbahnregelung erreichbar. Ab Hubelmatte ist die Auffahrt jeweils in den ersten 15 Minuten einer Stunde möglich. Die Talfahrt ist zwischen der 30. und 45. Minute erlaubt. Die Straße ist vom 1.4. bis 15.11. geöffnet. Sie hat bis zu 20% Steigung (auch in den Kehren). Für Caravans ist sie absolut ungeeignet. Dafür ist sie mautfrei. Von der bewirtschafteten Alm ausgezeichnete Wandermöglichkeiten zum Rawilpaß (2429 m), zur Wildstrubel Hütte (2793 m) und zum Wildstrubel (3244 m, nur mit entsprechender Ausrüstung!).

Bühlberg: Die 1661 m hohe Alm ist über eine inzwischen recht gut ausgebaute Straße (Ausweichstellen auf Sicht) erreichbar. Die Straße ist – soweit es die Schneelage zuläßt – ganzjährig befahrbar. Sie hat maximal 10% Steigung, ist mautfrei und für Caravans ungeeignet.

Jaunpaß: Der 1509 m hohe Übergang verbindet das Simmental mit dem Lac de la Gruyère und damit mit Fribourg. Die Straße ist zwar ganzjährig befahrbar, aber in einem sehr unterschiedlichen Ausbauzustand. Wo sie noch schmal ist, sind Ausweichstellen aber immer in Sichtweite. Die Steigung beträgt maximal 13%, insgesamt sind 12 Kehren zu bewältigen. Die Straße ist mautfrei und für Caravans ungeeignet.

Sehenswürdigkeiten

Gruyères: Die ehemalige Hauptstadt der Alpengrafschaft Gruyère ist malerisch um das gräfliche Schloß gebaut. Ältester Teil des Schlosses ist sein Zwinger aus der Mitte des 13. Jahrhunderts. Das Schloß selbst brannte 1493 aus, wurde aber vorbildgetreu wiederaufgebaut. Die Kapelle brannte zwar nicht aus, wurde aber verschiedentlich umgestaltet. Heute ist das Schloß Eigentum des Kantons Fribourg und wird sorgfältig gepflegt. Die Herstellung des Käses, der den Namen des Städtchens in alle Welt trug, ist in der Schaukäserei in Pringy am Fuß des Hügels von Gruyères zu sehen.

Rossinières: Für die Pays d'Enhaut typisches Dorf mit einigen prächtigen alten Holzhäusern aus dem 17. Jahrhundert. Das Kirchlein stammt aus dem Mittelalter und hat eine schöne Kanzel und Empore von 1645.

Château-d'Oex: Besuch des Musée du Vieux Pays d'Enhaut (Heimatmuseum mit kunst- und kulturhistorischer Sammlung).

Rougemont: Das ehemalige Cluniazenserpriorat St. Nicolas zeigt paradigmatisch die cluniazensische Architektur. Es wurde zwischen 1073 und 1083 gegründet. Erhalten sind von der alten Anlage das dreischiffige Langhaus, das Querschiff mit Vierung und der Vierungsturm. Das Dorf hat behäbige Holzhäuser im Berner Typ, wie man sie sonst auch noch im Simmental findet. Auch im 2 km entfernten Flendruz stehen einige prächtige Prunkhäuser aus dem 18. und 19. Jahrhundert.

Möglichkeiten für zusätzliche Unternehmungen

Montbovon: Fahrt mit der Eisenbahn nach Vevey am Genfer See. Da die Bahn erst bis auf 1111 m klettern muß, bevor sie im Tunnel unter dem Col de Jaman verschwindet, gibt es gute Ausblicke auf die Haute Gruyère. Auf der Westseite klettert sie knapp 700 Höhenmeter zum Genfer See hinunter.

Château-d'Oex: Fahrt mit der Seilbahn nach La Montagnette (1700 m) unter den Rocher du Midi (2097 m) mit seinen weitläufigen Wandermöglichkeiten.

Kartenempfehlung

Landeskarte der Schweiz 1:100 000, Blätter 36 und 41

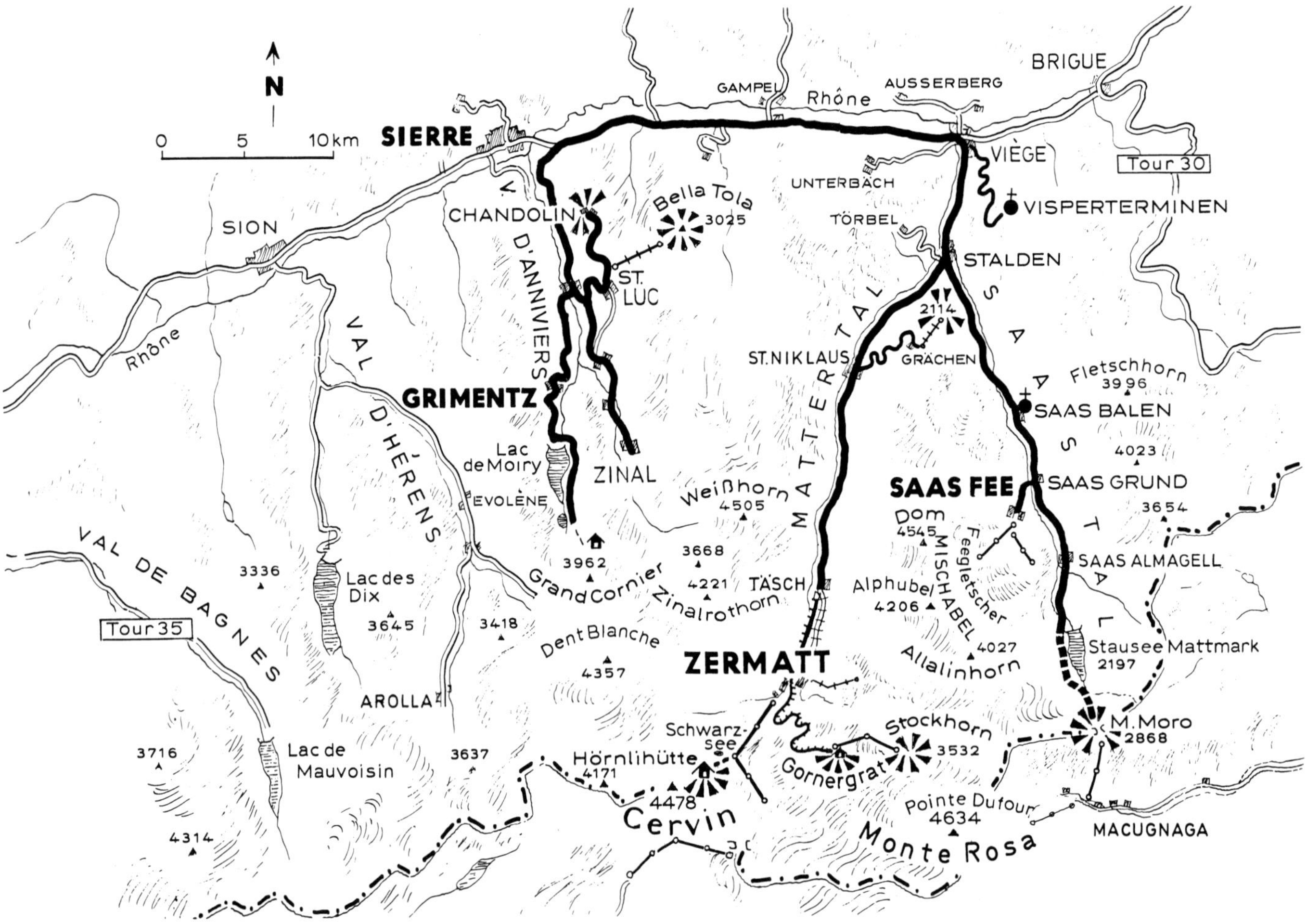

Technisches

Straße ins Saastal: Die Stichstraße nach Saas Fee (1790 m) und zum Mattmark-Stausee (2197 m) zweigt 7 km oberhalb von Visp in Stalden ab. Bis Saas Fee und Saas Almagell ist sie ganzjährig, danach vom 1.6. bis 31.10. befahrbar. Bis Saas Grund hat sie maximal 10%, danach maximal 13% Steigung. Die Straße ist mautfrei und für Caravans bis Saas Almagell bedingt geeignet, danach ungeeignet. In Saas Fee besteht absolutes Fahrverbot, vor dem Dorf gebührenpflichtiger Parkplatz.

Straße ins Mattertal: Die Stichstraße nach Zermatt (1605 m) zweigt 7 km oberhalb von Visp in Stalden ab. Allgemeiner Verkehr ist allerdings nur bis Täsch (1449 m; ab Stalden 23 km) zugelassen. Weiterfahrt ab Täsch nur mit Taxi oder Zahnradbahn (auch schon ab Visp). Die Straße entlang der Matter Visp hat maximal 10% Steigung, ist – soweit es die Lawinengefahr zuläßt – ganzjährig geöffnet, mautfrei und für Caravans geeignet.

Straße ins Val d'Anniviers: Die Stichstraße ins Eifischtal zweigt bei Sierre/Siders ab und erschließt ein trotz grandioser Landschaft noch nicht so berühmtes (und daher auch nicht überlaufenes) Tal. Auf den ersten 16 km überwindet die Straße auf hoch am Hang geführter Trasse bereits 700 Höhenmeter. In Vissoie teilen sich Tal und Straße. Im Val de Moiry führt die Straße über Grimentz (1572 m), vorbei am Stausee von Moiry (2249 m) bis zum Gletschersee von Moiry (2350 m). Im Val de Zinal endet die Straße südlich von Zinal in 1675 m Höhe. Bis Grimentz und Zinal sind die Straßen ganzjährig, die Zufahrt zum Gletschersee ist vom 15.6. bis 31.10. befahrbar. Die Steigung beträgt auf beiden Straßen maximal 13%; sie sind mautfrei befahrbar und für Caravans ungeeignet.

Sehenswürdigkeiten

Visperterminen: Das in aussichtsreicher Lage an den Hang «geklebte» Dorf besitzt die höchstgelegenen Weinberge Europas, die bis in 1100 m Höhe hinaufreichen. Seine Marienkapelle ist eine der schönsten Kapellen des Wallis.

Saas Balen: Die Pfarrkirche Mariä Himmelfahrt ist einer der eigenwilligsten Barockbauten der Schweiz. Schiff und Chor sind ineinandergeschobene Kreise mit je einem Kegeldach.

Saas Fee: Der Kapellenweg zeigt in 15 kleinen Kapellen über 100 Figuren des Rosenkranzes. Die Figuren entstanden zwischen 1707 und 1710.

Sierre/Siders: Auf dem südlichsten Hügel stand einst das römische Castrum Sirri und später die bischöfliche Feudalburg. Ab 515 gehörte Sierre zur Abtei St. Maurice, 1384 wurde die Burg zerstört. Heute sind interessant das ehemalige Schloß de la Cour (jetzt Hotel), das Schloß der Viztume aus dem 15. Jahrhundert als Beispiel eines spätmittelalterlichen Wohnturmes und die Kirche Notre Dame des Marais von 1422. An der Westfassade hat sie ein dreiteiliges Fresko aus dem 16. Jahrhundert.

Grimentz: Typisches Walliser Bergdorf, dessen Dorfstraße hangwärts von den Wohnhäusern und talwärts von den Stadeln gesäumt ist.

Möglichkeiten für zusätzliche Unternehmungen

Auf beiden Seiten des Rhônetales gibt es zahlreiche Möglichkeiten, auf teilweise fast versteckten Wegen zu einsamen Weilern in der Höhe hinaufzufahren. Wegen der außergewöhnlichen Aussicht hier nur ein Tip: In *St. Niklaus*, im unteren Mattertal, zweigt die Straße nach Grächen (1619 m) ab. Eine Seilbahn bringt uns noch gut 500 Höhenmeter weiter hinauf zum 2114 m hohen Hannig. Der Tiefblick ins Rhône-, Matter- und Saastal ist ebenso atemberaubend wie das Panorama nach allen Seiten. Hoch über der Saaser Visp können Wanderfreunde bis nach Saas Fee über einen sehr schönen Höhenweg wandern.

Kartenempfehlung

Landeskarte der Schweiz 1:100000, Blätter 41, 42, 46 und 47

Rebenstöck' und Gletschereis

34

37 km (Visp–Zermatt) lang, gehören die Täler der beiden Vispen zum Schönsten, was unsere Alpen zu bieten haben. Das fängt schon an mit den fast senkrecht anmutenden Rebgärtchen von Visperterminen, auf denen die Heidenreben in der Sonne kochen. Aus den kleinen weißen Beeren, entfernten Verwandten der Traminerrebe, wird der wasserklare Heidenwein gekeltert. Durch die kunstvoll

Von der mitten im Feegletscher gelegenen Längfluh aus wirkt Saas Fee wie ein Dorf aus dem Spielzeugladen.

Kein Tal der Alpen vereint so viele Gegensätze wie das Wallis. Nirgendwo sonst sind Aprikosen, Feigen und Wein so nahe bei den Gletschern, nirgendwo sonst reichen Gärten und Felder so weit hinauf (nämlich bis in die Almregion), und nirgendwo sonst treffen südliche und nördliche Wetterzonen so glücklich aufeinander wie hier. Die nahezu gleich hohen Kämme der Berner und Walliser Alpen halten von Norden wie von Süden anziehendes Schlechtwetter auf und bescheren dem Tal ein besonders mildes und trockenes Klima. Aus dem Talboden hat es einen einzigen Obstgarten geschaffen und den Rebhängen in europäische Rekordhöhen (bis 1100 m) hinaufgeholfen.

Die Gegensätze im rund 120 km langen Rhônegraben haben ihre Entsprechung in den tief in den Alpenhauptkamm hineinreichenden, südlichen Seitentälern. Sie alle enden in großartiger Umgebung, unmittelbar unter den Gletschern so bekannter Bergriesen wie dem Dom, dem Monte Rosa, dem Weißhorn oder dem Dent Blanche. Alle diese Täler ermöglichen auf durchschnittlich 25 km Luftlinie das Durchfahren aller Klimastufen, von der beinahe subtropischen Garten- bis zur eisstarrenden Gletscherlandschaft.

Wohl eindrucksvollstes Beispiel ist das Vispertal mit seinen von der Saaser und der Matter Vispa gegrabenen Seitenarmen. Obwohl nur 26 km (Visp–Saas Fee) bzw. angelegten Terrassen zu steigen, die geschickt konstruierten Bewässerungsanlagen zu studieren (Suonen heißen die großen, Bisses die kleineren Wasserkanäle) und dann von oben über die Reben in den riesigen Rhônegraben hinaus und hinüber zur Mischabelgruppe zu schauen – das ist schon ein guter Anfang vom Erlebnis «Wallis».

Bei Stalden gabelt sich das Vispertal, jeder Zweig für sich zu einer Weltberühmtheit führend. Der östliche bringt uns ins Saastal, auf den herben Saas Grund (1559 m) und hinauf nach Saas Fee (1790 m, Kfz-Verbot im Ort, Parkplatz am Ortsrand), wo sich das andere Extrem präsentiert: Direkt hinter den heimelig anmutenden braunen

Häusern schimmert der Feegletscher, überragt von den Viertausendern der Mischabelgruppe und dem 4545 m hohen Dom.

Die Gletscherwelt zwischen Dom, Alphubel und Allalinhorn ist per Seilbahn eroberbar, nicht aber der Blick auf die Wand der Wände, auf die Ostwand des höchsten Schweizer Berges, des Monte Rosa und seiner höchsten Spitze, der 4634 m hohen Dufourspitze. Für dieses Erlebnis müssen wir von Saas Grund zum Stausee Mattmark (2197 m) hinauffahren und dem Westufer des Stausees entlang gegen den Monte Moro Paß (2868 m) wandern (2½ Stunden, nur mit Bergschuhen). Ein grandioser Blick auf die höchste Steilwand der Alpen ist die Belohnung, die Sicht auf weitere 10 Viertausendergipfel fast eine Dreingabe.

Mit kaum weniger Superlativen wartet das andere Tal der Visp, das Mattertal, auf. Wir können es allerdings nur bis Täsch (1449 m) mit dem Auto erobern. Danach müssen wir uns der Zahnradbahn anvertrauen, um Zermatt zu erreichen. Das trotz aller Berühmtheit immer noch anziehende, und wie Saas Fee, autofreie «Dorf» bietet uns ein nicht weniger faszinierendes Panorama: Dom und Allalinhorn, Dufourspitze und Breithorn möchten sich gegenseitig den Rang ablaufen, ohne allerdings gegen den König des Hochtales, das Matterhorn (4478 m), auch nur die geringste Chance zu haben. Zu eindrucksvoll steht das Riesenhorn, für viele der schönste Berg der Alpen, am Horizont.

Aus der unendlichen Zahl möglicher Touren von Zermatt aus seien zwei herausgegriffen: Zum einen können wir mit der berühmten Gornergratbahn per Zahnrad auf 3131 m Höhe hinauffahren und den Gornergletscher von oben bestaunen. Wer höhenfest ist, darf mit der Seilbahn zum Stockhorn (Bergstation 3405 m) weiterfahren und von dort oben einen der großartigsten ohne Seil und Eispickel erreichbaren Aussichtspunkte der Alpen genießen. Wer dagegen dem Matterhorn näherkommen möchte, sollte trotz Seilbahn die Bergschuhe nicht vergessen, zum Schwarzsee (2582 m) hinauffahren und zur Hörnlihütte (3260 m; 2 Stunden) wandern. Auch von hier oben gibt es einen ganzen Kranz Viertausender zu bestaunen, obendrein kann man noch den Kletterern auf dem Hörnligrat beim Versuch zuschauen, dem Horn aufs Haupt zu steigen.

Weit weniger bekannt als Talschaft, aber ohne Zweifel schöner als das Saas- oder Mattertal, zeigt sich das nächste, von Sierre/Siders abzweigende Seitental der Rhône, das Val d'Anniviers oder Eifischtal. Schon die ersten 16 km verlangen unsere ganze

Das Matterhorn – rechts die Nordwand, in der Mitte der Hörnligrat – ist für viele der schönste Berg der Alpen.

Grimentz ist mit seinen schwarzbraunen Häusern und Stadeln das wohl malerischste Bergdorf im ganzen Wallis (Bild oben).

Im Lac de Moiry spiegeln sich (von links): Pointes de Mourti, Tsa de l'Ano, Couronne de Bréona und Pointe du Tsate (Bild unten).

Aufmerksamkeit, muß die Straße doch eine felsige Steilstufe überwinden, da die wilde Navisence nichts neben sich duldet. Der Hauptort des Tales, Vissoie, ist dafür dann auch schon 1260 m hoch. Natürlich lassen wir uns die Gelegenheit nicht entgehen, die Stichstraße nach St-Luc und Chandolin (1934 m) hinaufzufahren. Das malerische Adlernest bietet eine großartige Aussicht auf die Berner Alpen.

Wer diese Aussicht noch steigern möchte und gut zu Fuß ist, für den gibt es einen «Geheimtip»: die 3025 m hohe Bella Tola. Von St-Luc aus hilft ein Sessellift bis nach Tignosa (2200 m) hinauf. Knapp 3 Stunden sind es dann noch bis zum Gipfel und zur «Schmankerlaussicht». Weißhorn, Zinalrothorn, Obergabelhorn und Dent Blanche (dazwischen das Matterhorn) stehen ebenso Parade wie der Dom oder die Jungfrau. Manchmal gibt sich sogar der Mont Blanc die Ehre. Vergessen sei auch nicht das Rhônetal, das selbst aus dem Flugzeug nicht schöner sein könnte.

In Vissoie aber ist das Tal noch keineswegs zu Ende. In 1570 m Höhe erreichen wir in Grimentz das wohl malerischste Bergdorf im ganzen Wallis. Seine Dorfstraße ist hangwärts von den Wohnhäusern, talwärts von den Stadeln gesäumt.

Ganze 5 km sind es nun noch auf zwar schmaler, aber guter Straße zum Lac de Moiry in 2249 m Höhe. An seinem Ostufer entlang können wir sogar noch 4 km weiter bis zum Moiry-Gletschersee (2350 m) fahren, um auch den Grand Cornier (3962 m) vor Augen zu haben.

Nicht weniger interessant ist der Abstecher von Vissoie zum 12 km entfernten und 1678 m hohen Zinal. Hier sorgt der Zinalgletscher für den eindrucksvollen Vordergrund. Zinalhorn (4221 m), Besso (3668 m), Gabelhorn (4063 m) und Dent Blanche (4337 m) bilden die eisige Zinnenmauer gegen den Himmel.

Über den Mons Jovis zum Matterhorn

35

Bis zurück in die Bronzezeit reichen die Belege für den Verkehr über den Paß, den die Kelten kannten, den die Römer ausbauten und ihrem Gott Jupiter weihten, den die Karolinger zur Eroberung des Langobardenreiches nutzten und über den Napoleon mit einem ganzen Heer, 35 000 Mann und 150 Kanonen, zog. Besonders aus der Römerzeit belegen zahlreiche Funde (zu sehen im Hospizmuseum) die für die damalige Zeit schon enorme «Verkehrsdichte». Augustus ließ denn auch den ersten Karrenweg von Augusta Praetoria Salasorum (Aosta) zum Forum Claudii Vallensium (Martigny) bauen und sorgte für den Namen Mons Jovis, aus dem nach und nach Mont Joux wurde. Seinen heutigen Namen verdankt der Paß einem Erzdiakon von Aosta, der im 11. Jahrhundert das erste Hospiz in der Höhe errichten ließ und der später als Hl. Bernhard von Menthon in die Geschichte eingehen sollte. Ihm zu Ehren wird der Paß seit dem 17. Jahrhundert Großer St. Bernhard genannt.

Trotz der überragenden Bedeutung des Passes hat es auf Schweizer Seite bis 1893, auf der italienischen Seite sogar bis 1905 gedauert, bis aus den alten Saumwegen eine brauchbare Straße wurde. Nach wie vor aber erlaubten die 2473 m des Überganges einen Verkehr nur von Juni bis Oktober. Das wurde schlagartig anders, als im März 1964 der 5828 m lange Straßentunnel eröffnet wurde. Zwar hat auch er noch eine Scheitelhöhe von immerhin 1925 m, doch machen kilometerlange Schnee- und Lawinengalerien an beiden Rampen die Straße wintersicher.

In Martigny, wo einst die Veragrer, ein Stamm der Kelten, hausten, ist weder von diesen noch von den Römern allzu viel übriggeblieben, weil die stürmische Dranse Bauten immer wieder einmal mitriß. Auch von der einst stolzen Bischofsburg La Bâtiaz (vor 1259 erbaut) ist nur eine Ruine erhalten, die zu erklettern sich aber dennoch lohnt, weil man von ihren Felsen einen guten Blick in beide Richtungen des Rhônetales hat.

Nach 13 km im Val d'Entremont, in Sembrancher, sollten wir einen ersten Abstecher ins Val de Bagnes machen. Die Bergfreunde werden die Gelegenheit nutzen, nach Verbier (1398 m) und weiter mit der Seilbahn auf den Mont Gelé (3023 m) hinaufzufahren, der ein besonders schöner Aussichtsberg ist. Schließlich zeigt sich von kaum einem anderen Punkt der

Von Martigny aus schlängelt sich die Straße zum Großen St. Bernhard zunächst durch gepflegte Bergwiesen, die noch nichts von der Strenge des hinteren Val d'Entremont ahnen lassen.

Seit dem ausgehenden 12. Jahrhundert leben auf der Höhe des Großen St. Bernhard die Augustinerchorherren und züchten ihre Rettungshunde, die Bernhardiner.

Grand Combin (4314 m) so prächtig wie hier. Die Kunstfreunde werden dagegen der Pfarrkirche St-Maurice in Bagnes einen Besuch abstatten und die 1520–24 entstandene spätgotische Stufenhalle bewundern. Die passionierten Autofahrer schließlich werden zum Stausee von Mauvoisin (1961 m) hinaufkurven und vielleicht von dort aus gegen den Otemma-Gletscher wandern.

Von Sembrancher geht unsere Fahrt dann so richtig hinein ins Val d'Entremont. In Orsières versäumen wir es nicht, einen Blick auf den romanischen Turm der Pfarrkirche (13. Jh.) zu werfen. In Bourg-St-Pierre, dem letzten Dorf vor dem Paß, überrascht uns noch so ein alter Turm, diesmal sogar schon um die Jahrtausendwende entstanden: letzter Hinweis auf die einst vorhandenen Befestigungsanlagen. Sehenswert ist auch der aus dem Jahre 1889 stammende botanische Garten, in dem Gebirgspflanzen aus aller Welt zu sehen sind.

Direkt nach Bourg-St-Pierre beginnt die nördliche, bis zum Tunnelbeginn durchgehende Schneegalerie. Aus ihr zweigen wir kurz vor der Tunneleinfahrt ab in weite Geröllhalden, die nicht umsonst Combe des Morts heißen – selbst bei Sonnenschein ist es hier nicht gerade einladend. Daran ändert auch das Hospiz auf der Höhe nichts, denn dieses wirkt eher düster, auch wenn es zu den traditionsreichsten Klöstern in den Alpen zählt. Seit dem Ende des 12. Jahrhunderts leben hier die Augustinerchorherren, sorgen für die Sicherheit und züchten die Hunde, denen der Paß den Namen gab: die Bernhardiner. Wer die beste Aussicht der Paßregion genießen möchte, sollte schließlich noch mit dem Sessellift nach La Chenalette (2802 m) hinauffahren. Grand Combin und Mont Blanc zeigen sich von hier gleichermaßen erhaben.

Auf der Südrampe wird die Gegend zunächst keineswegs freundlicher. Durch Schutthalden windet sich die Straße talwärts, quert die südliche Schneegalerie und erreicht kurz vor Etroubles den Boden des Vallone di Menouve. Beinahe schlagartig wird hier der Süden spürbar, angekündigt von den ersten Edelkastanien und bald auch von den ersten Reben. Und dann heißt es aufzupassen! Bei Gignod (1088 m) zweigt eine kleine Straße Richtung Arpuilles ab. Von ihr haben wir nicht nur eine hervorragende Aussicht auf den Dent d'Herens, sondern auch auf das Aostatal.

Im Gegensatz zu Martigny sind in Aosta die Spuren der Römer nicht zu übersehen. Sogar die Mauern der alten Militärkolonie, ein Rechteck 724 x 572 m, sind ebenso weitgehend erhalten wie die Reste des Amphitheaters oder die Porta Praetoria aus dem Jahre 25 v. Chr. Beeindruckend ist auch das einst vierstöckige Römertheater, das immerhin 4000 Menschen Platz bot. Nicht weniger interessant ist die Kollegiatskirche Sant'Orso. Sie geht auf das Jahr 1131 zurück. Das dazugehörende Priorat entstand vor 1500 und beherbergt heute Holzfiguren und Fresken aus dem 15. Jahrhundert, ein archäologisches Museum und einen romanischen Klosterhof mit 40 Kapitellen mit Darstellungen aus der Hl. Schrift.

Von Aosta fahren wir das Tal der Dora Baltea hinunter, bis uns nach 12 km das Schloß Fenis zu einem Besuch lockt. Das 1340 entstandene, gut erhaltene Schloß, mit seinen vielen Zinnen, Türmen und Schießscharten geradezu an eine Festung erinnernd, beherbergt heute ein sehenswertes Heimatmuseum. Zu sehen sind auch Wandmalereien aus dem 15. Jahrhundert.

In Châtillon mündet das berühmte Valtournanche ins Aostatal. Wir halten uns deshalb nach links, übersteigen die Schlucht des Marmorcebaches. In Amtey-St-André öffnet sich erstmals der Blick von Süden auf das Matterhorn und die Möglichkeit eines Abstechers zum Terrassendorf Torgnon (1489 m). Wer dem Wegweiser «Petit Monde» folgt, findet die schönste Aussicht auf Matterhorn, Furggrat und den Grand Tournalin.

Kurz hinter Valtournanche sollten wir einen Blick auf die Gouffre des Busserailles, riesige Auswaschungen eines Wasserfalles, werfen, bevor wir bei Cervinia den wunderbaren Talschluß erreichen. Die Grandes Murailles, der Dent d'Hérens, der Furggrat, der Corno del Teodulo und natürlich das alles dominierende Matterhorn bilden eine Kulisse, die niemand so schnell vergessen kann. Es gibt hier zahlreiche Seilbahnen, die diese grandiose Bergwelt bis in 3500 m Höhe erschließen – Möglichkeiten für gleich mehrere Urlaube, sei es im Sommer oder auch im Winter.

Der massige Kirchturm von Bourg-St-Pierre entstand schon um die Jahrtausendwende. Auf seiner linken Seite ist die Firstlinie der ehemaligen Kirche noch gut zu sehen.

In Aosta sind die Spuren der Römer nicht zu übersehen. Das Theater war einst ein vierstöckiger, 22 m hoher Bau für gut 4000 Zuschauer (Bild oben).

Rund um Aosta dominieren Fels und Eis. Im Lac Lanzon spiegeln sich die Gipfel des italienischen Nationalparks (Bild rechts oben).

Auch von der Südseite, aus dem Tal von Cervinia, ist das Matterhorn ein majestätischer Berg (Bild rechts unten).

Empfang beim «Monarchen der Alpen»

36

Berge haben nicht nur Namen – Berge sind Persönlichkeiten mit ausgeprägtem Eigencharakter. Bester Beweis dafür ist der «Monarch» der Alpen, der Weiße Berg, der Mont Blanc. Nur Banausen würden seine Gletscher zählen wollen, wo er doch seinen Eismantel trägt wie ein König seinen Hermelin. Seine Majestät hat sich sogar so geschickt mit ihrem Mantel verhüllt, daß er teilweise bis zu den Füßen reicht: Bis zu 3500 Höhenmeter überwinden seine Gletscher vom Gipfel bis ins Tal!

Der bei Martigny in die Rhône mündende Trient hat erfolgreich gesägt und eine Schlucht mit senkrechten Wänden geschaffen.

Wie es sich für Majestäten gehört, hat sich auch der Mont Blanc seine Untertanen lange vom Hals gehalten. Läßt man die Seilbahnen außer acht, ist das sogar bis heute so geblieben: Nur bis auf 1461 m (Col des Montets) können ihm Autofahrer zu Leibe rücken. In Chamonix, der Metropole der Bergsteiger, sind wir sogar nur 1034 m hoch und damit 3773 Höhenmeter vom Gipfel entfernt. Um Vergleichbares in den Ostalpen zu finden, müßten wir in Meereshöhe unter den Großglockner fahren können! Starten wir aus den Aprikosen- und Pfirsichplantagen um Martigny, ist der Gipfel sogar 4340 m über uns. Um ihm näher zu kommen, müssen wir den Wagen mit der Seilbahn vertauschen. Vom so höchst erreichbaren Punkt sind es dann «nur» noch 965 Höhenmeter zum Gipfel.

Weite Rebhänge machen zunächst den Abschied vom Rhônetal gar nicht so leicht. Wer zur Zeit der Traubenreife in Richtung Chamonix fährt, braucht zum Naschen nicht einmal auszusteigen. Dazu beschert schon die erste Serpentine einen überraschend weiten Blick über den Garten an der Rhône. Die einst steilste Paßstraße der Schweiz schlängelt sich heute nämlich wie selbstverständlich in sanfter Steigung durch Obst- und später durch Kastanienwälder dem Col de la Forclaz (1526 m) entgegen. Er überrascht uns mit dem ersten Gletscherblick (Glacier du Trient) und mit dem Ausblick auf die Aiguille du Tour (3540 m). Wer diese Aussicht nicht nur noch steigern, sondern auch noch mit der über das gesamte untere Rhônetal verbinden möchte, sollte vom Paß mit dem Sessellift auf den Mont de l'Arpille (2085 m) fahren. Die Massive von Mont Blanc und Dents du Midi bilden zusammen mit den Spitzen der Berner und Walliser Alpen das Panorama.

Ohne größeres Gefälle geht es dann hinunter nach Trient, hinüber nach Le Châtelard und durch Almgelände wieder hinauf zum Col des Montets (1461 m). Knapp 1 km nach dem Paß haben wir dann den ersten Überblick über das Hochtal von Chamonix. Geradeaus dominiert die mächtige Pyramide der Aiguille Verte (4122 m). Ihren Vorgipfel, die Aiguille des Grands Montets (3297 m), können wir mit der Seilbahn von Argentière aus «besteigen» (Sommerskigebiet).

Vom nur 1034 m hohen Chamonix, dieser wohl einmaligen und nur in Frankreich möglichen Mischung aus Grandhotel und Zeltplatz, Spielcasino und Schnellimbiß, müssen wir einfach in die Höhe, heraus aus der beklemmenden Talenge, um nicht das Entscheidende zu versäumen. Sowohl Nord- wie Südseite bieten sich dafür an – zu jeweils eigenen Bedingungen. Auf der Nordseite des Arvetales haben wir mehr Distanz zum Monarchen und eher die große Übersicht. Auf der Südseite können wir dagegen geradezu mitten in die Arena steigen.

Wer wenig Zeit hat, gewinnt den großen Überblick mit der Seilbahnfahrt auf den 2524 m hohen Le Brevent, muß dafür aber in Kauf nehmen, nicht gerade Bergeinsamkeit genießen zu können. Zwar auch nicht gerade Einsamkeit, dafür aber zusätzlich eine prächtige Wandermöglichkeit bietet der Balkon von Flégère (1877 m). Von ihm können wir weitere 500 Höhenmeter über die Hänge unter den Aiguilles Rouges zum Lac Blanc, dem Weißen See, in 2352 m hinaufwandern (1½ Stunden, Bergschuhe). Auf dem ganzen Weg genießen wir eine Aussicht der Superlative: Mer de Glace und Glacier d'Argentière umrahmen mit ihren Eiskatarakten die Aiguille Verte. Rotbraune Türme, Nadeln und Zacken garnieren weiter rechts den Vordergrund für die Firnkappe des Mont Blanc.

Weniger beschaulich, dafür eher dramatisch geht es auf der Südseite zu, wenn wir uns der höchsten Bergbahn der Alpen anvertrauen. Knapp 2800 Höhenmeter überwindet die Bahn zum 3795 m hohen Nordgipfel der Aiguille du Midi und bringt damit den staunenden Passagier nicht nur mitten in die denkbar grandioseste Hochalpenszenerie, sondern auch bis auf ganze 967 Höhenmeter unter den höchsten Punkt der Alpen. Über einem ungeheueren Spaltenlabyrinth droht die Nordschulter des Mont Blanc du Tacul (4248 m) – gleichsam als treuester Vasall des Monarchen, der seinen Herrn zu schützen sucht. Dahinter thront sie dann selbst, die weiße Majestät – als dauernde Verlockung für alle Bergsteiger mit langem Atem.

Doch mit der höchsten Bahnstation der Alpen nicht genug. Jetzt wartet noch die Télécabine de la Vallée Blanche auf mutige «Mitflieger». Wie im Flugzeug nämlich schwebt man mit ihr über das Vallée Blanche und den Glacier du Géant, vorbei an den Granitnadeln des Mont Blanc du Tacul und hinüber zur Pointe Helbronner (3462 m) auf den Grenzgrat zwischen Frankreich und Italien. Wieder stehen wir auf einem Aussichtsbalkon erster Güte. Über 2200 m schauen wir hinunter nach Courmayeur und hinaus ins Aostatal und die italienischen Alpen. Besonders beeindruckend ist von hier auch die riesige Ostwand des Mont Blanc, die berühmte Brenvaflanke.

Die Reise um den Monarchen können wir mit der Fahrt hinunter nach Entrèves abrunden. Mit dem Bus geht es zum Schluß durch den Mont Blanc-Tunnel zurück nach Chamonix.

Durch das Hochtal der Arve rollen wir schließlich gemächlich über die gut ausgebaute, teilweise aus den Felsen gesprengte Straße hinaus nach Le Fayet. Autowanderer und Nebenstraßenfans werden den Umweg über Servoz und Passy wählen, bietet er doch die Möglichkeit, auf das Plateau d'Assy hinaufzufahren und den romantischen Lac Vert (1270 m) zu entdecken. In Le Fayet selbst wartet dann noch ein ganz anderes Mont Blanc-Abenteuer auf uns: Wir können uns unter das Häuflein internationaler Gipfelaspiranten mischen und ein wenig von der Atmosphäre schnuppern, die Bergsteiger verbreiten, wenn sie sich kurz vor der Verwirklichung ihres Lebenstraumes sehen.

Ermöglicht wird uns das von der «Tramway du Mont Blanc», der von Le Fayet zum Nid d'Aigle (2386 m) hinaufführenden Zahnradbahn. Mit ihr fahren sie alle, aus welchem Erdteil sie auch angereist sind, mit ihren riesigen Rucksäcken und ihren noch riesigeren Erwartungen, lautstark redend oder mehr still in sich gekehrt die Ungewißheit überspielend. Wir haben den Vorteil, mit unserer Leistungsfähigkeit nicht auf den Prüfstand zu müssen (nicht einmal jeder zweite schafft den Aufstieg) und können deshalb in aller Ruhe die Aussicht genießen.

Auch an der Endstation lassen wir ruhig den ganzen Tazelwurm losmarschieren: Je mehr Zeit wir uns lassen, desto sicherer erreichen wir trotz der großen Höhe in knapp 3 Stunden die Tête Rousse Hütte in immerhin 3167 m Höhe (nur mit Bergschuhen und warmer Kleidung!). Wir sind zwar damit noch lange nicht so hoch wie vorher auf der Aiguille du Midi, auch ist die Aussicht nicht ganz so umfassend wie von dort, aber wir sind zu Fuß heraufgestiegen, sind knapp 200 m höher als auf der Zugspitze, können uns fast schon als zünftige Bergsteiger fühlen und dürfen dementsprechend mit uns selbst zufrieden sein. Da macht es einem dann auch fast nichts aus, daß der weitere Weg ab Hütte den entsprechend ausgerüsteten Könnern vorbehalten bleiben muß.

Über dem Mer de Glace die Aiguille du Tacul, dahinter links die Grandes Jorasses und rechts die Aiguille des Géant.

Vom Brévent aus stehen Parade (von links): die Spitzen von Moine, Talèfre, Leschaux, Grépon und Plan (Bild nächste Doppelseite).

Zwischen Mont Blanc und Lac d'Annecy

37

Standort für unsere Fahrt um und durch die Chaîne des Aravis. Im tiefen Einschnitt zwischen Pointe Percée (2752 m) und Aiguille de Varan (2541 m) fahren wir auf der alten Landstraße dem Arve entlang nordwärts, um in Balme der Verlockung eines Abstechers hinauf nach Flaine nachgeben zu können. Dort nämlich bietet sich die Möglichkeit, mitten aus der 1600 m hoch gelegenen Retorten-Skistation mit der Seilbahn zur Bergstation Grandes Platières (2480 m) hinaufzufahren. Oben öffnet sich nicht nur schlagartig ein überwältigendes Panorama mit den Gletschern der Mont

Westlich vom Mont Blanc gibt es noch eine Vielfalt bizarr geformter Gipfel: die Chaîne des Aravis.

In kaum einem Bericht vom Mont Blanc fehlt der Hinweis auf den immensen Abbruch auf seiner Westseite, der mit nicht weniger als 4200 Höhenmeter zwischen Gipfel und Arvetal östlich von Sallanches auf nur 15 km Luftlinie in den gesamten Alpen eben nur hier vorkommt. Gleichzeitig wird dann meist mehr oder weniger direkt verkündet, der Abbruch markiere das Ende der Alpen nach Westen, danach käme nichts mehr, was der Erwähnung wert sei.

Wer aber möchte wohl behaupten, Berge mit Höhen um 2500 Meter seien «nichts» mehr? So zu klassifizieren, würde in den Ostalpen bedeuten, daß es die allermeisten Berge gar nicht gäbe.

Auch die Chaîne des Aravis gibt es natürlich – und dazu recht massiv. Mit 35 km Länge, bis zu 2752 m Höhe (Pointe Percée), einer Vielfalt bizarr geformter Gipfel und mehrerer gut ausgebauter Pässe ist das «Nichts» sehr wohl eine Reise wert – zumal im Westen auch noch der charmante Lac d'Annecy lockt. Eine Fahrt mit Gegensätzen also, genauso aber auch eine Fahrt mit Höhepunkten, die keiner im «Nichts» ansiedeln wird.

Soll die Tour im Anschluß an den Besuch beim «Monarchen» (Tour 36) unternommen werden, ist Sallanches der beste

Blanc-Nordseite, sondern auch die Déserte de Plate, ein rund 15 km² großes Kalkplateau, das mit seinem Spinnennetz aus Karstrinnen gleichermaßen trostlos wie faszinierend ist.

In Cluses erst kommen wir aus dem engen Arvetal mit seinen oft senkrechten Kalkklippen und Wasserfällen (der schönste ist die 200 m hohe Cascade d'Arpenaz bei Oex) heraus, doch nur, um die Möglichkeit zu nutzen, nach Südwesten in die Berge hineinzukommen. Nach der Brücke über die Autobahn halten wir uns wieder links, denn nicht Scionzier, wohl aber das Sträßlein nach Romme hat uns etwas zu bieten. Zunächst ist es der Blick von oben in die Schlucht zwischen Cluses (von ihr hat das

Städtchen seinen Namen) und Magland, dann der sich von Kehre zu Kehre weitende Blick auf die Berge östlich des Arvetales, bis hinunter zu den bizarren Formen der Aiguille de Varan.

Hinter Romme sehen wir dann bald nicht nur voraus Chaîne du Bargy (rechts) und Chaîne des Aravis, die am Col de la Colombière zusammenzulaufen scheinen, sondern auch hinunter auf die Dächer der alten Chartreuse du Reposoir. Dort unten, 1,5 km südlich von Reposoir, hatten die Anhänger des Hl. Bruno 1151 eine erste Kartause errichtet. Im 17. Jahrhundert war sie noch einmal restauriert worden, 1901 verließen die Kartäuser endgültig ihr Kloster. Seit 1923 haben Karmeliter hier eine Heimat gefunden.

Von Reposoir an beginnt die Straße, gleich über mehrere Kehren, energisch an den Südhängen der Chaîne du Bargy hinaufzuklettern. Unter den rauhen Felsen der Pointe du Midi und der Pointe Blanche sind wir dann auch entsprechend schnell oben am 1613 m hohen Col de la Colombière, der uns nach Nordosten, über die Dächer von Romme hinweg, die Aussicht bis hinüber zu den Dents Blanches ermöglicht. Nach Südwesten öffnet sich eine mildere Welt mit weiten Wiesenhängen, Almbetrieb und weit gestreuten Ferienhäusern wie im Spielzeugland. Talauswärts ist hinter dem Dent du Cruet der Lac d'Annecy zwar nicht zu sehen, wohl aber zu ahnen.

Sanft führt uns eine Straße in diese Ferienwelt hinein und hinunter in die Gemeinde mit dem meisten Sonnenschein im gesamten Massif des Aravis, hinunter in das aber noch immer über 1000 m hoch gelegene Grand-Bornand. Neben seinem guten Ruf als Ferienort hat es einen vielleicht sogar noch besseren als Heimat des von den Gourmets ganz Frankreichs geschätzten Reblochon, eines Käse, dessen Aroma und Reife sich nur gerade hier entwickeln wollen. Für jeden, der es prüfen will und für jeden Käsefreund deshalb den Tip: Käsemarkt für Reblochon ist hier jeden Mittwoch.

Schon während der Fahrt hinunter nach Le Grand-Bornand hatten wir die gesamte Nordseite der Chaîne des Aravis vor uns; jetzt gibt es auch noch die Möglichkeit, über ein Seitental bis unmittelbar unter die Westabbrüche der Pointe Percée zu fahren. In St-Jean-de-Sixt schließlich müssen wir uns entscheiden, ob zum Berg-Erlebnis auch noch das See-Erlebnis kommen soll. Knapp 30 km sind es hinüber nach Annecy, 30 km allerdings, die sich für den Natur- wie den Kunstfreund gleichermaßen lohnen. Die einen werden den See und seine malerische Umgebung genießen, die anderen werden das alte Annecy mit dem Palais de l'Isle (12. Jh.), der Eglise St-Maurice (15. Jh.) oder der Cathédrale St-Pierre (16. Jh.) entdecken.

Über Clusaz fahren wir schließlich mitten in die Chaîne des Aravis hinein, um kurz danach den 1486 m hohen Col des Aravis zu erreichen. Er bietet uns einen kleinen Vorgeschmack von dem, was wir bei dieser Fahrt noch an Aussicht genießen können: Über den nach Osten vorgelagerten Waldkuppen schwimmt, als wäre es aus einer anderen Welt, das eisige Haupt des Mont Blanc. Bei der Fahrt hinunter nach Flumet und hinüber nach Megève verschwindet er zwar wieder völlig, doch eigentlich nur, um uns danach um so mehr zu überraschen, wenn wir über Combloux in die Ebene von Sallanches hinunterfahren. Jetzt am Abend nämlich stimmt die Beleuchtung, und es kann das eintreten, was nicht erst die Poeten der Romantik begeisterte (Victor Hugo sprach vom «Naturtheater»): das Glühen des Mont Blanc. Viertausend Höhenmeter Fels und Eis leuchten in der Abendsonne, scheinen zu brennen und zaubern eine für jeden unvergeßliche Märchenwelt.

Der charmante Lac d'Annecy verdankt seine Anziehungskraft der glücklichen Mischung von sanften Hängen und alpinen Bergen.

Das älteste Gebäude in Annecy, der Palais de l'Isle, stammt aus dem 12. Jahrhundert. Es steht mitten im Thiou (Bild nächste Doppelseite).

QUAI DE L'ISLE
Préfontaines
CREMERIE DE LA TOURNETTE

Aus dem Aostatal nach Savoyen

Courmayeur im oberen Aostatal ist nicht nur einer der ältesten Luftkurorte der Alpen. Es ist auch der Ort, wo kaum 100 m neben dem Gletscher das erste Getreide wächst und wo die berühmtesten Bergführer zu Hause sind. Es ist aber auch der Ort, über dem sich die Südwände des Mont Blanc-Massivs als eine bis zu 3500 m hohe und volle 25 km breite Riesenmauer in den Himmel aufschwingen. So weltberühmte

38

Die Mont Blanc-Gruppe, gesehen von Süden: links der Brouillard Grat, rechts der Peuterey Grat.

Aufstiege, wie der Peuterey Grat oder die Brenva Flanke, sind hier zu finden – permanente Herausforderung an die Elitebergsteiger, die das Eis genauso sicher beherrschen wie den Fels.

Der früher von Norden her nur sehr umständlich erreichbare oberste Zipfel des Aostatales ist heute durch den genau unter der Aiguille du Midi durchführenden 12 km langen Basistunnel von Chamonix aus leicht erreichbar (Anschluß von Tour 36). Bei Entrèves kommen wir nach der Tunnelfahrt von Nord nach Süd wieder ans Tageslicht und in eine Welt rostbrauner Felsenwildnis mit einem ganz eigenen Reiz. Sie mit der Weiterfahrt ins nur 4 km entfernte Courmayeur sofort wieder zu verlassen, wäre einfach zu schade, zumal es von hier aus im nach Westen abzweigenden Val Veni etwas ganz Besonderes zu sehen gibt: einen echten Gletschersee!

Den Lac del Miage (2020 m) erreichen wir über ein bis Visaille (1659 m) ganz gut ausgebautes Straßerl mit überraschend schöner Aussicht. Direkt unter den Eiskatarakten des Brenva Gletschers führt es durch und läßt sich von der Drohgebärde der Riesennadel Aiguille Noire de Peuterey (3773 m) ebensowenig schrecken wie von den Aiguilles des Glaciers (3816 m). Den zum Schluß etwas holprigen Weg verlassen wir am Lac de Combal und erreichen nach viertelstündigem Aufstieg zu Fuß den Gletschersee. In ihn bricht der Miage-Gletscher mit einer gut 20 m hohen Eiswand und produziert regelrechte schwimmende Eisberge.

Kurz unterhalb von Courmayeur, bei Pré St-Didier (1004 m), zweigt die Straße zum Col du Petit St-Bernard (2188 m) ab; doch sollte ihr nicht folgen, wer die Aussicht auf die Südwände des Mont Blanc-

Massivs genießen möchte. Dafür nämlich gibt es die Straße auf die Testa d'Arpi (2022 m), über die wir dann in 1496 m Höhe bei La Thuile den Anschluß an den Kleinen St. Bernhard erreichen. Talort für den kleinen Umweg ist Morgex, 4 km talab. Zwar bietet die Auffahrt selbst über die 1051 Höhenmeter bis zum Col S. Carlo kaum Aussicht. Vom Sattel aber macht dann eine kleine Stichstraße alles wett: Wir landen unmittelbar auf einer Aussichtskanzel ohnegleichen mit einem Mont Blanc-Panorama aus genau «richtiger» Entfernung.

Von La Thuile aus nehmen wir dann endgültig den Kleinen St. Bernhard in Angriff – allerdings zunächst nur bis zum Ende der Serpentinenstrecke und bis zum Wegweiser «Les Suches». Wer ihm folgt und sich an der folgenden Abzweigung links hält, erreicht die 2581 m hohe Chaz Duraz und damit den schönsten Aussichtspunkt der ganzen Tour. Diesmal reicht die Sicht sogar bis hinüber zum Grand Combin!

Wenige Kehren sind es schließlich nur noch bis zu dem schon von den Kelten genutzten Übergang nach Savoyen. Kaiser Augustus hatte auch ihn schon vorzüglich ausbauen lassen. Seine heutige Trasse ist im wesentlichen gut 100 Jahre alt. Natürlich kann die Aussicht vom Paß mit der von Testa d'Arpi oder Chaz Duraz nicht mithalten, hat aber dennoch Überraschungen in der Hinterhand. Je weiter wir nämlich nach Süden hinauskommen, desto weiter wird die Aussicht über die obere Tarentaise, die Landschaft um das obere Tal der Isère. Ob die Erfinder von Legoland sich hier ihre Anregungen holten?

Über unzählige Kehren fahren wir zu diesem Spielzeugland hinunter, das einst zum Herzogtum Savoyen gehörte. An die strategische Bedeutung des Winkels von Bourg-St-Maurice erinnert noch die große Garnison. Schließlich treffen hier gleich vier wichtige Straßen aufeinander, von denen jede für sich genug Schönheiten parat hat, um jeweils einen eigenen Ausflug zu rechtfertigen. Nach Südosten lockt das oberste Val d'Isère und der Col de l'Iseran (Tour 39), nach Westen wären die vielen malerischen Dörfer der Tarentaise bis hinaus nach Moutiers (31 km) zu entdecken, und nach Norden, zum Tal von Chapieux, kommen die Bergfreunde zu ihrem Recht.

Wir wenden uns in «Le Bourg», wie die Savoyarden ihr Städtchen nennen, nordwärts, genießen noch eine schöne Aussicht auf die obere Tarentaise und fahren dann unter die drohenden Hänge von La Terrasse (2891 m). Nach Süden öffnet sich der Blick auf die Gletscher vom Mont Pourri (3770 m), und in Les Chapieux schließlich bietet sich die Möglichkeit, zur Ville des

Die Straße zum Col de Roselend führt auf der Ostseite durch ein enges und streckenweise sehr steiles Tal. Die Sonne erreicht den Talboden hier nur am Mittag.

Glaciers (1715 m) hinaufzufahren, die Gletscher der Aiguilles des Glaciers (3816 m) zu bestaunen oder zur Tête des Fours (2714 m) hinaufzuwandern.

Aus dem kargen Hochtal von Les Chapieux erreichen wir schnell den 1968 m hohen Cormet de Roselend und wenig später den großen Lac de Roselend. Für die Fahrt vom 1605 m hohen See hinunter nach Beaufort gibt es zwei Möglichkeiten. Eilige und weniger Geübte können an der Abzweigung von Meraillet sich rechts halten und direkt hinunterfahren. Alle anderen sollten den Umweg über den Col du Pré (1703 m) nicht scheuen, über die schmale Straße mit ihren tausend Kurven bummeln und die Einsamkeit genießen.

In Beaufort gibt es nicht nur alte verwinkelte Gassen und eine typische savoyische Kirche mit einer prächtigen, aus Holz geschnitzten Kanzel von 1722. Es ist auch die Heimat einer der köstlichsten Käsesorten Frankreichs, die den Namen des Städtchens weit über die Landesgrenzen hinaus bekannt gemacht hat.

Bevor wir endgültig in die Vorberge und nach Albertville hinausfahren, sollten wir noch an einen letzten Abstecher denken: Von Villard-sur-Doron gibt es ein Sträßchen zum 1939 m hohen Gipfel des Bisanne. Seine vergleichsweise niedrige Höhe braucht niemand zu täuschen. Aufgrund seiner extrem günstigen Lage bietet er eine hervorragende Aussicht nach allen Seiten. Das ganze Beaufortin, die Chaîne des Arravis und das Massif de Beaufort sind zu überblicken. Von Nordosten leuchtet sogar der Mont Blanc herüber.

Albertville ist für uns interessant vor allem durch das alte Conflans auf dem Felsen über dem Zusammenfluß von Isère und Arly. Von der mit hundertjährigen Linden eingefaßten Terrasse La Grande Roche sehen wir weit hinunter in die Combe de Savoie. Beim Spaziergang durch die malerischen Gassen werden wir das Maison Rouge entdecken. Es stammt aus dem 14. Jahrhundert, war ursprünglich Kloster, dann Kaserne und beherbergt heute das sehenswerte Stadtmuseum. Porte de Savoie im Norden und Porte Tarine (aus dem 14. Jh.) regelten einst den Zugang zum Städtchen ebenso wie den zur ganzen Tarentaise.

Im Stausee, auf der Westseite des Col de Roselend, ist das alte Dorf Roselend versunken. Eine neue Straße hat den Schotterweg zum Paß abgelöst.

Zwischen Tarentaise und Maurienne

Tor zur Tarentaise ist Moûtiers am Zusammenfluß von Isère und Dorron, ein kleines altes Städtchen, eingezwängt zwischen den Hängen von Crève Tête, Mont Jovet und Quermo, das eigentlich nach keiner Seite eine Ausdehnungsmöglichkeit hat. Kein Wunder also, daß das einstige Kirchenzentrum (der jeweilige Prälat trug den Titel «Prince des Saint-Empire») und heutige

39

Pappeln sind die typischen Bäume der Tarentaise. Diese stehen bei Séez.

Verwaltungsstädtchen der Talschaft ein wenig wie von der Neuzeit übersehen wirkt – doch das ist keinesfalls auf Moûtiers beschränkt. In der ganzen Tarentaise und dann auch in der Maurienne werden wir diesen Eindruck noch öfters gewinnen.

Bevor wir der Isère entlang bergwärts fahren, ist für Kunstfreunde ein Besuch in der ehemaligen Bischofskirche Cathédrale St-Pierre zu empfehlen. Sie geht auf das 5. Jahrhundert zurück, hat eine Krypta aus dem 11. Jahrhundert und einen gotischen Chor. Sehenswert sind der schön geschnitzte Bischofsthron aus dem 15. Jahrhundert, eine romanische Madonna und eine große Grablegung aus dem 16. Jahrhundert.

Die Straße zum Col de l'Iseran, dem zweithöchsten Paß der Alpen, paßt sich ideal dem Gelände an und führt in eine riesige Arena stark vergletscherter Dreitausender.

Den Bergfreunden ist dagegen zu einem Abstecher ins Tal des Dorron de Bozel und nach Pralognan-la-Vanoise geraten. Das gut 1400 m hoch gelegene Feriendorf ist der ideale Ausgangspunkt für Touren in den Nationalpark Vanoise. Bis auf 2023 m etwa reicht die Seilbahn zum Mont Bochor; nach Süden (Col de Charière, 2801 m) und Osten (Col de la Vanoise, 2515 m) locken herrliche Wandermöglichkeiten.

Der erste Teil der Tarentaise kann für uns je nach Geschmack zwei Gesichter zeigen. Das eine ist geprägt von 31 km Landstraße mit wenig attraktiven Höhepunkten. Das andere zeigt sich dem, der sich die Mühe macht, den Talboden zu verlassen und die Hänge hinaufzufahren. Diese sind auf beiden Talseiten von einem dichten Spinnennetz von Ortsverbindungs- und Güterwegen, nicht selten bis über die Baumgrenze hinaus, überzogen. Wer holprige und schmale Bergstraßen nicht scheut, kann hier die schönsten Ausblicke auf das Massif de Beaufort oder auf die Vanoise gewinnen und erleben, wie intensiv eine Gebirgslandschaft genutzt werden kann.

Den Besuch von Bourg-St-Maurice, der alten Garnisonsstadt, sollte man für Mitte Juli vorsehen, wenn am 2. oder 3. Sonntag das Edelweißfest gefeiert wird und die schönsten Trachten aus der Tarentaise und dem nahen Aostatal zu sehen sind. Falls das Datum jedoch nicht gerade stimmt, gibt es dennoch einen Trost: die Fahrt hinauf zu den Feriendörfern Arc 1600 und Arc 1800. Besonders Arc 1800, ein wunderschöner Balkon 1000 Höhenmeter über der Isère, bietet eine grandiose Aussicht über die wie ein Spielzeugland wirkende Tarentaise, das Beaufortin und bis hinüber zum Mont Blanc.

Die schon von weitem sichtbaren und zum Col du Petit St-Bernard hinaufführenden Kehren (vgl. Tour 38) lassen wir links liegen. Der Isère entlang geht es zunächst fast eben, dann wie auf einer riesigen Treppe etappenweise in die Höhe. Hinter La Thuile bereits fahren wir unter das Reich der Gletscher: Hoch oben glitzert der Hängegletscher des Mont Pourri (3770 m), je nach Sonnenstand in grellem Weiß, blassem Blau oder zartem Grün.

Jede Kurve der nun stärker steigenden Straße eröffnet jetzt neue, imposante Ausblicke in ein hochalpines Szenario, das kein Landschaftsarchitekt stimmiger gestalten könnte: Über rotbraunen Felsklüften, in ihrer Härte kaum gemildert von der Gischt der Isère und den letzten dunklen Fichten, streiten das tiefe Blau des Himmels und das grelle Weiß der Gletscher um die Vorherrschaft. Den vielleicht zunächst unbewußt vermißten Akzent in diesem Wechselspiel der Landschaftskomponenten setzt dann unvermittelt der Kirchturm von La Gurra, dem winzigen Dorf, das wie ein Schwalbennest am gegenüberliegenden Hang klebt: Die zuvor nur «schöne» Landschaft hat ihre menschliche Dimension bekommen.

Wenige Kurven noch, und wir werden gerade von dieser Dimension nahezu erschlagen, wenn mit einem Mal die 188 m

Den schönsten Blick auf den Mont Pourri bietet diese Alm hoch überm Tal der Isère (Bild nächste Doppelseite).

hohe und an ihrer Basis 20 m dicke Betonschale auftaucht, mit der die junge Isère zum Lac du Chevril aufgestaut wird. Zwar wird wohl niemand behaupten können, der See füge sich nicht glücklich in seine hochalpine Umgebung ein. Sein technischer Hintergrund aber markiert die Grenze zu einem von Menschenhand gestalteten «Paradies», das wohl nur im Winter erträglich ist. Dann nämlich, wenn ein buntes Skivolk die zahllosen Lifte und die Betonburgen von Val d'Isère und Tignes belebt. Dem Skifahrer allerdings wird das Herz höher schlagen beim Gedanken an die Möglichkeiten, die diese ziemlich einmalige Liftlandschaft dem Pistenfan verspricht. Rund 60 mechanische Aufstiegshilfen erschließen ein nahezu unendlich anmutendes Schneeparkett.

Trotz aller Technik sollten zwei Abstecher dennoch nicht versäumt werden: Der eine führt über die Krone des Staudammes hinüber zum neuen Dörfchen Tignes-les-Boisses (das alte schluckte der Stausee) und hinauf zum fast lieblichen Seelein von Tignes. Denkt man sich in Lac de Tignes und in Super Tignes die Betonburgen und den «Drahtverhau» weg, bleibt eine Hochgebirgslandschaft, die keinen Vergleich zu scheuen braucht.

Zum zweiten Abstecher zweigen wir knapp 2 km südöstlich der Staumauer ab. Ein schmales Sträßchen führt zu den wenigen Häusern von Le Sant und hinauf zum Stausee von Sassière. Der immerhin schon 2460 m hoch gelegene See ist umrahmt von einem bedrohlich engen Kranz steiler Fels- und Gletscherabbrüche. Bis auf 3747 m (Aiguille de la Grande Sassière) ragen die Gipfel in den Himmel: ein trotz der Nähe von Val d'Isère noch gut erhaltenes Paradies für Freunde extremer Touren in Fels und Eis.

Hinter Val d'Isère schließlich beginnt der eigentliche Anstieg zum Col de l'Iseran. Mit seinen 2762 m Höhe gehört er zwar zu den höchsten befahrbaren Übergängen der Alpen, doch spürt das während der Auffahrt sicher niemand. Die zu überwindenden 920 Höhenmeter sind in der erst 1935 fertiggestellten Trasse so geschickt «versteckt», daß wohl jeder überrascht ist, wenn plötzlich und noch ganz unerwartet die Paßhöhe auftaucht. Das mag an der gleichmäßigen Steigung und den wenigen Kehren liegen, sicher aber auch an dem überwältigenden Panorama, das mit jedem Meter Auffahrt grandioser wird. Für die Sicht nach Norden ist der beste Aussichtspunkt sogar schon vor dem Paß, auf der Belvédère de la Tarentaise (2530 m, Hinweistafel «Table d'Orientation»). Für die Sicht nach Süden ist er auf der Belvédère de la Maurienne (2505 m, ebenfalls «Table d'Orientation»). Wer dagegen Tarentaise und Maurienne von einem Punkt aus gleichzeitig überblicken möchte, der sollte die kleine Mühe nicht scheuen und von der Paßhöhe zur 3041 m hohen Pointe des Lessières hinaufwandern. Wenn sich irgendwo 40 Minuten Aufstieg ganz besonders lohnen, dann zweifellos hier. Nirgendwo sonst gibt es für so geringe Mühe eine so grenzenlose Belohnung.

Die Cascade de la Sassière bei Val d'Isère (Bild links).

Die Gorges des Boissières unterhalb von Val d'Isère sind heute durch eine moderne Straße im Berg gefahrlos passierbar. Die alte Straße im Bild war zwar schöner, aber auch gefährlicher.

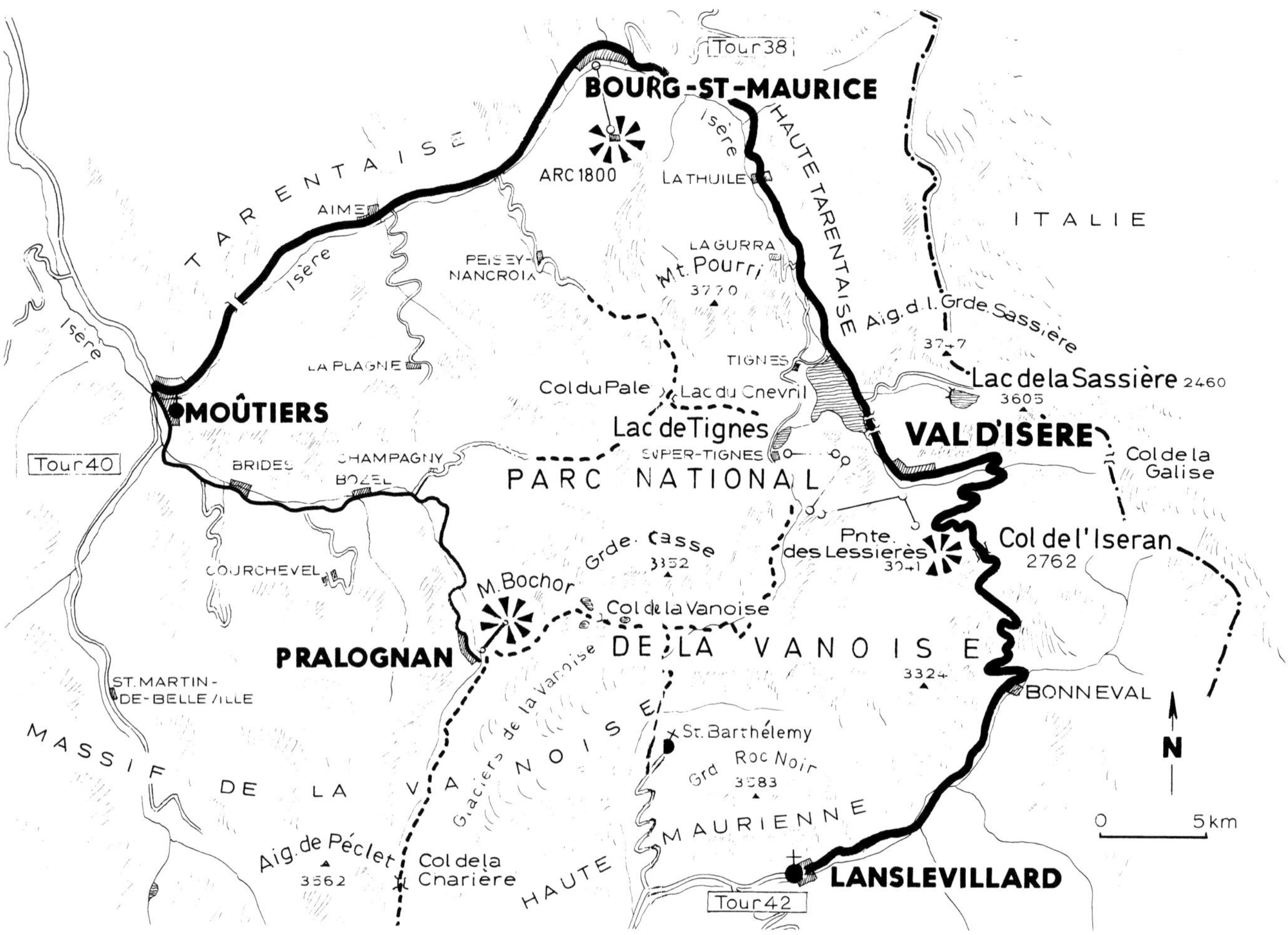

Technisches

Straße nach Pralognan-la-Vanoise: Die 27 km lange Stichstraße führt mitten ins Herz der Vanoise hinein. Bei Ballendaz windet sie sich durch eine wildromantische Schlucht und erreicht hinter Pralognan in 1420 m Höhe ihren Endpunkt. Die Straße hat maximal 10% Steigung und 10 Kehren. Sie ist mautfrei, ganzjährig befahrbar und für Caravans bedingt geeignet.

Straße nach Lac de Tignes und Super Tignes: Die 5 km lange Stichstraße erschließt die 2080 m und 2150 m hohen Retorten-Skistationen am See von Tignes und bietet keinerlei Schwierigkeiten. Sie hat nur eine Kehre und ist auch für Caravans befahrbar.

Straße zum Stausee von Sassière: Die 4 km lange, nur bis Le Saut asphaltierte Stichstraße erschließt den 2460 m hohen Stausee und einen hochalpinen Fels- und Eiskessel. Die Straße weist bei 6 Kehren eine maximale Steigung von 15% auf. Sie ist nur in der schneefreien Zeit befahrbar und für Caravans ungeeignet.

Col de l'Iseran: Der 2762 m hohe Übergang verbindet die Tarentaise mit der Maurienne und ist Teil der Route des Grandes Alpes. Die durchwegs gut ausgebaute Strecke hat auf Nord- und Südrampe nur höchstens 12% Steigung, diese dafür aber auf langen Strecken. Insgesamt gibt es nur 20 Kehren, dafür aber 9 Tunnels, die allesamt unbeleuchtet sind und meist keine Asphaltierung haben (auch bei schönem Wetter Schleudergefahr!). Der Paß ist vom 1.7. bis 30.9. geöffnet (bis Val d'Isère ganzjährig), er ist mautfrei und wegen der langen Steigungen und der großen Höhe für Caravans ungeeignet.

Sehenswürdigkeiten

Moûtiers: Die Cathédrale St-Pierre geht auf das 5. Jahrhundert zurück. Sie hat eine Krypta aus dem 11. Jahrhundert und einen gotischen Chor. Besonders sehenswert sind der geschnitzte Bischofsthron aus dem 15. Jahrhundert, eine romanische Madonna und eine großangelegte Grablegung aus dem 16. Jahrhundert.

Bourg-St-Maurice: Jeweils am 2. oder 3. Sonntag im Juli wird hier das Edelweißfest gefeiert. Zu diesem Anlaß sind die schönsten Trachten aus der Tarentaise und dem benachbarten Aostatal zu sehen.

Lanslevillard: Die Kapelle des Hl. Sebastian ist mit prächtigen Fresken aus dem 15. Jahrhundert geschmückt. Sie zeigen Szenen vom Martyrium des Heiligen und aus dem Leben Christi. Der Schlüssel zur Kapelle ist im Pfarrhaus neben der Kirche erhältlich.

Möglichkeiten für zusätzliche Unternehmungen

Pralognan-la-Vanoise: Fahrt mit der Seilbahn zum 2023 m hohen Mont Bochor. Von dort prächtige Aussicht in die Berge der Vanoise.

Bourg-St-Maurice: Fahrt mit dem Wagen zu den Feriendörfern Arc 1600 und Arc 1800. Der wunderschöne, gut 1000 Höhenmeter über der Isère gelegene Aussichtsbalkon bietet eine prächtige Aussicht über das gesamte Beaufortin und bis hinüber zum Mont Blanc.

Col de l'Iseran: Aufstieg in 40 Minuten zu Fuß zur 3041 m hohen Pointe des Lessières. Dieser so leicht erreichbare Dreitausender bietet gleichzeitig die Sicht über die Maurienne und die Tarentaise. Auch von hier reicht der Blick bis zum Mont Blanc und weit hinüber in die italienischen Alpen.

Kartenempfehlung

Carte Touristique, IGN France, 1:100 000, Blatt 53

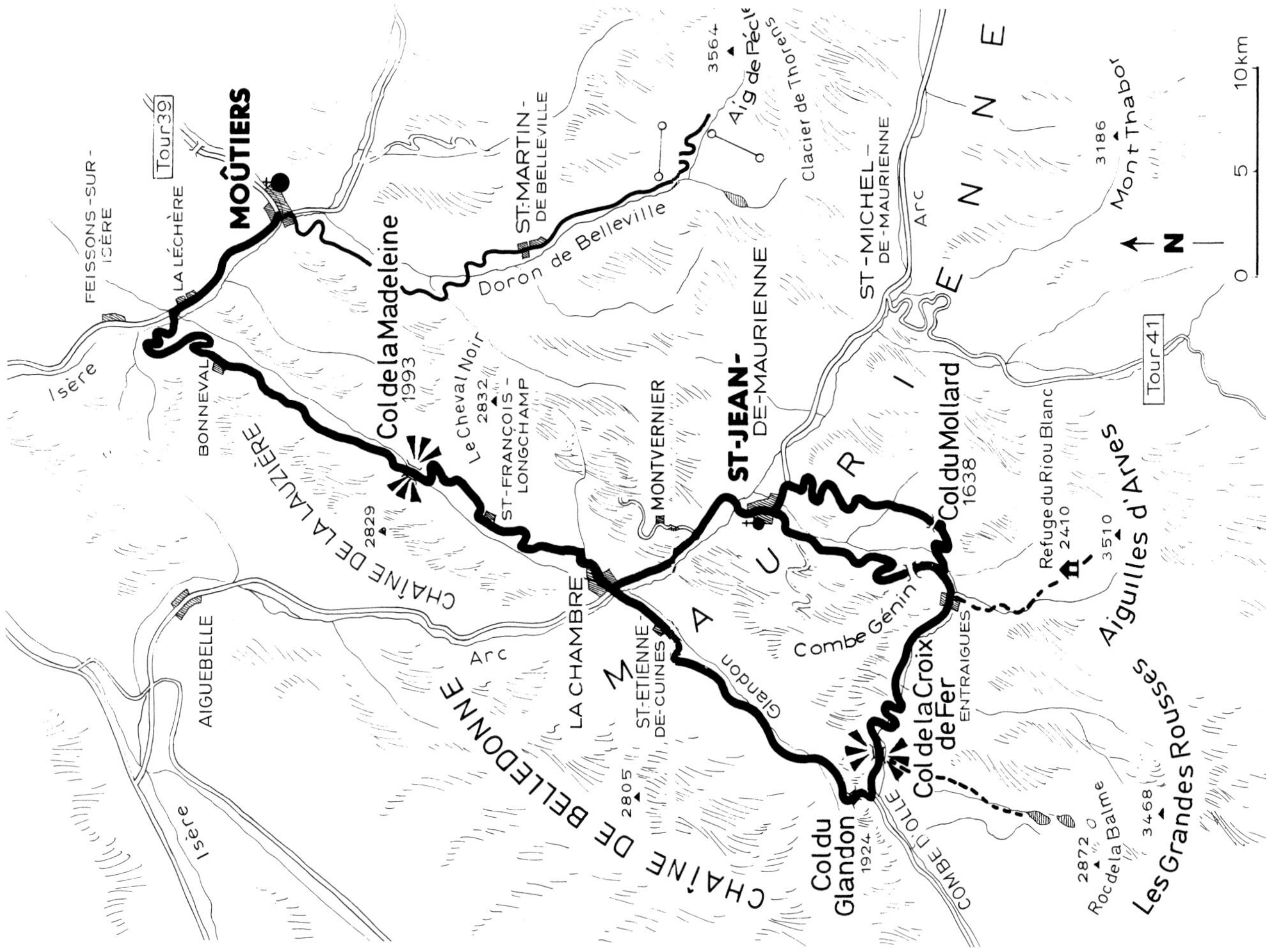

Technisches

Col de la Madeleine: Der 1993 m hohe Übergang verbindet das Tal der Isère mit dem Arctal und damit die Tarentaise mit der Maurienne. Seit 1969 gehört der Paß zum Programm der Tour de France. Die Straße ist vom 15.5. bis 31.10. befahrbar. Sie hat maximal 12% Steigung, insgesamt 42 Kehren und ab und zu Engstellen mit Ausweichen. Sie ist mautfrei und für Caravans ungeeignet.

Col du Glandon: Der 1924 m hohe Übergang verbindet das Tal des Arc mit dem der Romanche. Für die vorgeschlagene Tour wird nur die Ostrampe befahren (die Westrampe wird z. Z. ausgebaut und kann deshalb nicht empfohlen werden). Sie ist vom 15.5. bis 31.10. befahrbar, hat maximal 14% Steigung, 9 Kehren und verschiedene Engstellen. Sie ist mautfrei und für Caravans ungeeignet; auf der Westrampe verboten.

Col de la Croix de Fer: Den 2068 m hohen Übergang erreichen wir nach etwa 2,5 km nach dem Col du Glandon. Da der Paß ausschließlich regionale Bedeutung hat, ist die Straße nicht besonders gut ausgebaut. Sie ist vom 15.5. bis 31.10. befahrbar. Sie hat maximal 12% Steigung, 12 Kehren und mehrere enge, unbeleuchtete Tunnels. Die Straße ist mautfrei und für Caravans ungeeignet; auf der Scheitelstrecke ab St-Sorlin verboten.

Col du Mollard: Der 1638 m hohe Übergang hat ebenfalls nur regionale Bedeutung. Die Strecke ist nur in der schneefreien Zeit befahrbar. Sie hat maximal 13% Steigung und 33 Kehren. Sie ist mautfrei und für Caravans ungeeignet.

Sehenswürdigkeiten

Moûtiers: Die Cathédrale St-Pierre geht auf das 5. Jahrhundert zurück. Sie hat eine Krypta aus dem 11. Jahrhundert und einen gotischen Chor. Besonders sehenswert sind der geschnitzte Bischofsthron aus dem 15. Jahrhundert, eine romanische Madonna und eine großangelegte Grablegung aus dem 16. Jahrhundert.

St-Jean-de-Maurienne: Die alte Hauptstadt der Maurienne verdankt ihre Bedeutung dem Bischofssitz. Die Cathédrale St-Jean-Baptiste geht, wie der freistehende Turm, denn auch auf das 11. Jahrhundert zurück. Das Innere ist teilweise restauriert und zeigt einige guterhaltene Fresken und ein reiches Mobiliar aus dem 15. Jahrhundert. Besonders kostbar ist das Chorgestühl, das Pierre Machet nach 15jähriger Arbeit 1498 fertiggestellt hat. Die hohen Lehnen der Stühle sind mit wunderschönen Reliefs verziert, auf denen Heilige dargestellt sind. Sehenswert auch die Krypta unter der Kirche (Schlüssel beim Verkehrsverein).

Möglichkeiten für zusätzliche Unternehmungen

Moûtiers: Fahrt mit dem Wagen in das 35 km lange Tal des Doron de Belleville. Die schlechte Straße ist zwar nicht ganz bequem zu befahren, doch lassen das die schönen Ausblicke auf die Aiguille de Péclet (3564 m) und den Glacier de Thorens schnell vergessen. Bis auf knapp 2300 m kann man in der schneefreien Zeit immerhin hinauffahren.

St-Jean-de-Maurienne: Die gesamten Osthänge zwischen Grand Chatelard und Pointe de l'Ouillon sind mit einem Spinnennetz von Straßen und Liften überzogen. Hier können auch Nichtbergsteiger nach Herzenslust wandern.

Kartenempfehlung

Carte Touristique, IGN France, 1:100 000, Blatt 53

Abseits der großen Routen

40

Geheimtips verdienen ihren anspruchsvollen Namen in den seltensten Fällen – ihre Weitergabe ist meist bloß scheinheilige Geheimniskrämerei. Aber aller gegenteiligen Erfahrungen zum Trotz: Es gibt sie schon noch die Tips, die man eigentlich nur unter vorgehaltener Hand weitergeben sollte. Über Gegenden etwa, wo man durchaus (fast) allein sein kann, wo der große Verkehr weit außenherum vorbeirauscht, wo man lange Wanderungen in noch unverfälschten Bergen unternehmen und wo man abseits der Straße von Hirten noch zu Käse und Wein eingeladen werden kann.

Wo es so etwas noch gibt? Ausnahmsweise sei's verraten: am Nordrand des Haut-Dauphiné, zwischen den Tälern der Romanche und des Arc, wo sich die Felsen der Aiguille d'Arves und der Grandes

Abendstimmung am Col de la Croix de Fer (Bild links).

Rousses zwischen die Ausläufer der Chaîne de Belledonne und des Massif de la Vanoise schieben. «Erschlossen» wird das Stück paradiesischer Abgelegenheit durch ein schmales, häufig auch recht holpriges Sträßchen über den Col de la Croix de Fer (2068 m) und zwei einsame Hütten, dem Refuge am Lac Majeur (2420 m) und dem Refuge du Riou Blanc (2410 m). Wer sich hier von der Straße zu trennen vermag und vielleicht sogar auch weglose Berge nicht scheut, der findet hier Ziele für Wochen. Der «Nur»-Autofahrer bekommt immerhin einen Vorgeschmack von der Schönheit einsamer Berge, den er sicher so schnell nicht vergessen wird.

Den unmittelbarsten Zugang hätten wir zwar von St-Etienne-de-Cuines aus. Es aber im Anschluß von Tour 39 zu erreichen, gibt es nur zwei Möglichkeiten. Zum einen können wir von Lanslebourg dem Arc entlang durch die obere Maurienne fahren. Das geht zwar schnell, ist aber auch langweilig. Viel schöner ist es, eine weitere Nebenstraße vorzuschalten und von Moûtiers aus über den Col de la Madeleine (1993 m) aus dem Tal der Isère an den Arc zu fahren (was gleichzeitig eine Alternative zur Fahrt über den 769 m höheren Col de l'Iseran ist).

Vom alten Bischofsstädtchen Moûtiers fahren wir zunächst 10 km talauswärts bis zum Bahnhof Feissons-sur-Isère, auch wenn die Hänge dort gar nicht danach aussehen, als könnten sie von einer Straße bezwungen werden. Ganz versteckt mogelt sie sich denn auch über zahlreiche Kehren durch den Steilabbruch, der den Zugang zu dem langen Seitental unter der Chaîne de la Lauzière verwehrt. Ist er erst überwunden, weicht auch langsam der Hochwald, und der Blick voraus wird frei auf die Abbrüche der Grande Lauzière (2829 m, rechts) und des Cheval Noir (2832 m, links). Erst am Ende des Hochtales schließlich muß noch ein letzter, steilerer Hang überwunden werden, bevor der Col de la Madeleine erreicht ist.

Am Paß selbst, der tief zwischen den Bergen eingeschnitten ist, aber dennoch eine überraschend weite Aussicht nach Südwesten gegen die Chaîne de Belledonne, die Grandes Rousses und die Ecrins, nach Nordosten gegen das Massif de Beaufort und bis hinüber zum Mont Blanc bietet, ändert sich der Charakter der Landschaft nachhaltig. Drei weiträumig angelegte Kehren erschließen die weiten Südhänge unterm Rocher de Sarvatan und bringen uns sicher hinunter zu den weitläufigen Skihängen von St-François-Longchamp. Wer hier auch nur ein wenig in die Wiesen hineinspaziert, wird von einer erstaunlich vielfältigen Bergflora überrascht.

Den Westhängen der Pointe du Mont du Fût (2824 m) entlang fahren wir durch

Wenige Minuten oberhalb des Col de la Croix de Fer bietet sich dieser Blick auf die drei markanten Gipfel der Aiguilles d'Arves.

gepflegte Wiesen talauswärts. Jede Kehre bringt uns hier eine noch schönere Aussicht auf die Grandes Rousses und schließlich auch auf die Aiguilles d'Arves und damit auf unser eigentliches Zielgebiet.

In La Chambre kommen wir in das hier breite Tal des Arc hinunter, allerdings nur, um es auf kürzestem Wege zu queren und unmittelbar gegen die Chaîne de Belledonne zu fahren. Zunächst wieder durch Wald, am Boden eines teilweise sehr engen V-Tales, dann langsam offener und mit besserer Aussicht bleibt die Straße doch immer am Talboden. Erst ganz am Ende des Tales sind zum guten Schluß noch einige Kehren für den letzten Anstieg zum Col de Glandon (1924 m) zu überwinden. Sie dürfen wir allerdings erst in Angriff nehmen, nachdem wir im Rückblick talauswärts und genau im Sattel des Col de la Madeleine den Mont Blanc entdeckt haben.

Wenige Meter südlich des Glandon bereits gabelt sich die Straße. Nach rechts geht es durch die Combe d'Olle hinaus nach Grenoble. Wir halten uns links und erreichen kurz darauf den Col de la Croix de Fer, den schönsten Aussichtspunkt dieser ganzen Fahrt. Kaum 5 Minuten nach Süden sind es vom Paß aus zu Fuß zu der Steinpyramide, die den weit und breit schönsten Aussichtspunkt bezeichnet. Nach Süden und Südosten öffnet sich ein weites Gipfelmeer, in dem die drei Aiguilles d'Arves (3510 m), der Rocher Blanc (2931 m), die Aiguilles de la Saussaz (3354 m) und nicht zuletzt La Meije die Akzente bilden.

Für die Bergsteiger und alle, die es werden möchten, ist der Col de la Croix de Fer zugleich der ideale Ausgangspunkt für die Eroberung der Grandes Rousses, vergletscherte Dreieinhalbtausender, wie sie im Bilderbuch stehen. Direkt am Paß zweigt

ein Weglein nach Süden ab. Für die Wanderer erschließt es den Zugang zu drei wunderschönen, immerhin 2500 m hoch gelegenen Seen unter den Ostwänden des Roc de la Balme (2 Stunden). Für die Bergsteiger ist die Hütte am Lac Majeur das ideale Standquartier für die schönsten Touren.

Die Cathédrale St-Jean-Baptiste geht auf das 11. Jahrhundert zurück. Gut erhaltene Fresken und ein reiches Mobiliar aus dem 15. Jahrhundert lohnen einen Besuch (Bild unten).

Aus dem tief eingeschnittenen Tal des Arc windet sich die Straße auf den unmittelbar übereinander angelegten Kehren mühsam nach Montvernier.

Ein nicht weniger prächtiges Standquartier können wir von Entraigues aus, an der Ostrampe des Passes, erreichen. Zwar ist der Anmarsch zum 2410 m hoch gelegenen Refuge du Riou Blanc kaum unter drei Stunden zu bewältigen. Dafür kommt man aber auch ganz nahe unter die Felsaufbauten der Aiguilles d'Arves und damit in ein Tourengebiet, das eben wirklich noch ein Geheimtip ist.

Um nach St-Jean-de-Maurienne und damit wieder ins Tal des Arc hinunterzukommen, gibt es nach Entraigues zwei Möglichkeiten. Die eine, durch die Combe Génin, sollten alle diejenigen nehmen, die gerne hoch am Hang fahren und stets wechselnde Tiefblicke in wilde Schluchten lieben. Die andere, über den Col du Mollard (1638 m), ist denen vorbehalten, die von einsamen Bergwegen nie genug kriegen können und denen ein Abstieg ins Arctal hinunter über zahllose Kehren Spaß macht.

Wer dann immer noch nicht genug Kehren durchkurvt hat, dem sei schließlich noch ein Abstecher nach Montvernier empfohlen. Nirgendwo anders in den gesamten Alpen gibt es so viele Kehren auf so engem Raum wie auf der Zufahrt zu diesem kleinen Bergdorf.

Zur «Königin des Dauphiné»

Knapp unterhalb des Col du Galibier sieht man besonders schön auf die Gipfel um den Grand Aréa.

41

Was für Savoyen der Mont Blanc und seine Trabanten, das ist für den Dauphiné «Ihre Majestät», La Meije (3983 m). Und das, obwohl sie weder der höchste Punkt im Massif du Pelvoux – die Ehre gebührt der Barre des Ecrins (4102 m) – noch die Taufpatin ist für das Massiv zwischen Romanche und Durance. Diese Ehre wurde dem «nur» 3946 m hohen Pelvoux nur deshalb zuteil, weil er sich schon 1826 vom Armee-Geographen A. Durand besteigen ließ. Les Ecrins und La Meije zierten sich da schon mehr. So ergab sich der Gipfel der Ecrins erst 1864 den Engländern Moore und Whymper.

Wenn La Meije dennoch den beiden anderen den Rang in der Berühmtheit bei weitem abläuft und zu den berühmtesten Bergen der gesamten Alpen gerechnet wird, muß das natürlich seine guten Gründe haben. Einer davon ist sicher die exponierte Lage dieses außergewöhnlichen Berges. Im Gegensatz zu den anderen, höheren Gipfeln des Massivs ist er in seiner ganzen, drohenden Erhabenheit von einer der bedeutendsten Traversalen der Alpen aus zu bewundern (Lautaret und Montgenèvre verbanden schon im frühen Altertum Rhône und Po; beide gehören heute zu den modernen Karawanenwegen). Ganze 4 km Luftlinie sind es vom 1470 m hohen La Grave zum 2500 m höheren Gipfel – 2500 Höhenmeter wohlproportionierter Wechselwirkung zwischen Fels und Gletscher, zwischen Spitzen, Nadeln und Zacken aus Granit und Gneis und ganzen Katarakten aus Eis und Firn.

Der schönste Zugang zu diesem Prachtstück ist, wie so oft, nicht auch der direkteste (von Grenoble aus könnte man bequem der Romanche entlang nach La Grave fahren). In diesem Fall sieht der schönste sogar fast wie der umständlichste aus – aber das sieht eben nur so aus. So lange nämlich, bis man erkennt, daß sich hier die Fahrt über einen der schönsten (und höchsten) Pässe mit der besten Sicht auf die «Königin» verbinden läßt.

Zur Fahrt der Superlative starten wir am vorteilhaftesten in St-Jean (Tour 40), dem alten Bischofsstädtchen der Maurienne. Wenige Kilometer sind es von hier aus noch im Tal des Arc, bis in St-Michel die Zufahrt zum Col du Télégraphe (1570 m) und zum dahinter versteckten Col du Galibier abzweigt. Der ist mit seinen 2646 m nach dem Col de l'Iséran (2770 m, Tour 39) der zweithöchste Paß auf der Route des Grandes Alpes und dazu noch einer der schönsten.

Über zahlreiche Kehren windet sich die gut ausgebaute Straße aus dem hier wieder sehr engen und tief eingeschnittenen Arctal südwärts gegen das hoch oben auf einer vorspringenden Bergnase thronende Fort du Télégraphe (1655 m). Das Fort selbst ist zwar immer noch militärisches Sperrgebiet, dennoch lohnt es sich, am Col du Télégraphe auszusteigen und auf dem bewaldeten Rücken einige Minuten nordwärts zu gehen. Zur Belohnung gibt es eine recht schöne Aussicht gegen die Vanoise und die Gletscher der Pointe du Bouchet und der Aiguille de Péclet. Besonders imponierend sind die Tiefblicke in das von hier oben direkt schluchtartig wirkende Arctal und in den ganz tief eingeschnittenen Durchbruch der Valloirette.

Nahezu 200 Höhenmeter müssen wir nun wieder hinunter zum 1401 m hoch gelegenen Valloire, dem Mittelpunkt eines ausgedehnten Wander- und Skigebietes. Hier lockt vor allem der Sessellift auf La Séta des Prés (2548 m), dessen Bergstation mit einer überraschend guten Aussicht nach Norden gegen das Massif de Vanoise aufwartet. Gegen Westen beeindrucken besonders die Ostwände der Aiguilles d'Arves und die Crête d'Argentière, unter denen sich tief unten das Sträßlein gegen den Galibier schlängelt.

Hinter Valloire wird die Landschaft geradezu schlagartig hochalpin. Schwarz, rot und fast purpur schimmernde Geröllhalden bedrängen die wenigen Weiden im baum- und damit schutzlosen Talboden. Gemildert wird dieses eher herbe Bild nur vom lustigen Schäumen der wilden Valloirette, die wenigstens etwas Leben in die Welt aus Fels und Geröll bringt. Das sollte uns aber nicht daran hindern, in Plan La Cha (1961 m) das nach links abzweigende Militärsträßchen auszuprobieren. Es führt zum Col des Rochilles (2493 m) und zu zwei malerischen Seen, dem Lac du Grand Ban und dem Lac Rond, hinauf. Sowohl die Rochers de la Grande Paré wie auch der mächtige Mont Thabor (3204 m) zeigen von hier oben völlig veränderte Perspektiven.

In Plan La Cha scheint die Welt zu Ende zu sein. Drohend verstellt der Grand Galibier (3229 m) die Welt und zwingt die Straße Kehre um Kehre die Hänge hinauf in immer kargere Regionen. Erst auf seiner immerhin 2645 m hohen Ostschulter ist die Enge wie weggeblasen. Von einem Meter zum anderen wird der Vorhang beiseite gezogen, und wir stehen auf einem der großartigsten Aussichtspunkte der gesamten Alpen: La Meije und Barre des Ecrins nehmen uns mit ihren himmelstürmenden Nordwänden und furchterregenden Gletscherkatarakten fast den Atem, so unmittelbar ragen sie vor uns in den Himmel. Da wir selbst bei der Orientierungstafel (wenige Meter westlich und 2677 m hoch) nur 300 m niedriger als der Gipfel der Zugspitze sind, sehen wir aber keineswegs nur gegen Wände oder auf Abbrüche. Vielmehr öffnet sich uns die ganze Gipfelwelt des Massif du Pelvoux mit einer unendlichen Fülle einzelner Zacken, Übergänge, Gletscherfelder und Abbrüche, deren Einzelheiten zu studieren in Stunden nicht langweilig wird.

Wer Glück hat, erlebt zudem am Galibier den «Vorhangeffekt» mit gesteigerter Wirkung. Da der Paß die Wetterscheide zwischen atlantischem (= Alpennordseite) und mediterranem (= Alpensüdseite) Wetter ist, fährt man nicht selten aus dickster «Waschküche» mit einem Paukenschlag in strahlendes Sonntagswetter und bekommt das halbe Briançonnais sozusagen auf silbernem Tablett serviert, so daß es gar nicht ins Gewicht fällt, daß die ganze Aussicht nach Norden in den Wolken steckt.

Wenige, großzügig angelegte Kehren bringen uns auf der Südseite hinunter zu den Almwiesen um den Col du Lautaret und damit nicht nur auf den Scheitel der Verbindung Grenoble–Briançon, sondern vor allem zu einem ganz besonderen Schmankerl: dem Alpinum der Universität Grenoble. Kaum eine Blume der Alpen, die hier nicht blühen würde! Zudem finden sich viele außeralpine Bergpflanzen dort, so daß ein konkurrenzlos umfassender Überblick über die Flora der Berge zu bestaunen ist (beste Zeit Mitte Juni bis Mitte Juli).

Einen letzten Höhepunkt auf dieser Fahrt können wir erleben, wenn wir die wenigen Kilometer westwärts nach La Grave hinunterfahren. Kurz davor zweigt

vor einer Tunneleinfahrt die Zufahrt zu den Terrassen von Chazelet ab. Auf den prächtigen Wiesenhängen können wir nicht nur noch wohl funktionierende, unverfälschte Bergbauerndörfer entdecken, sondern vor allem den unmittelbarsten Anblick auf die schönste Seite der «Königin» Meije aus genau der richtigen Distanz genießen.

41 Zur «Königin des Dauphiné»

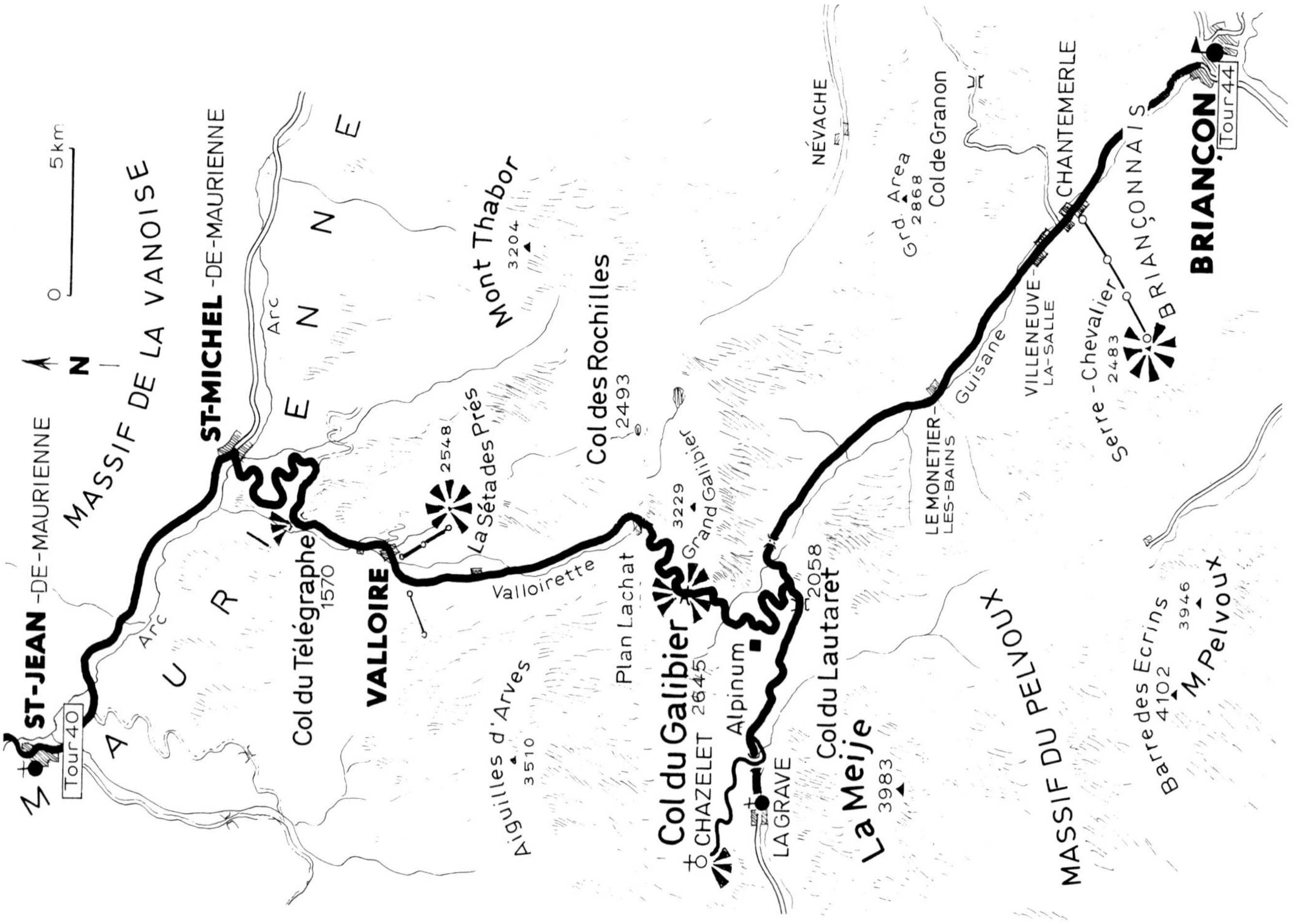

Technisches

Col du Télégraphe: Der 1570 m hohe Übergang ist die einzige Verbindung, die der Ferienort Valloire mit dem Arctal und der Maurienne hat. Die Straße wird deshalb, soweit es Schneelage und Lawinengefahr zulassen, ganzjährig offengehalten. Sie hat maximal 10% Steigung, insgesamt 14 Kehren und keine Engstellen. Sie ist mautfrei und für Caravans bedingt geeignet.

Col des Rochilles: Der 2493 m hohe Sattel ist über eine schmale Militärstraße von Plan La Cha aus erreichbar. Sie ist nur in der schneefreien Zeit und wenn keine militärischen Übungen stattfinden befahrbar (Tafeln am Straßenanfang unbedingt beachten, Schießgelände!). Bis zum Sattel beträgt die Steigung maximal 15%, jenseits geht es noch 200 Höhenmeter mit maximal 26% hinunter. Die wegen ihrer schönen Aussicht sehr lohnende Straße ist mautfrei und für Caravans ungeeignet.

Col du Galibier: Der 2645 m hohe Übergang verbindet die Maurienne mit dem Briançonnais. Er ist der wohl schönste Abschnitt der gesamten Route des Grandes Alpes, da er die beste Aussicht auf La Meije und das Massif du Pelvoux bietet. Die Straße ist vom 15.6. bis 15.10. befahrbar (bis Bonnenuit und Lautaret ganzjährig). Sie hat auf der Nordrampe maximal 12%, auf der Südrampe maximal 14% Steigung und insgesamt 18 Kehren. Die Straße ist mautfrei und für Caravans nicht geeignet. Da die Strecke traditionell zur Tour de France gehört (ein Denkmal für H. Desgrange steht am Südportal des alten Scheiteltunnels), sind häufig Radfahrer auf der Strecke, die jegliche Vorfahrt für sich in Anspruch nehmen. Besonders in den unbeleuchteten Tunnels muß auf sie geachtet werden.

Col du Lautaret: Der 2058 m hohe Übergang verbindet Grenoble mit Briançon und im weiteren Verlauf über den Col de Montgenèvre mit Italien. Als wichtige Querverbindung wird die Straße, soweit es die Schneelage und die Lawinengefahr zulassen, ganzjährig offengehalten. Vom 15.11. bis 15.4. besteht jedoch Fahrverbot von 19.30 bis 7.00 Uhr. Die Straße hat maximal 10% Steigung und nur 6 Kehren, dafür aber 12 unbeleuchtete Tunnels. Die Strecke ist mautfrei und für Caravans bedingt geeignet.

Sehenswürdigkeiten

St-Jean-de-Maurienne: Die alte Hauptstadt der Maurienne verdankt ihre Bedeutung dem Bischofssitz. Die Cathédrale St-Jean-Baptiste geht, wie der freistehende Turm, auf das 11. Jahrhundert zurück. Das Innere ist teilweise restauriert und zeigt einige gut erhaltene Fresken sowie ein reiches Mobiliar aus dem 15. Jahrhundert. Kostbar ist das Chorgestühl, das Pierre Machet nach 15jähriger Arbeit fertiggestellt hatte. Die hohen Lehnen der Stühle zieren Reliefs mit Heiligen. Einen Besuch wert ist auch die Krypta unter der Kirche (Schlüssel beim Verkehrsverein).

La Grave: Die kleine Kirche im lombardischen Stil stammt aus dem 12. Jahrhundert. Auf dem malerischen Friedhof sind namhafte Bergsteiger begraben.

Col du Lautaret: Das Alpinum der Universität Grenoble genießt Weltruf, weil hier nicht nur alle bedeutenden Blumen des alpinen Raumes, sondern auch außeralpine und sogar außereuropäische Bergpflanzen zu bewundern sind. In der Hauptblütezeit, zwischen Mitte Juni und Mitte Juli, ist der Garten ein einmaliges Bergblumenparadies.

Möglichkeiten für zusätzliche Unternehmungen

Valloire: Fahrt mit dem Sessellift zur 2548 m hohen Séta des Prés. Prächtige Aussicht auf die Aiguilles d'Arves.

Chantemerle: Fahrt mit der Seilbahn zum 2483 m hohen Serre-Chevalier. Prächtige Aussicht auf das Massif du Pelvoux und das Briançonnais.

Kartenempfehlung

Carte Touristique, IGN France, 1:100000, Blätter 53 und 54

Was der Leser und Paßfahrer wissen sollte

Zu diesem Buch

In dem vorliegenden Bildband sind 50 Touren über die schönsten Pässe und Höhenstraßen der Alpen zusammengestellt. Er deckt ein Gebiet ab, das sich erstreckt von Mariazell im Osten (Österreich) bis Briançon im Westen (Frankr.). Jeder Vorschlag ist so aufgebaut, daß er an einem oder zwei Tagen nachvollzogen werden kann und, wenn möglich, der Ausgangspunkt wieder erreicht wird. Dort, wo dieser mit dem Zielort nicht identisch ist, kann die Rückfahrt über eine benachbarte Tour erfolgen. Wo immer es sich anbietet, sind mehrere Pässe oder Höhenstraßen so kombiniert, daß das jeweilige Gebiet möglichst rationell und intensiv, somit also optimal erlebt werden kann.

Jeder Vorschlag beinhaltet deshalb zunächst eine umfassende Information über das einzelne Gebiet sowie Hinweise auf geologische und historische Besonderheiten oder kunsthistorische Kostbarkeiten. Dem folgt eine detaillierte Beschreibung des Weges. Wo immer es sich anbietet, wird auf Sehenswürdigkeiten, Wandermöglichkeiten oder auf lohnende Abstecher verwiesen – sei es mit entsprechenden Verkehrsmitteln, sei es über Neben- oder Stichstraßen zu besonders schönen Aussichtspunkten.

Begriffe

Maut: Was einst nur die Bezeichnung für eine Zollgebühr war, das ist heute allgemein der Begriff für eine Straßenbenutzungsgebühr.

Schneemaut: Diese Straßenbenutzungsgebühr wird nur im Winterhalbjahr und als Entgelt für die Schneeräumung erhoben.

Kehre: Am Berghang angelegte Kurve, nach der die Straße in entgegengesetzter Richtung weiterführt.

Terminangaben: Sind für die Pässe Öffnungszeiten mit Datumsvermerk angegeben, so bedeutet das, daß in der Regel die Straße zwischen den beiden Daten geräumt wird, auch wenn zwischenzeitlich Schnee fällt. Außergewöhnliche Witterung kann diese Daten aber immer verschieben. Im zeitigen Frühjahr, nach einem schneereichen Winter und im späten Herbst, bei frühzeitigem Wintereinbruch müssen daher stets an Ort und Stelle genaue Erkundigungen eingeholt werden. Die Angabe «geöffnet in der schneefreien Zeit» bedeutet dagegen, daß die Straße nicht geräumt wird und deshalb im Frühjahr und Herbst nach Schneefällen unter Umständen längere Zeit nicht befahren werden kann.

Zeitangaben: Reine Autofahrzeiten wurden absichtlich nicht genannt, da sie einmal von Fahrer zu Fahrer und von Wagen zu Wagen stark schwanken und zum anderen Fotografierstops, Aufenthalte für die Besichtigung von Sehenswürdigkeiten oder auch einfach Pausen die Zeit sehr schnell verschieben.

Bei den Hinweisen zu Wandermöglichkeiten sind Zeiten angegeben. Sie beziehen sich auf die reine Gehzeit und unterstellen ein durchschnittliches Tempo eines berggewohnten Wanderers. Sie entsprechen dem Maßstab, der in den offiziellen Alpenvereinsführern zugrunde gelegt wird.

Schwierigkeiten: Es wurde in diesem Rahmen bewußt auf eine Klassifizierung der Tourenvorschläge nach Schwierigkeitsgraden verzichtet. Selbstverständlich sind nicht alle Routen gleich leicht zu befahren; doch ist keine Strecke enthalten, die nicht von einem durchschnittlichen Fahrer mit einem normalen Pkw befahren werden könnte. Wo schmale oder schlechte Wegstrecken zu bewältigen sind, ist darauf im Text ausdrücklich hingewiesen.

Die einzelnen Länder

Zwar sind die Verkehrsregeln und die daraus resultierende Beschilderung in den Ländern, die Anteile an den Alpen haben, inzwischen weitgehend vereinheitlicht. Dennoch gibt es nach wie vor regionale Besonderheiten, mit denen der «Autobergsteiger» vertraut sein sollte.

Österreich: Das kleine Land mit dem großen Anteil an hohem und höchstem Gebirge hatte naturgemäß die größten Schwierigkeiten mit dem Bau von Pässen und Höhenstraßen. Es gibt deshalb neben hervorragend ausgebauten Strecken nach wie vor weniger gut erschlossene. Aus dem gleichen Grund findet man hier mehr Mautstrecken vor als anderswo in den Bergen. Viele Straßen waren hier überhaupt erst möglich durch die Finanzierung über eine anschließende Maut. Daneben gibt es immer wieder für den öffentlichen Verkehr gesperrte Bergstraßen, die von der Bundesforstverwaltung oder von der Gemeinde unterhalten werden. Es sollte selbstverständlich sein, diese Fahrverbote zu respektieren, selbst wenn keine Schranke den Weg versperren sollte.

Für die Vorfahrt an Bergstrecken in Österreich gilt: Es hat der auszuweichen, für den es am ehesten möglich ist. Linienbusse der österreichischen Bundespost haben stets Vorfahrt, die Fahrer haben aber keine Weisungsbefugnis.

Ein Pkw-Anhängerverbot kann auf zweierlei Weise ausgeschildert sein:

a) schwarzer Pkw mit Anhänger auf weißem Grund mit roter Umrandung und Zusatzschild für Pkw
b) schwarzer Caravananhänger auf weißem Grund mit roter Umrandung.

Notruf-Telefon: In weiten Bereichen gilt die Nummer 120 als Notrufnummer. Daneben kann die örtliche Gendarmerie direkt angerufen werden. An den großen Durchgangs- und Mautstraßen gibt es spezielle Notruf-Telefone.

Slowenien: Der slowenische Anteil an den Alpen ist zwar nicht sehr groß, dennoch ist die Erschließung noch nicht sehr weit fortgeschritten. Dagegen gibt es im gesamten slowenischen Alpenteil keine Mautstrecke und nahezu keine Verkehrsprobleme, da die Strecken insgesamt wenig befahren sind.

Für die Vorfahrt gilt: Es weicht aus, wer als erster den Gegenverkehr bemerkt.

Klappt das nicht, muß derjenige ausweichen, für den es am ehesten möglich ist. Besteht ein Anhängerverbot, gilt das grundsätzlich für alle Arten von Anhängern.

Notruf: Nur über den direkten Anruf bei der örtlichen Miliz.

Deutschland: Auch sein Anteil an den Alpen ist verhältnismäßig gering. Der ohnehin schmale Streifen ist zudem für den Touristen nicht sehr gut erschlossen. Weite Bereiche sind der Forstverwaltung und der Landwirtschaft vorbehalten, die entsprechenden Wege sind für den allgemeinen Verkehr gesperrt. Soweit sie ausnahmsweise offen sind, sind sie meist mautpflichtig.

Vorfahrt: Es gibt keine generelle Regelung. Wer den anderen zuerst sieht oder am einfachsten ausweichen kann, tut dies. Ein eventuelles Pkw-Anhängerverbot (schwarzer Pkw mit Anhänger auf weißem Grund und roter Umrandung) gilt für alle Arten von Pkw-Anhängern.

Notruf: Einheitlich die Nummer 110. An einigen Abschnitten der Deutschen Alpenstraße gibt es eigene Notruf-Telefone, über die die Straßenmeisterei erreicht werden kann.

Italien: Sein Anteil ist nicht nur recht groß, sondern umfaßt vor allen Dingen unterschiedlichste Gebiete. Von der Mittelgebirgsstruktur bis zu den höchsten alpinen Gipfellagen ist hier alles zu finden. Entsprechend unterschiedlich sind die Bergstraßen. Abhängig von der regionalen Bedeutung, den Geländeschwierigkeiten oder der Entstehungsgeschichte wechseln erstaunlich gut ausgebaute Strecken mit total vernachlässigten Passagen. Wer sich aber im klaren ist, was für Strecken er sucht, wird in jedem Fall die entsprechende finden. Fahrverbote gibt es nirgendwo.

Vorfahrt: Linienbusse der Post haben auf gekennzeichneten Bergpoststraßen (rote Scheibe, schwarzes Posthorn auf weißem Dreieck) absolute Vorfahrt. Für den übrigen Verkehr gibt es zwar keine verbindliche Vorschrift, doch ist es üblich, dem Bergauffahrenden die Vorfahrt zu ermöglichen. Vor unübersichtlichen, engen Kurven unbedingt hupen! Pkw-Anhängerverbote sind ausgeschildert (schwarzer Anhänger auf weißem Grund mit roter Umrandung). Sie gelten für sämtliche Pkw-Anhänger.

Notruf: Im allgemeinen über die Nummer 116 sowie über die Nummern der Polizia Stradale bzw. Carabinieri, die auf blauen Tafeln am Ortsrand angegeben sind. Öffentliche Telefone finden sich überall dort, wo ein gelbes Schild mit schwarzer Telefonwählscheibe hängt. Die dafür benötigten Münzen heißen «Gettone».

Schweiz: Das klassische Paßland schlechthin hat ein vorzüglich ausgebautes und gepflegtes Straßennetz. Entsprechend einem Bundesgesetz darf in der Schweiz für öffentliche Straßen keine Maut erhoben werden. Ausgenommen davon sind lediglich Autobahnen und Schneemauten. (Der mautpflichtige Tunnel unter dem Großen St. Bernhard wird von einer italienisch-schweizerischen Gesellschaft betrieben.)

Vorfahrt: Grundsätzlich der Bergauffahrende. Der Bergabfahrende muß gegebenenfalls zurückstoßen. Postbusse haben auf gekennzeichneten Bergpoststrecken (ein quadratisches blaues Schild mit gelbem Posthorn) absolute Vorfahrt. Die Fahrer sind weisungsberechtigt. Zwischen ungleichartigen Fahrzeugen gilt folgende Regelung:

1. Anhängergespanne, 2. Omnibusse, 3. Lastwagen, 4. Personenwagen. Blaue Hinweisschilder auf vorgeschriebene Ausrüstung (Winterreifen bzw. Ketten) sind absolut verbindlich. Anhängerverbote werden mit einem schwarzen, einachsigen Anhänger auf weißem Grund mit roter Umrandung signalisiert. Ohne weiteren Zusatz gilt das Schild für alle Anhänger.

Notruf: Über die Nummer 140. Gebührenfrei kann unter der Nummer 112 der Störungsdienst angerufen werden. Von dort wird dann alles weitere veranlaßt. An den großen Paßstraßen stehen eigene Notruf-Telefone, über die direkt Hilfe angefordert werden kann.

Frankreich: Sein Alpenanteil reicht vom höchsten Punkt auf dem über 4800 m hohen Mont Blanc bis zum Mittelmeer bei Menton. Darin ist von den schluchtenreichen, teils mit subtropischer Vegetation überwachsenen Seealpen über die waldreichen Mittelgebirge bis zu den hochalpinen Regionen alles zu finden. Schon Napoleon sorgte dafür, daß Frankreichs Berge durch überregionale Straßenverbindungen, sogenannte Routes, erschlossen wurden. So gibt es die etwa von Anfang Juli bis Mitte Oktober freie Sommerroute Route des Grandes Alpes, die von Thonon-les-Bains am Genfer See bis Nizza am Mittelmeer führt. Etwa während der gleichen Zeit ist die Route Impériale von Briançon nach Nizza befahrbar. In der Regel ganzjährig zu befahren ist dagegen die Route Napoléon, die Verbindung Paris-Grenoble-Cannes.

Für die Befahrbarkeit gilt ähnliches wie für italienische Bergstraßen. Fahrverbote für bestimmte Fahrzeugarten gibt es wenig, Beschränkungen des öffentlichen Verkehrs allenfalls in militärischen Übungsgebieten. Für den allgemeinen Verkehr gesperrte Straßen sind somit kaum, mautpflichtige überhaupt nicht zu finden (einzige Ausnahme: Autobahnen und der Tunnel unter dem Mont-Blanc). Grundsätzlich gilt also auch hier wie in Italien: Wer kann, der darf auch.

Die Straßen selbst weisen sehr unterschiedliche Zustände auf. Wohl sind die durchgehenden Straßen nahezu vollständig asphaltiert, doch fehlt grundsätzlich jegliche Art von Randsicherung, und in nahezu allen Tunnels wird der Asphalt von einem Löcherteppich abgelöst. Mit ganz wenigen Ausnahmen sind die Tunnels zudem unbeleuchtet.

Auch in den französischen Alpen gibt es zahlreiche Militärstraßen, die meistens ungehindert befahren werden können. Führen sie in eines der Schießgebiete, die in der Carte Touristique, IGN France 1:100 000, alle gut sichtbar eingetragen sind, muß zumindest auf eine etwaige Beschilderung geachtet werden. Bei Schießbetrieb stehen nämlich keineswegs immer Posten am Weg.

Vorfahrt: Ähnlich wie in der Schweiz ist es auch hier üblich, dem Bergauffahrenden die Vorfahrt einzuräumen. Eine verbindliche Regelung aber gibt es ebenfalls nicht. Unbekannt sind in Frankreich Bergpoststraßen; sie sind weder gekennzeichnet, noch haben diese einen besonderen Vorrang. Anhängerverbote werden durch einen schwarzen Pkw mit Wohnwagen auf weißem Grund mit roter Umrandung verdeutlicht. Sie gelten lediglich für Wohnwagengespanne; Gepäckanhänger sind dann trotzdem erlaubt.

Notruf: Über Nummer 05 106 106 oder die Brigade de Gendarmerie. Ihre jeweilige Nummer ist als erste unter dem Ortsnamen zu finden.

Die Fahrtechnik

Autofahren im Gebirge ist so wenig eine Hexerei wie im Flachland. Nur sind dem Fahrer die Tücken des Flachlandes meist vertrauter als die der Berge. Zu den vermeintlichen fahrtechnischen Problemen addieren sich die Drohgebärden einer ungewohnten und streckenweise als feindlich empfundenen Umgebung und die Leistungsminderungen sowohl beim Fahrzeug wie bei seinem Fahrer (gerade das letztere wird allzu leicht vergessen). Daraus resultiert im Prinzip bereits, worauf vor Antritt einer größeren Fahrt in die Berge geachtet werden muß.

Beim Auto kommt es darauf an, daß es absolut in Ordnung ist. Das klingt zwar selbstverständlich, ist es aber keineswegs. Wenn die Bremse im Flachlandbetrieb tadellos funktioniert, heißt das noch lange nicht, daß die Bremsflüssigkeit nicht schon so viel Wasser gezogen hat (in der Regel immer dann, wenn sie älter als ein Jahr ist), daß ein Verdampfen bei höherer Dauerbelastung zum totalen Ausfall der Bremse führen könnte. Also: Nie mit Bremsflüssigkeit in die Berge fahren, die älter als ein Jahr ist.

Ähnliches gilt für den Kühler. Funktioniert er im Flachland, heißt das nicht, daß ein älteres Exemplar nicht schon an «Arterienverkalkung» leidet. Sie äußert sich spätestens dann, wenn es im Kolonnenverkehr nur noch im Schrittempo bergauf geht. Also: Einen altgedienten Kühler, der in einer Gegend mit hartem Wasser des öfteren mit Leitungswasser nachgefüllt wurde, vor einer größeren Bergfahrt genau überprüfen lassen, ob seine Leistung noch ausreicht.

Doch nicht nur auf das Auto, auch auf den Fahrer kommt eine höhere Belastung zu. Wer Herzbeschwerden oder einen labilen Kreislauf hat, dem können größere Höhendifferenzen, allzu schnell überwunden, wirkliche Schwierigkeiten bereiten. Also: Im Zweifel unbedingt vorher zum Arzt.

Für das Können des Fahrers gibt es dagegen nur drei Forderungen:

Erstens muß er die Breite des Wagens genau abschätzen können und jeweils genau wissen, wo seine Räder sind.

Zweitens darf der Wagen beim Anfahren am Berg nicht zurückrollen oder seine Räder auf unbefestigtem Untergrund durchdrehen.

Und drittens sollten die Gänge in jeder Situation schnell gewechselt werden können. Trotz modernen Synchrongetrieben schaltet es sich unter Belastung wesentlich leichter mit Zwischengas.

Sind diese wenigen Voraussetzungen erfüllt, kann es eigentlich losgehen. Nur wer ziemlich hoch hinauf und wer auch abseitige Wege kennenlernen will, der sollte vielleicht noch daran denken, die Schneeketten und eine Schaufel einzupacken.

Für das Fahren bergauf gibt es eigentlich nur eine einzige Regel: Zurückschalten vor den Kehren. Nur so kann man vermeiden, daß zur Belastung des richtigen Kurvens auch noch ein Drehzahlabfall und damit unter Umständen ein Hängenbleiben verbunden wird.

Auch für das Halten gelten einige Regeln. Selbstverständlich wird niemand gerade dort anhalten, wo der Durchgangsverkehr behindert würde. Aber auch Ausweichen sind keineswegs als Parkplätze gedacht. Sie willkürlich zu blockieren, wäre, gelinde gesagt, eine Rücksichtslosigkeit.

Muß der Wagen für längere Zeit auf einem Platz mit Gefälle abgestellt werden, sollte er mit einem Stein vor dem Hinterrad gesichert werden. Die starken Temperaturschwankungen im Gebirge können nämlich u.U. dazu führen, daß sich die Züge der Handbremse so dehnen, daß der Wagen sich selbständig machen könnte. Wird bergauf geparkt, sollte der Vorwärtsgang, beim Bergab-Parken der Rückwärtsgang eingelegt werden.

Für das Fahren bergab galt früher die Regel, in dem Gang zu fahren, den man auch für die Bergfahrt benutzen würde. Wer aber weiß schon, wenn er auf fremder Strecke bergab fährt, mit welchem Gang er da vielleicht herauffahren würde? Dabei gibt es ein ganz einfaches Kriterium, ob im richtigen Gang bergab gefahren wird: Muß dauernd mit der Fußbremse nachgeholfen werden, ist der eingelegte Gang zu hoch. Der Löwenanteil der Bremsarbeit muß vom Motor selbst geleistet werden. Die Fußbremse darf nur ab und zu zur Unterstützung verwendet werden. Andernfalls besteht die Gefahr, daß die Überhitzung zum völligen Ausfall der Bremse führt. Tritt dieser zwar seltene, aber immerhin mögliche Fall ein, hilft nur sofortiges Anhalten. Ist das nicht mehr möglich, hilft nur noch die Blechbremse: Sofort an die Bergseite fahren und versuchen, den Wagen durch Schrammen am Berg zum Halten zu bringen.

Dazu muß es wirklich nicht kommen. Rechtzeitiges Zurückschalten (mit Zwischengas geht es meist ganz ohne Bremse), vor allem vor Kehren oder stärkeren Gefällstrecken, entlastet die Bremse und läßt sie immer wieder auskühlen. Dasselbe gilt für das Abbremsen aus höheren Geschwindigkeiten: Keine Dauerbremsung. Bremsen in Intervallen unter Zuhilfenahme der Motorbremswirkung vermeidet Überhitzungen.

Für Fahrten mit dem Caravan gilt alles bisher Gesagte in verstärktem Maße. Was für das einzelne Auto überhaupt kein Problem ist, kann für das Caravangespann ein unüberwindbares Hindernis sein. Auch unter der Voraussetzung, daß die Leistung des Zugfahrzeuges und das Gewicht des Hängers in einem ausgewogenen Verhältnis stehen, ist für ein Gespann immer noch der Paß der beste, der die geringste maximale Steigung hat. Wer außer den großen Pässen auch kleinere und abgelegenere Höhenstraßen kennenlernen möchte, wird ohnehin auf den Caravan ganz verzichten bzw. ihn eben nur als Standquartier im Tal benutzen.

Das Informationsmaterial für den Paßfahrer

Karten

Sämtliche Höhenangaben und Bezeichnungen wurden – soweit dies möglich war – nach offiziellen Unterlagen zusammengestellt. Für die einzelnen Länder wurden folgende Karten verwendet:

Für Österreich: Die Österreichische Karte, herausgegeben vom Bundesamt für Eich- und Vermessungswesen (Landesaufnahme) in Wien. Ergänzend dazu wurde die Österreichische Generalkarte 1:200 000 herangezogen.

Für Deutschland: Die Topographische Karte, herausgegeben vom Bayerischen Landesvermessungsamt München.

Für Italien: Die Carta d'Italia, herausgegeben vom Istituto Geografico in Florenz, und ergänzend dazu die Generalkarten Oberitalienische Seen, Garda See und Südtirol im Maßstab 1:200 000.

Für die Schweiz: Die Landeskarte der Schweiz, herausgegeben von der Eidgenössischen Landestopographie in Wabern bei Bern.

Für Frankreich: Die Carte de France, herausgegeben vom Institut Géographique Nationale in Paris.

Führer

In deutscher Sprache gibt es zur Zeit zwei Kompendien, die für den gesamten Alpenraum nützlich sind. Es sind dies:

Alpenpässe – Alpenstraßen, 570 Reisewege und Panoramastraßen – vom ADAC ausgewählt, überprüft und beschrieben.

Großer Alpenstraßenführer, Die anfahrbaren Hochpunkte der Alpen zwischen Wien und Nizza, herausgegeben von Eduard Denzel.

Ebenfalls den gesamten Alpenraum decken 5 grüne Führer von Michelin ab. Es sind dies die Bände Österreich, Oberitalien, Schweiz, Alpes und Côte d'Azur. Allerdings sind nur die Titel Österreich und Schweiz in deutscher Sprache erhältlich.

Sämtliche in diesem Band beschriebenen Touren wurden aufgrund eigener Recherchen mit größtmöglicher Gewissenhaftigkeit ausgearbeitet. Dennoch können aus verständlichen Gründen weder der Autor noch der Verlag eine Garantie für die Richtigkeit der Angaben übernehmen. Informationen über eingetretene Veränderungen werden dagegen von der Redaktion dankbar entgegengenommen.

Fotonachweis

Bahnmüller, Gelting, 78m
Bayer. Staatsbibl., München, 6
Danesch, Göfis, 32/33, 34o, 50o, 52, 53u, 54, 118, 121o
Diatec, Grenoble, 215
Explorer, Paris, 195, 207
FVV Ötscherland, 19
Gensetter, Davos, 74u, 109u, 132/133, 141, 142, 145, 147o, 162/163, 192/193
Groth-Schmachtenberger, Murnau, 108, 173o
Hoorick, Richterswil, 138/139
Interfoto, München, 71
Kinkelin, Worms, 43, 69, 79, 82o, 88, 94/95, 121u, 131, 151 156/157, 161o, 165, 168/169, 174, 175o, 176/177, 179u, 184/185
Kunsthaus, Zürich, 16
Loic-Jahan, Chateauneuf, 2/3, 206
Löbl-Schreyer, Ellbach, 20, 27u, 29, 38, 55u, 61o, 64, 65, 66/67, 78u, 81, 101, 103, 105, 110, 135, 147u, 148, 156u, 157u, 202, 203, 204/205, 208/209
Maier, Weßling, alle übrigen
Marmounier, Chambéry, 199, 216, 217/218, 220, 224/225, 226
Mayer, München, 89u, 136
Müller, Stuttgart, 41, 68, 104
Müller-Brunke, Bernau 86/87, 107, 155
Neumeister, München 40
Pahlke, Speyer, 93
Poosch, Zell, 50u
Prenzel, Gröbenzell, 31, 102, 130, 152/153, 217
PTT-Museum, Bern, 7, 8, 10, 11, 12, 14, 15
Rihsé, Stade, 188
Roebild, Frankfurt, 48/49
Schenner, Lilienfeld, 17, 18
Schmitt, München, 36, 77, 78o, 115u, 212/213
Schneiders, Lindau, 24u, 46/47, 50o, 76, 90/91, 97, 99, 109o, 160/161, 166, 167u
Storto, Leonberg, 194o
Tappeiner, Meran, 89o
Wiederkehr, San Pietro, 112/113, 122, 124, 137u, 143, 175u
Wirz, Luzern, 37, 123, 164, 173, 182/183
Zengerle, München, 22, 23, 98
Zuffo, Hegnau, 125

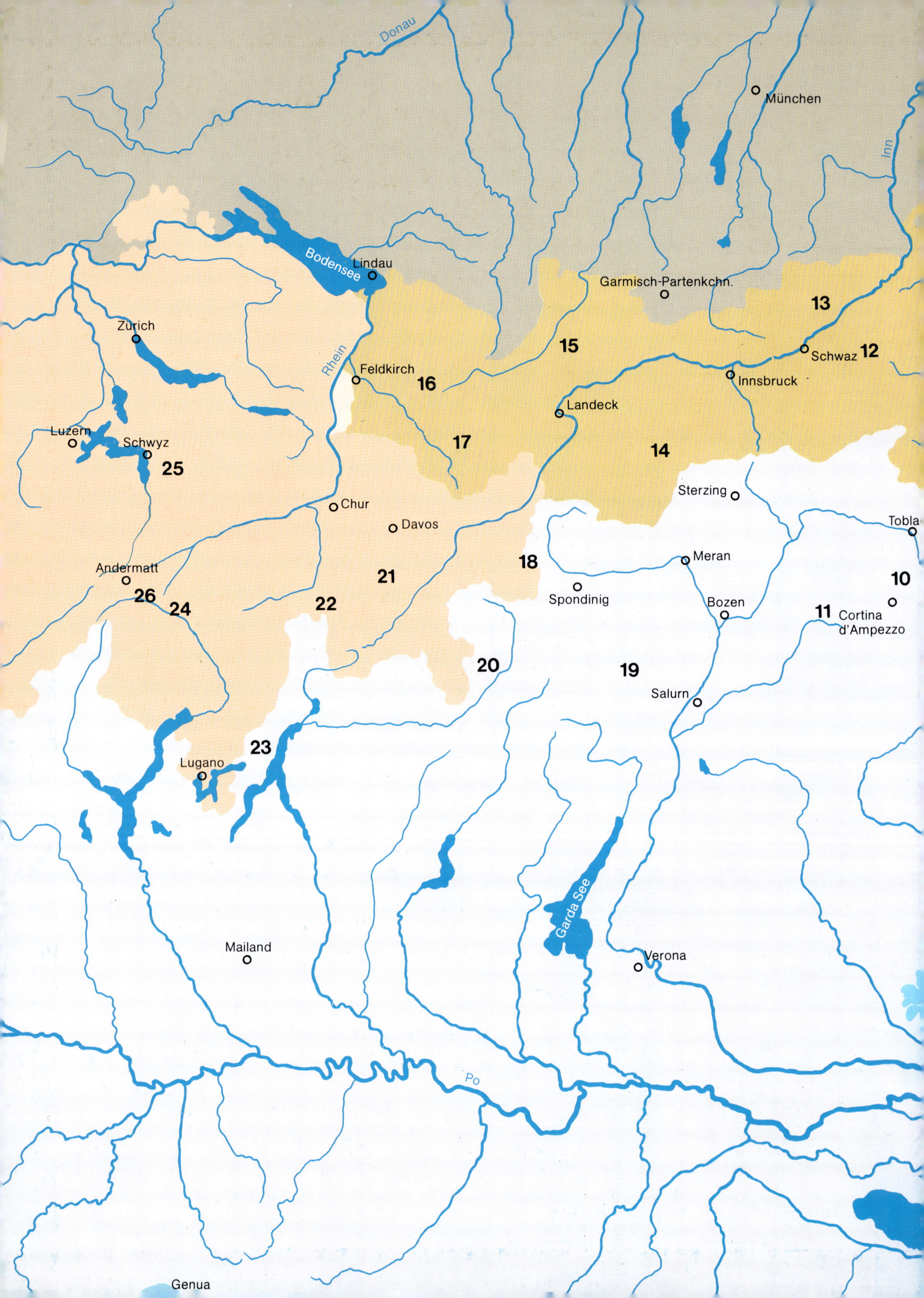
Donau
München
Inn
Bodensee
Lindau
Garmisch-Partenkchn.
13
Zürich
15
Schwaz
12
Rhein
Feldkirch
16
Innsbruck
Landeck
17
14
Luzern
Schwyz
25
Sterzing
Chur
Davos
Tobla
18
Meran
Andermatt
21
10
26
24
22
Spondinig
Bozen
11
Cortina d'Ampezzo
20
19
Salurn
23
Lugano
Garda See
Mailand
Verona
Po
Genua